CARÁTER E PSICOPATOLOGIA
A PSICANÁLISE NO CORPO E O CORPO NA PSICANÁLISE
A ANÁLISE REICHIANA CONTEMPORÂNEA

CB039619

Editora Appris Ltda.
3.ª Edição - Copyright© 2024 dos autores
Direitos de Edição Reservados à Editora Appris Ltda.

Nenhuma parte desta obra poderá ser utilizada indevidamente, sem estar de acordo com a Lei nº
9.610/98. Se incorreções forem encontradas, serão de exclusiva responsabilidade de seus organizadores. Foi realizado o Depósito Legal na Fundação Biblioteca Nacional, de acordo com as Leis nos
10.994, de 14/12/2004, e 12.192, de 14/01/2010.

Catalogação na Fonte
Elaborado por: Josefina A. S. Guedes
Bibliotecária CRB 9/870

F388c
2024
	Ferri, Genovino
	    Caráter e psicopatologia: a psicanálise no corpo e o corpo na psicanálise:
	a análise reichiana contemporânea / Genovino Ferri, Giuseppe Cimini.
	    1. ed. – Curitiba: Appris, 2024.
	    258 p. ; 23 cm.
	
	    Inclui referências.
	    ISBN 978-65-250-5850-4
	
	    1. Psicoterapia. 2. Psicopatologia. 3. Corpo e mente (Terapia).
	I. Cimin, Giuseppe. II. Título. III. Série.
	
	                                                    CDD – 616.8914

Appris *editora*

Editora e Livraria Appris Ltda.
Av. Manoel Ribas, 2265 – Mercês
Curitiba/PR – CEP: 80810-002
Tel. (41) 3156 - 4731
www.editoraappris.com.br

Printed in Brazil
Impresso no Brasil

Genovino Ferri
Giuseppe Cimini

CARÁTER E PSICOPATOLOGIA
A PSICANÁLISE NO CORPO E O CORPO NA PSICANÁLISE
A ANÁLISE REICHIANA CONTEMPORÂNEA

FICHA TÉCNICA

EDITORIAL Augusto V. de A. Coelho
Sara C. de Andrade Coelho

COMITÊ EDITORIAL Ana El Achkar (UNIVERSO/RJ)
Andréa Barbosa Gouveia (UFPR)
Conrado Moreira Mendes (PUC-MG)
Eliete Correia dos Santos (UEPB)
Fabiano Santos (UERJ/IESP)
Francinete Fernandes de Sousa (UEPB)
Francisco Carlos Duarte (PUCPR)
Francisco de Assis (Fiam-Faam, SP, Brasil)
Jacques de Lima Ferreira (UP)
Juliana Reichert Assunção Tonelli (UEL)
Maria Aparecida Barbosa (USP)
Maria Helena Zamora (PUC-Rio)
Maria Margarida de Andrade (Umack)
Marilda Aparecida Behrens (PUCPR)
Marli Caetano
Roque Ismael da Costa Güllich (UFFS)
Toni Reis (UFPR)
Valdomiro de Oliveira (UFPR)
Valério Brusamolin (IFPR)

SUPERVISOR DA PRODUÇÃO Renata Cristina Lopes Miccelli

TRADUÇÃO Rosely Rodrigues

REVISÃO TÉCNICA Aquiles A.M.Paiva
Mary Jane A.Paiva
Maria de Melo

REVISÃO ORTOGRÁFICA E GRAMATICAL Manuella Marquetti

PROJETO GRÁFICO Renata Cristina Lopes Miccelli

ILUSTRAÇÃO DA CAPA Male and Female (1942) di J. Pollock

Coleção CorporalMente; Dirigida por G.Ferri
I edição maio/2012; II edição outubro/2022

PREFÁCIO

Caráter e Psicopatologia.
A psicanálise no corpo e o corpo na psicanálise

É com muito prazer que apresentamos a segunda edição deste livro, que surgiu após um longo período de aprofundamento teórico e de evidências práticas, no sentido da continuidade da história evolutiva da Análise Reichiana Contemporânea.

Consideramos este livro fundamental para uma melhor compreensão da psicopatologia, do inconsciente e o seu reflexo nas mudanças rápidas e intensas impostas pelo nosso mundo contemporâneo.

Nesta segunda edição, os autores inverteram o título original, atualizando-o para **Caráter e Psicopatologia**, trazendo um novo paradigma ao olhar a psicopatologia e o caráter através de uma visão *bottom-up*, que vai na direção do corpo para a mente, um olhar revolucionário para compreender o **Caráter e a Psicopatologia**.

Ao observarmos o fenômeno da vida e suas sequências temporais, o corpo existe antes da formação da mente. Desse modo, o mundo surge corporalmente primeiro, num movimento evolutivo, a partir do momento de nossa concepção.

Com a introdução da corporeidade e da flecha do tempo filo-ontogenético, podemos ter uma leitura complexa e tridimensional da psicopatologia e do inconsciente.

Na sua primeira edição, **Psicopatologia e Caráter**, o título representava somente uma leitura na direção *top-down*, ou seja, olhava a psicopatologia e o caráter, da mente para o corpo, a partir do sintoma e de seu sentido inteligente.

Na Análise Reichiana Contemporânea, o caráter é o sinal gravado das relações na história biológica-biográfica da flecha do tempo de uma pessoa, e a psicopatologia pode surgir quando se ultrapassar o limite desse traço de caráter.

A psicopatologia, ao incluir o corpo, a flecha do tempo evolutivo filo-ontogenético, suas fases evolutivas, níveis corporais correspondentes e a relação, tornou-se mais compreensiva e humana.

Esse modelo sistêmico energético adota um diagnóstico diferencial: o **Quando**, o **Como** e o **Onde** daquela psicopatologia ou trauma que se reatualizou no aqui e agora, e assim consegue uma melhor personalização e precisão para o seu diagnóstico e projeto terapêutico.

Enfim, este livro revoluciona em dupla direção, através de uma leitura *bottom-up* e *top-down* da psicopatologia e do inconsciente, no seu sentido inteligente tendo o corpo à disposição.

Dessa forma, o título foi modificado para uma melhor compreensão e coerência epistemológica. Seu conteúdo conserva sua estrutura original, acrescentando um olhar mais contemporâneo e evolutivo dessa aprendizagem contínua sobre a inteligência da vida, do traço de caráter, da psicopatologia, da psicoterapia, da psiquiatria e da psicofarmacoterapia.

Uma melhor clareza, precisão e profundidade de conhecimento e prática, que nos auxilia na colaboração da prevenção e da saúde mental na nossa atual modernidade líquida, uma sociedade sem corpo!

Aquiles A. M. Paiva

Maria de Melo Azevedo

Mary Jane A. Paiva

Analistas Reichianos Contemporâneos e psicoterapeutas
Diretores e fundadores do Instituto Brasileiro de Análise Reichiana (IBAR)

SUMÁRIO

INTRODUÇÃO 9

CAPÍTULO 1
AS TENDÊNCIAS DA PSIQUIATRIA.. 11

CAPÍTULO 2
CONCEITOS FUNDAMENTAIS... 25

CAPÍTULO 3
AS FASES EVOLUTIVAS DA VIDA.. 41

CAPÍTULO 4
SI – OUTRO DE SI – EU.. 63

CAPÍTULO 5
INTERAÇÕES POSSÍVEIS 69

CAPÍTULO 6
CARÁTER 85

CAPÍTULO 7
VARIÁVEIS DETERMINANTES DO CARÁTER 91

CAPÍTULO 8
TRAÇOS DE CARÁTER 101

CAPÍTULO 9
SADISMO, MASOQUISMO, NARCISISMO................................. 117

CAPÍTULO 10
OS TRÊS CÉREBROS E ALGUMAS CORRELAÇÕES 129

CAPÍTULO 11
ANSIEDADE, ANGÚSTIA, PÂNICO 147

CAPÍTULO 12
DELÍRIO E ALUCINAÇÕES 157

CAPÍTULO 13
NEUROSES. 169

CAPÍTULO 14
PARANOIA. 181

CAPÍTULO 15
DISTÚRBIOS DEPRESSIVOS E DISTÚRBIO *BORDERLINE* 187

CAPÍTULO 16
PSICOSES ESQUIZOFRÊNICAS 199

CAPÍTULO 17
A ANÁLISE REICHIANA CONTEMPORÂNEA 211

APÊNDICE 229

POSFÁCIO. 239

BIBLIOGRAFIA GERAL RECOMENDADA 243

REFERÊNCIAS 251

INTRODUÇÃO

A psiquiatria, a psicoterapia e a psicologia apresentam uma gama ampla, mas fragmentada, de ideias e de práticas. Essa condição alimenta numerosas opiniões e atitudes, frequentemente conflitantes, e acabam encorajando abordagens baseadas em temas de fé, religiosos. Essas disciplinas formulam e desenvolvem paradigmas pouco claros. São ambivalentes e polivalentes na medida em que estão obrigados a se colocarem no mundo das ciências, livres da mitologia e da mística filosófica, marcadas pela consciência de que devem administrar um imenso potencial, o qual dificilmente pode ser reduzido aos métodos das ciências naturais. Esse potencial está ligado à peculiaridade dos eventos humanos, que são únicos e não se repetem, e tem um sentido próprio, porque pertencem a um EU único e irrepetível, inserido num contexto de relações interpessoais.

O poder prognóstico deste mundo polimorfo está solidamente ligado à compreensão das vivências, das coisas e dos eventos do passado que são historicamente importantes e se constrói a partir do indivíduo e de sua história, da sociedade na qual ele vive, do ambiente e de suas relações familiares e sociais.

Ainda temos uma questão em aberto: a pergunta que se coloca é se uma metodologia baseada nesses pressupostos teria conduzido a uma verdadeira aquisição de conhecimento. Ou se, na verdade, essa metodologia seria insuficiente na sua dimensão epistemológica e clínico-terapêutica. Essa é uma questão em aberto. Discutiremos esse problema somente superficialmente, marginalmente.

As interrelações entre essas sensações, entre esses modos de pensar, e consequentemente de reagir, levaram a determinadas atitudes da sociedade, das estruturas de controle e de saúde pública, que acabaram pontilhando a história social e científica da loucura e daquelas pessoas vistas como loucas.

É importante entender que cada opinião e cada tomada de posição nasce de uma atitude pragmática e que isso afeta o comportamento dos profissionais que cuidam da saúde, dos que estão sofrendo de uma doença mental (que é uma dor interior) assim como incide sobre o homem comum.

O caminho para o bem-estar não é a ausência de doença, mas sim a genitalidade, que é poder gozar da máxima potência e bem-estar como seres humanos, os mamíferos ópticos.

A genitalidade é a possibilidade de um verdadeiro encontro humano, que não está mais bloqueado por posições paranoicas. É a possibilidade de desenvolver as nossas potencialidades evolutivas, é viver em uma sociedade de comunicação verdadeira e de relações verdadeiras.

Assim sendo, nossa proposta é fazer, concretamente, uma **comunicação enriquecedora**, em proporcionar uma **outra** tradução da pessoa, sem esquecer, e não o poderíamos, da nossa história cultural.

Não esqueceremos a aquisição dos modelos que consideramos mais adequados para a interpretação da experiência humana, o que é, afinal de contas, o objeto do nosso trabalho. Desse modo, acreditamos que é possível, no contexto, enxergar a **ponte** que existe entre uma velha e uma nova cultura, inserir esse **elo perdido** em uma leitura de interpretação pós-reichiana, que segue as ideias de W. Reich e se move de modo independente sobre outros desenvolvimentos.

O objetivo deste trabalho é, dessa forma, trazer uma nova contribuição, uma ampliação de perspectivas para insinuar algumas dúvidas em uma cultura que se apresenta como pronta, fechada, com perigos evidentes de se alimentar de certezas que buscam apenas uma autossegurança. Queremos, dessa forma, provocar uma discussão que reverbere utilmente no nível da prática.

Capítulo 1

AS TENDÊNCIAS DA PSIQUIATRIA

Até os dias de hoje, uma abordagem séria da psiquiatria não pode omitir a necessidade de especificar o caminho que percorremos para chegar na nossa posição atual. Não podemos nos dar ao luxo de lidar com os nossos problemas fora de uma perspectiva histórica, que explique o porquê das contradições e dos paradoxos.

A pré-história da psiquiatria pode ser identificada nas práticas xamânicas, nas atividades sacerdotais hipocráticas, nas interpretações dos sonhos de Artemidoro, nas prescrições de *helleborus*[1], nos **humores** e nos **sopros**, nos comportamentos dos adivinhos e cartomantes, nas aparições coloridas dos vendedores de remédios milagrosos nas praças das cidades, na fé no sobrenatural e nos fenômenos que fogem da experiência sensível comum. Douglas Guthrie (1967) afirma que a profissão de curandeiro é a mais antiga no desenvolvimento da sociedade: na gruta ***Trois Frères***, na França, em um grafite datado de 15.000 anos antes de Cristo, encontra-se a imagem de um **bruxo**, vestido com a pele de um animal e com os membros pintados com listras. É provável que a própria medicina tenha evoluído a partir dos problemas que se encontram no limite entre o físico e o metafísico, como a morte ou a propagação de doenças, que certamente se enquadravam mais no âmbito dos fenômenos mágicos religiosos do que nos acontecimentos naturais.

O *Malleus Maleficarum*[2], de Sprenger e Kremer (2009), talvez seja o primeiro texto, muito embora sem o pretender, sobre psicopatologia, particularmente sobre a fenomenologia da histeria. Esse texto faz parte da história da psiquiatria até mesmo do pensamento freudiano, existencialista ou organicista recente.

De fato, a história da psiquiatria é uma história de sofrimento, vivida dramaticamente no corpo e na mente, e não é apenas um exercício cultural.

---

[1] Planta nativa da Europa, usada para fins medicinais. (N. da T.)

[2] Martelo das Bruxas. (N. da T.)

Então, vale a pena vermos como o pensamento psiquiátrico se desenvolveu em suas correntes principais. O seu percurso evolutivo passa por algumas linhas, a primeira das quais apresenta o paradigma organicista e a metapsicologia psicanalítica. A segunda linha, marcada pelo historicismo idealístico, dá origem à prática psicodinâmica e à psiquiatria fenomenológica. Em resumo, é uma linha que se move desde o historicismo social a partir do qual as correntes sociopolíticas evoluíram.

O ORGANICISMO

A psiquiatria biológica-organicista assume que a causa dos distúrbios mentais deve ser pesquisada no interior do organismo. Em seu início, essa psiquiatria baseou-se nos esquemas de derivação positivista da medicina da primeira metade do século XIX.

Dominada pela recaída epistemológica das descobertas de Bayle, Alzheimer e Nissl sobre a paralisia progressiva, que se tornou um paradigma verdadeiro e próprio das doenças mentais, essa vertente encontrou em Griesinger (1882) o mais convencido defensor da existência de uma conexão entre a condição biológica do encéfalo e os distúrbios psíquicos. Assim, inaugurava-se um período de biologismo **ingênuo**, cujas intenções seriam isolar o sintoma e reduzi-lo, observados na interpretação mecanicista das síndromes e a localização cerebral da sintomatologia, com a exclusão de fatores psicológicos na etiopatogenia dos distúrbios mentais (Ancona, 1972).

Esse tipo de ideologia, que Borgna (1979) qualifica como **paleopositivista**, confere ao dano biológico o *status* de *noxa primaria* (lesão primária). A óptica reducionista, implícita nas afirmações de Griesinger (1882) de que "as doenças mentais são doenças do cérebro", domina essa perspectiva. O clima de pesquisa que se respira nesse período é o mesmo presente nas pesquisas de Wundt (1889): "nada acontece na nossa consciência que não encontre o seu fundamento sensorial em fatos específicos e determinados". O principal interesse dos pesquisadores consistia nas correlações entre fenômenos psíquicos e o substrato anátomo-fisiológico do sistema nervoso central. Através da fundação de uma psicologia que tinha tendências para a fragmentação da vida mental em "elementos separados e questionados individualmente" (Griesinger, 1882), acreditava-se que a base da psiquiatria como ciência aconteceria com a possibilidade de se reduzir a linguagem dos fenômenos psicológicos a uma linguagem neuropatológica.

CARÁTER & PSICOPATOLOGIA

A consequência mais importante da homologação da psicopatologia e da neuropatologia foi a identificação do corpo como um objeto privilegiado de estudo. Somente o estudo do corpo poderia fornecer as respostas sobre a natureza e sobre a essência da doença mental (Zilboorg, 1963).

Um empreendimento tão ambicioso tornou necessária uma formulação correta das linguagens, de um lado com relação ao aspecto biológico e, de outro lado, ao comportamento como a chave para se estabelecer uma correlação sólida entre os dois âmbitos.

Dessa necessidade nasce a **Psicopatologia Clássica** e a exigência de se descrever os fenômenos psicopatológicos da maneira mais objetiva possível. Esse é o período da "ilustração precisa dos fenômenos" e da "classificação dos fatos psíquicos" que são reagrupados em sintomas com uma base comum de conexão. Essa foi uma tarefa que os psiquiatras, do século passado, prolongaram por muito tempo (Hilman, 1972).

Foi um comportamento naturalístico que originou o sistema classificatório Kraepeliniano (fundado sobre o conceito da unidade natural da doença, isto é, uma entidade patológica bem definida, com características precisas de decurso, prognóstico, e possivelmente de etiopatogênese). Esse sistema classifica as doenças por categoria, por dimensão e por outras classificações de síndromes.

Com o passar do tempo, as técnicas foram se aprimorando e foram produzidos os subprogramas de pesquisa biológica que tenderam a estruturar o modelo biológico, de um modo cada vez mais **científico**.

Assim, como observa Andreoli (1991), no modelo biológico se reconhecem as seguintes hipóteses:

- Uma hipótese genética, que propõe a transmissão das doenças mentais através de um mecanismo genético, cuja base conceitual é representada pela maior incidência de distúrbios psíquicos em determinados grupos familiares, mas com o forte limite apresentado pela impossibilidade de se traçar uma fronteira bem delimitada entre o que é produto da hereditariedade e o que é produto do ambiente;

- Uma hipótese bioquímica, que aponta as alterações dos agentes cerebrais como fator responsável pelos distúrbios psicopatológicos;

- Uma hipótese neurofisiológica, que transita no ambiente das funções do Sistema Nervoso Central, e que considera as condições especiais que possam justificar a sintomatologia psicopatológica.

Porém, o otimismo positivista gerado pela sensação de se ter encontrado **o modelo** da doença mental rapidamente se deparou com a realidade de não existir modelos semióticos (biológico e clínico-nosográfico) confiáveis.

O ENTENDIMENTO PSIDICONÂMICO

Esse segundo paradigma, cuja paternidade é atribuída a Freud, pode ser considerado como tendo suas origens no naturalismo psicopatológico, pelo menos no seu aspecto metapsicológico.

Em linhas gerais, o significado da psicodinâmica se refere a uma particular interpretação da psicopatologia, segundo a qual o comportamento é determinado por um "dinamismo" essencialmente inconsciente. Essa é uma verdadeira revolução psiquiátrica (Zilboorg 1963), graças à qual se começou a procurar um modelo no qual a gênese da doença mental não estivesse confinada a um esquema rígido do tipo determinista/físico, mas sim a uma concepção de causalidade de ordem genuinamente psicológica (Ancona 1979). Há um aspecto paradoxal na posição do pai da psicanálise no panorama da cultura do seu tempo, fruto, inclusive, de sua formação acadêmica, a qual se dedicava à pesquisa de um código para se interpretar a natureza humana. Uma prova disso é o "projeto de uma psicologia", que é uma tentativa de extrapolar o mundo natural através de uma utopia de uma psicologia fisiológica, fazendo-se uma estreita correlação entre os processos físicos e os processos psíquicos (Friedman et al., 1980). E, no entanto, por outro um lado, Freud não ignorava o realismo de Herbart e de Griesinger

Dessa forma, os resultados da longa jornada, que teve início na mais remota antiguidade, começou a tomar corpo como uma ciência, no período do final do século XIX e início do século XX. Foi a contribuição de pessoas, como Charcot, Janet, Liebault e Breuer, os quais, tendo compreendido a importância das origens profundas do comportamento, deram a Freud a chave para sua interpretação (Tedeschi, 1975).

O conceito da vida psíquica, derivada do pensamento psicodinâmico, vai além das interpretações, muitas vezes contrastantes, das várias escolas (Freudiana, Junguiana, Leiniana, Reichiana etc.). Esse conceito apresenta um denominador comum, o qual Tedeschi (1975) identifica na ação central do inconsciente, como sendo a causa da sintomatologia psicopatológicas, e no fato de que a cura não pode ser medida exclusivamente na superação dos sintomas, mas sim na análise da transferência como parte da técnica terapêutica.

Dessa forma, o comportamento manifesto do indivíduo será determinado por uma interrelação de forças, as quais frequentemente são apenas parcialmente conscientes. Portanto, os problemas psicopatológicos não podem ser compreendidos com base na experiência tal qual eles são apresentados à mente consciente, mas tão somente integrando as atividades da mente consciente (pensamentos, representações, disposições tímicas) com os componentes que não são acessíveis à percepção consciente, isto é, os componentes irracionais, primordiais e primitivos, instintivos e simbólicos.

Em síntese, estas são as características comuns do pensamento dinâmico-energético:

- Existência de antagonismo consciente/inconsciente, no qual o inconsciente não é visto em função de um simples aspecto antipolar da estruturação da consciência, mas como uma função ativa a qual tem seus próprios modos de funcionamento;

- Ênfase especial nas relações fantasiosas infantis;

- Sintomatologia derivada de um compromisso dinâmico gerado por uma situação conflitante, ligada a um momento particular da evolução biopsíquica do indivíduo;

- Uso de uma técnica terapêutica precisa.

Rossini afirma que o mérito de Freud foi o de amplificar

> ... as dimensões da personalidade psíquica do homem, quando ele percebeu que o seu mundo psíquico não está contido apenas nos limites do raciocínio e da vontade consciente de um Eu. Mas, esse mundo se constrói também sobre a atividade extraconsciente, sobre um fundo de dinamismo inconsciente, para onde convergem o irracional, o primitivo, o reprimido, e o esquecido (Rossini, 1971).

A FENOMENOLOGIA

A base teórica do pensamento fenomenológico é toda a respeito da **compreensão**, de um **entendimento** que se origina das atitudes adotadas na relação inter-humana com a pessoa examinada (Callieri, 1972) e que busca favorecer a passagem do papel do psiquiatra-psicoterapeuta dos aspectos gnósticos para os aspectos práticos (Moreno, 1968). De fato, a abordagem fenomenológica tem como objeto de pesquisa a experiência humana (Porot, 1970), a qual vai além da fragmentação polissêmica das múltiplas abordagens culturais.

Atrás dessa abordagem particular, na qual o pensamento filosófico se integra com a intervenção psiquiátrica (Andreoli, 1991), lembremos da posição estrutural-intuicionística de Minkowski (1998). A visão de Minkowski, à luz das Husserlianas e Heidggerianas, conduz a uma visão sintética da psiquiatria, da psicopatologia e da filosofia. Temos também a ideia de Binswanger (1971) de que a categoria da "possibilidade" seja, de fato, a raiz fundamental do ser humano, tal qual a coexistência (*mit-dasein*) nos padrões de amor, amizade, agressividade etc.

Depois disso, vem o pensamento de Jaspers (1964).

Convém nos determos um pouco mais sobre a fenomenologia Jasperiana. Os temas psicopatológicos que derivam das suas posições ainda estão na base de muitas concepções teóricas da psiquiatria.

Na sua **Psicopatologia Geral**, Jaspers (1964, p.239) define a fenomenologia como aquilo que

> ... tem a tarefa de tornar presentes e evidentes por si só os estados de ânimo que os doentes realmente experimentam (*Erleben*), de observá-los nas suas relações de afinidade, delimitá-los e distingui-los o mais claramente possível, e lhes dar as denominações adequadas...

O cerne da teoria de Jaspers é constituído pela noção de "compreensibilidade". A importância dessa noção, por um lado, é "técnico" por causa da sistematização dos conceitos de neurose, das reações aos acontecimentos e da definição da psicose. Por outro lado, tem uma importância cultural na medida em que se coloca como um divisor de águas entre a normalidade e a loucura.

Portanto, a compreensibilidade tem o sentido de captar e objetivar a qualidade psíquica, de colher as experiências subjetivas vindas de dentro (Jaspers, 1964); mas também

> ... identificar-se com o outro, colocar-se na sua pele, compreender as relações psíquicas, isolar e reunir os fenômenos psíquicos individuais em um encadeamento de motivações, de tal forma que torne o comportamento do doente verossímil para a nossa experiência. Portanto, compreender as relações entre fatos psíquicos, entre precedentes e subsequentes de modo intuitivo e, podemos dizer, imediato. (Ciani, 1977, p.67).

Mas no limite da compreensibilidade estão os territórios do **Inconsciente** e do **Processo.**

O Processo é o surgimento de algo completamente novo, que constitua uma alteração permanente da vida psíquica e que a interrompe. É isto que determina o aparecimento dos sintomas primários das psicoses, no seu modo de ser "sem sentido em comparação ao significado usual da nossa compreensão" (Ciani, 1977, p.78). Esse "sem sentido" abre a porta para a introdução de algo estranho no complexo da nossa existência psicológica, algo que faz Weitbrecht dizer que a esquizofrenia, que é a epitome do processo psicótico por excelência, procede "fatalmente de profundezas biológica, e é psicologicamente inacessível e ainda somatologicamente não explicável" (Weitbrecht, 1970, p.273).

Por mais que o inconsciente possa ser obscuro, rico de potencialidade e governado por leis próprias, ele não é o negativo da consciência e não se contrapõe a ela como sua antítese. A consciência

> ... é "vida interior" ou interioridade vivida, enquanto o extra consciente não tem esta dimensão. A consciência é objetiva, é saber alguma coisa, e, como tal, se contrapõe ao inconsciente que é um puro sentir e que não objetiva nada. A consciência é a autorreflexão, a consciência de si mesmo, enquanto o inconsciente nega qualquer possibilidade de saber explícito (Ciani, 1977, p.78).

Daí surge **meu lado** que nega o **meu-outro**, a minha incompreensibilidade, o meu lado misterioso, obscuro, mas acima de tudo, inacessível.

É a condenação inapelável da psicanálise.

A PSIQUIATRIA SOCIAL

Mesmo para essa corrente de pensamento, ainda não temos uma elaboração única. O termo sociopsiquiatria designa o "pensamento teórico voltado para a compreensão das relações entre a sociedade e as doenças mentais, e mais ainda, a busca de avaliar o resultado das ações patogênicas do ambiente" (Sarteschi & Maggini, 1982). Sendo mais radical, podemos dizer que a psiquiatria social busca enxergar o mundo que nasce da dilaceração provocada pela crise dos modelos tradicionais de normalidade.

A psiquiatria social identifica a **dificuldade** como sendo a base e o espaço sobre o qual se constroem os novos modelos de análise, através de formas e instrumentos políticos (Jervis, 1976).

A partir dessa premissa, o doente psiquiátrico é reduzido a um número, ao qual se atribui a culpa de causar danos à sociedade e aos seus mecanismos produtivos.

A marginalidade, juntamente aos problemas que as condições psicopatológicas acarretam para a sociedade, provocam uma reação na parte **sã** da sociedade. O elemento perturbador assume o status e o papel de louco, e em decorrência disso será tratado como tal. Desse modo, a prática psiquiátrica não deriva mais dos princípios da cura, mas assume conotações de repressão e de intolerância.

Mesmo que a sua linguagem pareça ser radical, é necessário reconhecer o mérito da psiquiatria social por ter proporcionado o debate que levou à abertura progressiva do hospital psiquiátrico e ao aprofundamento teórico da antiterapeuticidade representada pelas estruturas de isolamento (Ancona, 1979), assim como o mérito de ter descoberto a potencialidade política da prática da psicopatologia e da sua atualidade social.

ALGUMAS CONSIDERAÇÕES

A partir dessa rápida e incompleta panorâmica da excelência da psiquiatria, podemos ter uma ideia da enorme riqueza do seu campo de estudo e das suas aplicações e, ao mesmo tempo, da sua inevitável fraqueza epistemológica (Siciliani, 1979).

A psiquiatria é a ciência do humano. Para o psiquiatra, especialmente aquele que trabalha com psicóticos, a realidade da vida se mostra pelos seus odores, suas cores, os instintos, as paixões e as ansiedades. Essa realidade está firmemente enraizada no teatro do "drama entre o homem, o mundo e Deus" (Jung, 1978).

Apesar de tudo isto, o psiquiatra é obrigado a reduzir esse universo tão complexo em duas dimensões dentro da máquina cartesiana, na qual ele procura, ou tem a ilusão de procurar, uma ordem e uma monótona, porém confortável, previsibilidade.

Essa dupla dimensão da imagem psiquiátrica lembra a dimensão da imagem fotográfica, o conceito é o mesmo: "já aconteceu". O psiquiatra vive no sonho de que "para se chegar ao que está por trás, basta limpar a superfície da imagem" (Barthes, 2003). Mas para penetrar na profundidade da alma, quando se é atraído apenas para um ponto focal, será suficiente perfurar, aumentando o calibre (granulometria) das experiências?

É evidente que a dificuldade fundamental na construção de um saber psiquiátrico, e consequentemente de uma prática psiquiátrica, nasce do confronto entre o "caráter abstrato da ciência e o caráter global e único dos fenômenos humanos, entre uma ciência que perde o perfume e o tato das coisas e que produz algo mais rarefeito e asséptico" (Castelfranchi, 1987) e a complexidade do *mit-welt* (mundo atual) no qual se diversifica a presença humana.

Se os temas de Griesinger se movem a partir da necessidade real de "remover da psiquiatria as pesadas incrustações semi-teológicas que a recobrem desde os tempos da contrarreforma" (Zilboorg, 1963), o sonho de retirar o problema da estrutura da vida mental, da metafísica, para transferi-lo para a hegemonia da fisiologia está longe de ser garantido.

Desse comportamento subentendido nasce a ansiedade de alguns setores da psiquiatria para realizar o mito da objetividade racional, calcado no modelo das ciências da natureza de Dilthey. Assistimos à amplificação desse paradigma com a sua visão atomística do homem, dentro de um universo materializado, e que conduziu, por mais paradoxal que pareça, à fé biológica contida no tema dos processos. Ou seja, uma doença deve necessariamente existir na base das manifestações psicopatológicas. Uma doença deve estar presente, mesmo que não seja demonstrável.

A psiquiatria biológica, sob a influência do positivismo, ficou fascinada com a visão matemática, a partir dos modelos físico-moleculares. E essa visão levou a psiquiatria a acreditar que, com essa mudança, poderia conquistar o direito de se colocar entre as ciências. O conhecimento deve sempre significar conhecimento demonstrado, através da razão ou de uma evidência perceptível (Lakatos, 1984).

O extremo dessa concepção de ciência é representado pela aplicação na medicina de modelos de controle epistemológico (Popper e outros) derivados da física: queriam que um sistema teórico, fisiológico ou patológico fizesse referência aos sinais objetivos e que um tratamento terapêutico fosse julgado não pela remissão dos sintomas, mas pelo desaparecimento ou pela redução dos sinais definidos anteriormente (Pera, 1983).

De fato, nos trabalhos científicos avalia-se a eficácia de um tratamento levando-se em consideração, exclusivamente, as variações das pontuações das escalas de classificação administradas ao paciente.

Fica evidente, nas consequências desse tipo de procedimento, que não se trata apenas de uma questão formal. Na verdade, está em jogo o desaparecimento progressivo do paciente como pessoa, com a sua carga de subjetividade e incerteza, em favor de uma objetividade científica sempre mais irreal. Pode-se perceber que o cientista tem a necessidade e a ansiedade de eliminar as incertezas das informações com as quais ele lida (De Finetti, 1984).

Dessa forma, o processo de "despersonalização da pessoa" completou-se (Binswanger, 1977) através da substituição do ser humano por símbolos e referências abstratas (Ancona, 1979).

Nesse ponto, retornamos à contradição: na sua dimensão **positiva** a psiquiatria permanece fora de contexto histórico na medida em que assumir os esquemas genéricos e quantitativos pode levar à negação da realidade do homem. E este posicionamento é moldado por um tipo de comportamento paranoico, que se torna ainda mais grave, precisamente por esse padrão ser tomado como se fosse **cientificamente** validado.

Até mesmo a escola clínica-nosográfica, que é uma corrente mais esclarecida do organicismo, mostra os seus limites. Não é possível elaborar um sistema de classificação adequado às linguagens. As correlações entre as avaliações clínicas e os parâmetros biológicos estão muito longe de serem identificadas e constituem um verdadeiro fator limitante do progresso da pesquisa. Andreoli (1980) aponta a falta de paralelo entre a metodologia do procedimento clínico-comportamental e o aumento de capacidade de resolução dos instrumentos científicos da biologia. A associação entre os dois setores, o clínico e o biológico desenvolvidos separadamente, não teve um intercâmbio contínuo e dialético e produziu "... uma clínica inútil para a pesquisa biológica e uma biologia inútil para a problemática clínica" (Saraceni & Sternai, 1986).

CARÁTER & PSICOPATOLOGIA

Para nós, parece que a impossibilidade de comunicação, enfatizada por Andreoli, com relação ao todo geral, constitui uma reedição sofisticada do dualismo cartesiano.

A psicodinâmica é contraditória ao violar os princípios teóricos com a aplicação da prática psicoterapêutica. Como foi bem ressaltado por Cargnello (1977), encontramo-nos diante de uma situação paradoxal: a da ambiguidade de uma psicanálise freudiana que oscila entre um biologismo teórico e uma abertura francamente fenomenológica. É evidente que "... a noção de homem, implícita na teoria psicanalítica, não tem nada a ver com a noção de homem que a teoria psicanalítica obteve através da derivação das ciências naturais cartesianamente impostas. . ." (Galimberti, 1979).

Ao querer ser exigente com os detalhes, a psicanálise é uma ciência da natureza que queria ser chamada de ciência do espírito.

Até mesmo na fenomenologia encontramos contradições.

O limite do discurso Jaspersiano que reconduz paradoxalmente a fenomenologia de volta para ser o suporte do paradigma biologista, é a noção de compreensibilidade. Como já vimos, a compreensibilidade cria a fronteira entre um domínio regulado, que pode ser explicado pelas leis da empatia e da introspeção, e outro domínio insondável no qual não existe uma estruturação atribuída a uma norma: a origem desse salto de qualidade, constituído pelo incompreensível, do que é primário, do processo e que deve estar radicado no biológico.

Para usarmos a terminologia de Jaspers (1950), não temos mais *Verstehen* (compreender), e sim *Erklaren* (explicar), não se fundamentar epistemologicamente nas ciências do espírito, mas fundamentar-se nas ciências da natureza. Desse modo, o processo garante, ao mesmo tempo, a existência da psiquiatria como uma ciência autônoma e a legitimação de proceder de acordo com os acontecimentos físico-biológicos.

As contradições da psiquiatria social estão mais escondidas. A contínua variação da estratificação social, a mudança dos modelos de vida e de convivência, o fim das ideologias em favor de um modo de pensar mais plano, porém confortável, provocam ajustes e modificam o interior do paradigma que está em um movimento contínuo. Ainda que, paradoxalmente, as certezas diminuam, permanecendo inalteradas somente nas bordas extremas e radicais, as assim chamadas **bordas lunáticas**. As integrações e exclusões não são suficientes para explicar os comportamentos complexos. Dessa forma, o modelo não funciona.

A psiquiatria não se desenvolveu através de uma evolução sucessiva de paradigmas. Queremos dizer que não houve uma substituição ou abandono da psiquiatria, como resultado de um processo de falsificação. O problema é que nenhum dos paradigmas que examinamos é puro, e as contradições que foram geradas no seu interior preservam o seu funcionamento.

As conclusões que podemos tirar são as seguintes:

- os sistemas psicopatológicos e psicoterapêuticos são muitos e, às vezes, são contraditórios em seu próprio interior, quer dizer, têm uma baixa coerência interna;

- existem incertezas sobre os próprios limites de definição desses sistemas que funcionaram de modo destrutivo com a formação de preconceitos;

- existe um tipo de anarquismo epistemológico (Turci & Roveroni, 1985) que evoca as teorias anárquicas da consciência.

Essas abordagens, definitivamente opostas e contraditórias, levam-nos a navegar exatamente pelas oposições, pelas contradições e pelos paradoxos, "no convés de uma caravela que oscila incessantemente entre a ciência e a pseudociência" (Rossi, 1984, p.46), mas não por causa da culpa ou por acaso, mas por causa da necessidade.

E para continuar com a mesma metáfora, as abordagens são como uma navegação em um "rio denso e majestoso, que até certo ponto nos permite saber onde está o rio, onde está a margem, e onde está a terra firme" (Eco, 1980, p.302). Mas esse grande rio da psiquiatria, "por cansaço, porque correu por muito tempo e por muitos lugares, e porque se aproxima do mar, onde se acabam todos os rios, não sabe mais o que ele é" (Eco, 1980, p.302). Somos tentados a responder o mesmo que o Capitão navegador respondeu para Florentino Ariza: "Até quando você acha que poderemos continuar com este vaivém de merda?" (Marquez, 1986, p.402).

Essas metáforas mostram de maneira adequada a chamada crise da psiquiatria, a sensação de declínio da psicopatologia como ciência do humano e como prática de diálogo e psicoterapêutica (Borgna, 1979).

Ao fim dessa viagem arqueológica pelos fundamentos da psiquiatria, podemos fazer nossas algumas considerações expressadas por Basaglia em 1966. Não queremos:

... negar a validade das orientações biológicas clínicas, bioquímicas, funcionalistas ou, em alguns casos, organicistas que fazem parte da pesquisa psiquiátrica. Também não queremos menosprezar as pesquisas dos conceitos psicogenéticos que estão na base da dinâmica psicanalítica. Seria querer nos erradicar daquilo que somos, porque um homem é um homem biológico, bioquímico, funcionalista e psíquico, mas é um homem exatamente quando estas prerrogativas sejam igualmente co-presentes na sua existência e que nunca se verifica que uma exclua a outra. A contestação das abordagens individuais nasce em um momento em que estas — distanciando-se de seu campo específico — presumem que a partir da sua visão particular, única, podem afrontar o homem global na sua movimentação pelo mundo; a partir do momento no qual presumem que podem resolver, cada uma a seu modo o problema da existência, sem levar em conta que se tornam pura ideologia quando pretendem aumentar a sua penetração no estudo do homem, no seu ser para o mundo, não mais através da pesquisa interdisciplinar, mas tornando absolutas as suas premissas únicas e específicas. De fato, nem apenas a abordagem psicodinâmica, nem apenas a teoria constitucionalística, com as suas interpretações de caráter hereditário ou fisiopatológico, nem as interpretações organo-dinâmicas no sentido de Ey (1978), nos deram uma verdadeira visão globalmente humana, dos doentes mentais em sua existência (Basaglia,1966, p.71).

Capítulo 2

CONCEITOS FUNDAMENTAIS

Energia – Campo energético – Entropia/Neguentropia

Considerando-se que hoje a abordagem analítica reichiana se baseia em uma concepção energética que é obtida no código neguentrópico-sistêmico, fazemo-nos uma pergunta: uma concepção energética poderia se colocar no horizonte da psiquiatria, da psicopatologia e da psicoterapia, que atualmente estão ligadas a uma crescente operacionalização dos conceitos fundamentais, que evita termos que não podem escapar desta **cama de Procuste**[3]?

No nosso discurso, a psiquiatria é entendida no seu significado original de cuidar da psiquê, deixando de lado a colocação médico-biológica. Recuperando-se uma antiga definição, a psiquiatria se refere ao complexo mundo que estuda as doenças que afligem o espírito humano e os remédios que são necessários: o mundo da *psi*.

A psiquiatria "não pertence às verdadeiras ciências, ao contrário, ela é um conjunto de doutrinas e de práticas, ao qual não faltam elementos científicos" (Gozzetti, 2008).

O problema da dicotomia entre psiquê e soma, e a ausência de uma resolução dessa questão, está fortemente baseado na dificuldade de entender a gênese das doenças psicopatológicas.

Esse impasse pode ser resolvido, na nossa opinião, pelo conceito de energia.

Entretanto, antes de mais nada, devemos nos perguntar: será que pode existir uma definição **científica** do termo **energia**? Especialmente nesse caso, quando o termo é usado no contexto de uma "tradição de cura", como é o caso da psicopatologia/psicoterapia?

---

[3] Procuste é um personagem da mitologia grega que torturava seus prisioneiros para caberem em uma cama de ferro, amputando ou esticando seus membros. (N. da T.)

Na nossa psiquiatria, temos que agir com coisas que não podem ser completamente referidas ao modelo médico — quanto a isso não há dúvidas — mas, que por causa disso, não pode ser rotulado de anticientífico. Porém, não existe nenhum psiquiatra que não tenha no fundo de sua mente uma pequenina parte que não seja hierática e sacerdotal, ou mesmo xamânica, e que vem à vida nos seus comportamentos, rituais, no uso das palavras como condutoras de saúde e até no uso de drogas, as quais são às vezes administradas quase que com intenções misteriosas.

Na verdade, não existe uma definição **simples** de energia: a energia não é uma coisa material e tangível, e que pode ser objeto de uma observação direta; ela é definida através das coisas que ela faz ou que poderia fazer, nas suas várias modalidades.

Como diz o dicionário, energia é a capacidade de um corpo, ou de um sistema corporal, de realizar trabalho. Essa energia, possuída ou liberada por um corpo, pode ter várias causas: do movimento, que se revela como energia cinética, posiciona-se como energia potencial, à agitação térmica como energia térmica, às reações químicas como energia química, ou corrente elétrica como energia elétrica, e assim por diante.

Portanto, definimos a energia através de suas manifestações.

Um pouco de história:

Portanto, na cena médica, não é de admirar que uma atmosfera de suspeita sempre tenha cercado as formas de energia toda vez que elas se referiam à psicopatologia. Citamos, por exemplo, a ideia de energia pesada e leve, como no conceito de força vital introduzido por Hipócrates, ou no movimento tônico vital de Sthal. Também nas ideias dos epigeneticistas, que, junto de Gaspar Friedrich Wolff, traçaram o nascimento de cada corpo em conexão com uma força vital inerente à uma substância primária sem uma forma definitiva (Zilboorg, 1963). Temos ainda o princípio vital e o vitalismo de Barthez, que define o conceito de força vital e do vitalismo como o *"de motu tonico vitali"* de Stahl, onde a força vital é responsável por todas as funções do organismo. E também Boissier de Sauvages, que entendia que o "poder da força vital se manifestasse, em Si mesmo, como consciência e, em conexão com os órgãos dos sentidos, se manifestasse como movimento". Reil deu o nome à zona do cerebelo (ilha de Reil) e fundou, em 1796, o *Archiv fur die Physiologie* e também inaugurou a publicação com um artigo sobre *Lebenskraft* — a força vital (Zilboorg, 1963).

O aparecimento do conceito de força vital no panorama cultural da psiquiatria teve um efeito explosivo:

> Pela primeira vez na história da medicina, um médico que não queria deixar a doença mental nas mãos da teologia estava sugerindo um novo modelo de informação, um novo fator biológico, que era biológico apesar de que não poder ser medido ou tomado via oral. O conceito de energia ainda não tinha sido desenvolvido nos tempos de Stahl, e os médicos precisaram esperar até que a ciência tivesse progredido o suficiente (Zilboorg,1963).

Posteriormente, quando a psiquiatria começa a assumir conotações mais precisas, aparece a interpretação de Beard (1839-1883) da "neurastenia". A **neurastenia** foi então definida como um estado de esgotamento funcional de energias nervosas específicas. Desde então, começam a se configurar numerosos modelos da psiquê baseados no isomorfismo da energia física e mental. Tais modelos eram derivados do positivismo em voga no final do século XIX, no qual o comportamento é visto como derivado de uma **energia endógena**, e é expresso através de uma linguagem derivada dos termos usados pela terminologia da física.

Helmoltz (1821-1894) influenciou o modelo energético Freudiano: "As únicas forças ativas nos organismos biológicos eram redutíveis às forças químico-físicas inerentes à matéria, as quais eram redutíveis a forças de atração e repulsão" (Gozzetti, 2008).

Os organismos vivos são mostrados como sendo agregados atômicos "governados por forças físicas, de acordo com o princípio da conservação de energia"(Friedman et al., 1980).

Além disso, a cena da pesquisa europeia no campo neurofisiológico era dominada, com ressaltam Friedman, Kaplan e Sadock, pelo triunvirato formado por Brucke – Exner – Meynert, cujas crenças se resumiam na ideia de que:

> . . . o sistema nervoso operaria através da transmissão de uma quantidade variada de energia dos terminais nervosos aferentes para os terminais nervosos eferentes. A natureza deste impulso nervoso tinha sido pensada, por Brucke, como sendo de natureza elétrica e estava concebido em termos hidráulicos, como um tipo de fluido transportado pelas fibras nervosas como se fossem tubos ocos (Friedman et al., 1980).

Ressaltamos que uma impressão das ideias de Freud sobre a energia pode ser extraída do "Projeto para uma psicologia científica", que foi redigido depois de um período de gestação de dois anos (de 1895 a 1897) e depois abandonado em uma caixa e destinado à destruição. De acordo com as intenções do autor, não é difícil ver como as estruturas de **A Interpretação dos Sonhos e de Além do Princípio do Prazer** derivam principalmente das formulações conceituais desse trabalho.

O conceito freudiano de energia devia muito à formulação do problema que a física, então, colocava. Os pressupostos de base eram constituídos pelo conceito de entropia e de conservação, isto é, a tendência dos sistemas de manter o conteúdo energético constante e homogêneo, do qual derivava o princípio da inércia neurônica. Na vertente psicológica, isso significava o princípio do nirvana e do prazer.

Adquirida no domínio da medicina, a energia, no entanto, está sujeita a um problema de interpretação. A energia, nesse contexto, propõe-se como um termo que inclui tudo, um termo abrangente, polissêmico, que dilui o seu significado, acolhendo em si, em suas diversas formas, sentidos extremos, tais como o sentido material e o imaterial, o corporal e o psíquico. Essa definição, na verdade, pretende que o conceito de energia seja capaz de dar conta das mais variadas manifestações da energia, e acabou, no final das contas, provocando sua morte como modelo explicativo. As contribuições neurofisiológicas levaram à adoção de sistemas informais. E dentro do mundo psicanalítico, o inconsciente acabou tendendo a perder a sua dimensão energética com Lacan, Bion e Matte Blanco.

Na verdade, o termo **energia** pode facilmente ser submetido a uma corrupção semântica, perdendo o seu sentido mais preponderante, aquele que o coloca em uma posição **meta**. Pode também desgastar-se numa difusão popular que tende a simplificá-lo excessivamente também diminuindo sua potência **meta**, o que limitaria seu uso em contextos mais amplos.

Por si só, a energia é um conceito escorregadio, mutável, que deve ser usado e manuseado com cautela. Corremos facilmente o risco de nos desviar de nossa meta ao querer seguir obsessivamente as manifestações dos fenômenos. A essência do conceito de energia pertence à complexidade, e somente nessa perspectiva pode deslanchar plenamente o seu potencial heurístico, investigativo.

Tanto uma concepção da informação, que parece uma reflexologia atualizada, quanto o espaço vetorial, estão muito longe de resolver o problema fundamental da psiquiatria, ou seja, a dicotomia psiquê-soma.

Um pouco de história analítica reichiana:

Reich percebeu o problema e acreditou que tinha uma dívida com Bergson: "Notei instintivamente a validade do seu esforço para rejeitar tanto o materialismo mecanicista, quanto o finalismo. Era impossível negar o princípio de uma força criadora que governasse a vida" (Friedman et al., 1980). A energia vital reichiana foi definida por Kammerer como sendo "uma energia que não é térmica, nem elétrica, nem magnética, nem cinética (assim como não é oscilatória ou radioativa), nem é uma combinação de todos estes tipos de energia, ou de alguns destes, mas é uma energia que caracteriza especificamente os processos aos quais damos o nome de vida" (Friedman et al., 1980).

Paguemos a nossa dívida com Reich.

Dadoun afirma que

> ... se analisarmos a vivência emocional e os vários modos de expressão dos pacientes, ... se colocarmos na cena, política ou antropológica, os eventos repressivos da sociedade, ... se analisarmos, por um ângulo totalmente novo, os grandes fenômenos naturais — temporais, furacões, auroras boreais, formas nebulosas — é sem pre a mesma realidade primordial, a mesma energia específica, em uma palavra, é a **bioenergia**, aquela que viemos a conhecer e que funciona nas mesmas formas que a isolam, identificam, fazem história e a naturalizam. (Dadoun, 1976).

Para usarmos uma vez mais as palavras de Dadoun (1976), "bioenergia não é o nome de um princípio ou uma teoria, e menos ainda uma visão filosófica, nem é a designação global de um campo único de pesquisa".

Dentro da nossa concepção energética, entretanto, a bioenergia tem uma conotação diferente. Vemos a condição do homem, como núcleo de energia cósmica concentrada, não muito diferente de uma partícula elementar que "é apenas uma pequena região do campo elétrico, na qual a intensidade atinge particularmente outros valores, indicando que uma enorme porção de energia está concentrada em um espaço pequeno" (Capra, 1982).

O homem, por ser um elo de energia, não está claramente separado do campo no qual está imerso. As partículas elementares se movem no espaço vazio, como as ondas na superfície de um lago. Dessa mesma forma de onda é o movimento da corrente energética plasmática do organismo que participa da pulsão do universo, que é também ondulatória. É necessário ter sempre presente o conceito de equivalência entre energia e matéria, que no fundo não passam de metáforas de situações dinâmicas da energia vivente.

No contexto de uma medicina da energia, em qualquer tradição cultural que se queira mencionar, ela é normalmente descrita como sendo **modelos**

de fluxo que preveem uma troca energética contínua entre o indivíduo e o ambiente. Conforme já mencionamos resumidamente, o nosso modelo traz o conceito de energia e fluxo, mas também a presença do campo: na verdade, o organismo é um fluxo de energia, imerso em um grande fluxo de energia que é o campo.

Podemos falar de campo sempre que nos encontrarmos frente ao espaço de um **objeto** condicionado de tal forma que algum outro **objeto** seja afetado pela sua força. Por exemplo, na etologia o campo é uma conexão e, naturalmente, as ligações que se estabelecem entre a mãe, o feto e o recém-nascido, e depois com a família e a sociedade. Outro exemplo é a *Praecoxgefuhl*, isto é, a percepção do sentimento de esquizofrenia, o desolador sentimento de vazio da psicose. Como disse Minkowski (1998), na inteligência imediata, instantânea do sentimento, colhemos o sopro da vida que nos escapou. Em outras palavras, o nosso campo energético pode perceber e vai interagir com o vazio do esquizofrênico.

Falemos do conceito de energia/campo dando um salto de qualidade com relação aos modelos que estamos examinando. Propomos uma visão diferente, global e não limitante. O cenário cultural no qual trabalhamos hoje mudou profundamente. Por exemplo, a física contemporânea se dispõe a pesquisar a possibilidade concreta da criação da matéria a partir do nada, isto é, que a partir da flutuação energética do vazio, o vazio se materialize. Essa ideia era impossível no cenário cultural no qual Reich trabalhava.

Para nós, é difícil imaginar aquilo que se move ao nosso redor. Os nossos sentidos não são capazes de nos dar a impressão da grandeza e da riqueza da vida que nos circunda. "É possível que, na verdade, estejamos vivendo a nossa vida em uma dimensão excepcionalmente mais ampla do que aquela que supomos" (De Finetti, 1984).

Uma concepção energética da existência deve se expressar em uma linguagem que esteja de acordo com uma abordagem sistêmica da realidade, que utilize a descrição de modelos dinâmicos da vida, que vá além do reducionismo cartesiano, para se expandir na direção de horizontes mais amplos. A bioenergia é a energia vital que sustenta o processo biofísico e a expressão das emoções do organismo. A bioenergia é o elemento unificador da dicotomia psiquê-soma.

Vamos nos explicar melhor.

Na teoria de W. Reich, o gene da complexidade já estava inserido, e era natural que nós, como representantes desse ramo genealógico específico, nos movêssemos na direção desse futuro evolutivo.

> ... Hoje percebemos que estamos no fim de um período iniciado por Galileu, Copérnico e Newton e que culminou com a descoberta da mecânica quântica e da relatividade...

> ... A ciência clássica enfatizou a estabilidade, a ordem e o equilíbrio. Por todos os lados, hoje descobrimos a instabilidade e a flutuação, ao invés de termos que lidar com a certeza, temos que lidar com a possibilidade ...

> ... Em todos os níveis vemos surgir, na natureza, os elementos narrativos, a história cosmológica inclui a história da matéria, a história da vida, dos seres humanos, e assim por diante, até chegarmos à nossa história individual associada à nossa consciência ...

> ... Em todos os níveis observamos o aparecimento de novidades associadas à potência criativa da natureza ... (Prigogine, 1997).

Como não abordar a energia vital reichiana?

Nas últimas décadas, apareceu uma nova linguagem adaptada à compreensão dos organismos vivos, os quais são complexos e altamente integrados. Diferentes cientistas definem essa nova linguagem com vários nomes: teoria dos sistemas dinâmicos, teoria da complexidade, dinâmica não linear, dinâmica de rede.

Então os elos centrais do novo paradigma tornam-se: atractores[4] caóticos, auto-organização, fractais, conexões estruturais, estruturas dispersivas, redes autopoiéticas[5] entropia, neguentropia, informação, pontos de bifurcação, flecha do tempo, evolução.

Como diria Khun (1969), um paradigma "é uma mutação da *gestalt* visível". E gostaríamos de acrescentar que "as arquiteturas mentais de observação emergem de um modo diferente de sentir"

Na verdade, essa nova linguagem e o novo paradigma já estavam presentes no pensamento reichiano.

Ola Raknes, o único professor europeu formado por W. Reich, mestre de Federico Navarro, e este que foi o nosso mestre, afirma:

---

[4] Na física matemática contemporânea, um atractor pode ser definido como o conjunto de comportamentos característicos para o qual evoluiu um sistema dinâmico independentemente do ponto de partida. (N. da T.)

[5] Autopoiéticas: que criam a si mesmas. (N. da T.)

> ... a energia vital é negativamente entrópica, isto é, as concentrações mais fortes atraem mais energia das concentrações circundantes que são mais fracas. Esta entropia negativa se contrapõe à entropia mecânica e é essencial para a criação e a manutenção da vida. ...

> ... as concentrações naturais de orgone tendem a formar sistemas que se desenvolvem, atingem o seu máximo e depois diminuem até se dissolver. Tais sistemas podem ser galáxias, estrelas, planetas, e na atmosfera terrestre podem ser furacões e outros sistemas atmosféricos, ou mesmo nuvens solitárias. Até mesmo os organismos viventes são sistemas de energia orgônica ...

> ... o livre fluxo de orgone, no interior de um organismo vivente, é uma condição indispensável para o funcionamento saudável do organismo. (Princípio fundamental dos sistemas abertos) ...

> ... o metabolismo orgônico do organismo também depende do campo orgônico externo. (Outro princípio fundamental dos sistemas abertos). (Raknes, 1967).

Ocupar-se da complexidade, certamente, não quer dizer ignorar a necessidade de leis mecânicas que operem em intervalos bem definidos e sirvam como conceitos operativos.

Mais uma vez vamos pagar a nossa dívida com Wilhelm Reich, com relação ao pensamento funcional:

> O pensamento funcional não tolera nenhuma condição estática. Por causa disso todos os processos naturais estão em movimento, principalmente nos casos de estruturas enrijecidas e de formas imóveis ... A natureza é funcional em todas as áreas, e não somente na área da matéria orgânica. Obviamente, existem leis mecânicas, mas a mecânica da natureza é, em si mesma, uma variante especial dos processos funcionais. (Capra, 1984).

Por outro lado, não podemos, de maneira alguma, separar a natureza funcional dos processos vitais de uma visão que definimos como sendo sistêmica: "O modo de pensar de Reich, chamado de funcionalismo orgonômico está perfeitamente de acordo com o conceito de processo da moderna teoria dos sistemas" (Capra, 1984).

O **todo integrado** que constitui o nosso Eu-ambiente-vida não pode estar restrito à existência, em separado, das partes individuais que formam o sistema. Ou melhor, essas partes não vivem uma vida própria e separada, autônoma, mas são totalmente interdependentes.

De acordo com Koestler (1978), no âmbito de cada sistema existem duas tendências opostas: uma tem o caráter "integrativo", que garante o funcionamento como parte do todo, e a outra "autoafirmativa", que tende a preservar a autonomia individual. Através dessa autonomia, um sistema correto deve necessariamente oscilar entre integração e autoafirmação, alcançando equilíbrios que não podem ser estáticos, mas que se identificam em uma conexão, entre posições opostas e complementares que o constituem, tornando-o maleável, elástico e disponível para a mudança e para o desenvolvimento.

Toda a natureza se organiza através de estruturas pluriestratificadas, e não simplesmente de "camadas sobrepostas": as partes estão ligadas, o funcionamento do todo depende das partes reunidas, em outras palavras, dos subsistemas que o compõem. Em nenhum caso as suas propriedades podem ser reduzidas exclusivamente às propriedades de uma de suas partes (Capra, 1984).

Tais sistemas são mais funcionais do que sistemas rígidos ou rigidamente hierárquicos, e têm maior probabilidade de sobreviver.

Como dissemos, "se a teoria de Reich fosse reformulada em linguagem sistêmica moderna, sua relevância para a pesquisa e prática terapêutica contemporânea ficaria ainda mais clara" (Capra, 1984).

A ATUALIDADE ANALÍTICA REICHIANA SOBRE A ENERGIA: O CÓDIGO NEGUENTRÓPICO-SISTÊMICO

Antes dos anos 1940, o termo sistema era usado por muitos cientistas significando que **o todo é maior que a soma das suas partes**, mas foram os conceitos de sistema aberto e a teoria de Bertalanffy (1971) que consagraram o pensamento sistêmico como sendo um importante movimento científico. Ele focalizou a sua atenção em um dilema que havia confundido os cientistas do fim do século XIX, quando a mecânica newtoniana, ciência de forças e trajetórias eternas, tinha duas visões diametralmente opostas da evolução. Em outras palavras, era necessário ter uma nova ciência da complexidade.

A primeira formulação dessa nova ciência foi a termodinâmica clássica com a sua segunda lei, "a lei da dissipação da energia". Enunciada pela primeira vez pelo físico francês Carnot, essa lei afirma o seguinte: "os fenômenos físicos tendem a partir da ordem para a desordem e cada sistema físico isolado ou fechado continuará espontaneamente na direção de uma desordem cada vez maior" (Carnot, 1960).

Assim, a entropia foi introduzida (energia e os tropos, evolução).

Com a entropia e a segunda lei da termodinâmica, foi introduzida a ideia de processos irreversíveis, de uma flecha do tempo que hoje definimos como entrópica. Essa imagem, um tanto terrível da evolução cósmica, contrasta fortemente com o pensamento evolutivo dos biólogos do século XIX (Darwin, 2009), que observaram que o universo vivo evolui da desordem para a ordem, na direção de estados cada vez mais complexos.

Quem tinha razão, Darwin ou Carnot?

Bertalanffy não conseguiu resolver esse dilema, mas deu um passo crucial: "os organismos vivos são sistemas abertos uma vez que têm necessidade de se alimentar com um fluxo contínuo de matéria e de energia do seu ambiente, para permanecerem vivos" (Capra, 2001).

Foi preciso aguardar a década de 1970, quando Ilya Prigogine, com uma nova matemática, reexaminou a segunda lei e resolveu a contradição entre as duas visões da evolução do século XIX. Na realidade, a contradição é apenas aparente: "o equilíbrio entrópico deve ser global e deve incluir um organismo (plantas, animais, inclusive o homem), e um ambiente com o qual o organismo está em uma troca constante de energia e matéria" (Prigogine & Stenger, 2001). Ou seja, os organismos se desenvolvem e morrem por causa do aumento da entropia que eles provocam no ambiente que os circunda. A entropia do Universo é aumentada, e o segundo princípio não é violado.

Uma cidade ou um organismo são sistemas abertos. Por isso é fundamental calcular a neguentropia e a entropia envolvidas. Dessa forma se verá que a neguentropia é muitas vezes de ordem externa, mesmo que, na média, o que aumenta é a desordem.

Muitas pessoas consideram o ano de 1944 a data de início da biofísica, quando E. Schröedinger, prêmio Nobel de Física, pai e fundador da mecânica quântica, publicou as suas aulas, ministradas em Dublin, sobre os problemas biológicos na obra *O que é a vida?* (Schröedinger, 1995) e introduziu o conceito de neguentropia: trata-se de uma variação negativa de entropia, a partir de um valor originário (por exemplo, o nascimento de um indivíduo, a origem da vida, o início da evolução biológica) e não de entropia negativa absoluta, uma vez que, de acordo com o terceiro princípio da termodinâmica, não pode existir uma entropia menor do que zero (Tiezzi, 1996).

Na afirmação de Schröedinger (1995) está o segredo da origem da vida na terra, a história da evolução biológica, uma história que tem como protagonista a fotossíntese.

É a história de um planeta especial e inteligente que aprendeu a captar a energia solar e a se alimentar da neguentropia do universo para criar as criaturas ordenadas e dissipativas que são os organismos vivos: a biosfera é o espaço geométrico da neguentropia (Tiezzi, 1996).

A neguentropia é entendida como uma variação negativa da entropia na direção de uma ordem cada vez maior.

Para nós, analistas reichianos, parece que a neguentropia é alguma coisa além de uma entropia negativa. Nós a lemos de forma diferente, no sentido em que ela é a direção da flecha do tempo que se inverte neste planeta e em cada ser vivente; ela é a representação da pulsão da vida, da sua direção *bottom-up*, do *Elan Vital*, como diria Bergson (2007), que surge tanto filogeneticamente como ontogeneticamente.

Nisso tudo cabem algumas posições analíticas diferentes sobre o tempo evolutivo e sobre a nosografia psicopatológica, sobre a adequação e sobre o corpo, o qual é absolutamente indispensável na psicoterapia.

Podemos fazer duas perguntas que nos ajudam com relação ao tema do tempo:

- o tempo, nós o sentimos ou pensamos nele?

- quantos anos temos e quais são eles?

Estamos falando do tempo interno de cada um de nós, e do tempo externo, que é público. Falamos de um tempo subjetivo e pessoal e de um tempo objetivo que é compartilhado; de um tempo do Si e de um tempo do Outro de Si; de um tempo de relação e de um tempo de comunicação; de um tempo do dentro e de um tempo do fora; de um tempo do saber-sabor e de um tempo das informações; de um tempo límbico e de um tempo neopalial; de um tempo interno móvel (com as suas acelerações ou lentidão, com suas dilatações ou contrações) e de um tempo externo estável; de um tempo interno neguentrópico e de um tempo externo entrópico.

Estamos falando de duas flechas do tempo, que têm direções opostas na sua verticalidade.

Um exemplo da vida cotidiana: quantas vezes uma separação necessita de um tempo interno dilatado, para que possamos admiti-la dentro de nós, enquanto que no tempo externo nós registramos esse evento imediatamente.

Há um tempo externo entrópico: a perda de uma relação ou de um objeto; e há um tempo interno neguentrópico: a elaboração do luto pela perda do objeto, que nos leva a uma nova ordem.

OBSERVAÇÕES

Um argumento normalmente negligenciado é o da observação dos fenômenos, especialmente quando a interação entre o observador e o observado for determinante.

É claro que não se trata apenas de considerar a natureza daquilo que se observa ou a teoria que sustenta a modalidade de registro que fazemos da observação (os instrumentos, a sua validação etc.), mas devemos também considerar a fundamentação do ato de observar.

O ato de observar é intencional, e tem duas direções, pois a observação é recíproca: o observador e o observado interagem e se condicionam. É um *a priori* no sentido de que não se trata de uma relação de transferência ou de contratransferência. O ato de observar/ser observado é anterior à relação psicoterapêutica. Esse ato é uma modalidade de existência.

As avaliações do psiquiatra sobre um comportamento, e não necessariamente do comportamento patológico, dependem de uma interação que no mínimo é diádica. Uma consequência evidente é que uma classificação na qual os diversos observadores devem chegar ao mesmo ordenamento dos casos (Sarteschi, 1986) é intrinsecamente falsa. Em outras palavras, não podemos deixar de considerar a necessidade de uma relativização dos contextos: de um lado há um indivíduo que observa, de outro há um indivíduo que, por escolha ou por obrigação, é observado. Ao fundo está o mundo dos domínios pessoais dos atores que já citamos, das sociedades ou das culturas dominantes (ou subculturas) nas quais vivem.

Qualquer inferência, decisão, discurso, comunicação ou metacomunicação serão necessariamente influenciados por esses parâmetros, dos quais temos, necessariamente, que nos dar conta, sob pena de incorrermos em grandes equívocos: a interação é também uma interação de campo.

CARÁTER & PSICOPATOLOGIA

A PERSPECTIVA TEMPORAL DO DESENVOLVIMENTO E DAS MUDANÇAS

Uma psiquiatria, assim como uma psicopatologia e uma psicoterapia, entendidas como sendo uma ciência e que encontram o seu lugar obrigatório em um sistema de Descartes/Laplace, podem funcionar somente se forem examinadas em intervalos estabelecidos, como todas as ciências cartesianamente impostas.

Se é verdade que um parâmetro decisivo seja constituído pela interação entre o observador e o observado, também é importante levar em conta o intervalo e a duração da observação.

É fácil ver como o postulado, que prevê a constância dos distúrbios psíquicos como identidade do grupo nosológico, seja contrariado quando a observação demorar um tempo mais longo do que na prática rotineira. Valem como exemplos a catamnese de Kurt Kolle sobre os casos de Kraepelin; o destino de muitos pacientes de Freud considerados neuróticos e que se revelaram psicóticos, e também a presença de uma patologia afetiva "residual" nos períodos de intervalo das psicoses afetivas periódicas.

Essa observação é válida quando falamos de intervalo temporal e também quando falamos de intervalo causal. Por exemplo, as causas de um distúrbio psíquico estão localizadas no tempo atual, na infância, ou antes?

Portanto, devemos identificar uma perspectiva temporal que nos permita limitar ao mínimo os erros de observação tanto de natureza temporal como causal, conforme definimos anteriormente.

Uma perspectiva aceitável e coerente com a flecha do tempo neguentrópico pode, unicamente, ser a perspectiva da inteira existência do homem-vivente, desde a concepção, e que examine as diversas configurações de desenvolvimento de manifestações tanto da energia quanto do campo e que também examine a descontinuidade do arco-vital (pontos de separação-aproximação), as condições da história individual (o Outro de Si e os determinantes do Superego), os eventos e as chaves dos eventos que determinam a estruturação do caráter e os desvios da norma.

Essa é uma concepção que serve como perspectiva e como princípio de orientação, no sentido explicado por Baltes & Reese (1984). Esses são pressupostos de partida que podem ser contrariados pelas evidências empíricas. Não é óbvio afirmar que as mudanças, assim como o desenvolvimento, sejam processos que durem a vida toda, levando em conta a notável plasticidade que existe entre os indivíduos, e o fato de que eles estejam sujeitos às condições socioculturais. Assim como para os autores citados, a nossa unicidade substancial se revela no fato de que as **constelações prototípicas** da nossa teoria se estendem por um período que não se inicia no momento do nascimento, como assumem as teorias psicodinâmicas, mas que se estendem ao início do arco-vital, na vida intrauterina.

Como já foi ressaltado no campo da pesquisa biológica, a tendência vai totalmente na direção de entendermos realmente bem a respeito do curso da vida pré-natal, da formação e do desenvolvimento das funções cognitivas que ocorrem naquela fase, utilizando técnicas especiais, tais como a ecografia, que permitam observar o comportamento do feto, sem alterar a ecologia do sistema uterino: "uma técnica semelhante ao espelho unidirecional usado na psicologia para o estudo dos comportamentos" (Reda, 1989).

As bases moleculares e bioquímicas do comportamento fetal já estão presentes em uma época precoce, e elas se desenvolvem e amadurecem durante o curso da gravidez. O mesmo acontece com a atividade motora fetal, que se organiza progressivamente através de movimentos vermiculares, bruscas chacoalhadas, para movimentos refinados como a sucção, respiração ou rotação da cabeça, reações motoras globais e setoriais em resposta a estímulos sonoros ou mecânicos. O feto não é mais considerado como um objeto passivo, mas sim como um receptor e um emissor de mensagens bidirecionais trocadas com a mãe, cuja placenta serve de filtro e de modulador (Mancuso & Lanzone, 1985).

Esses estudos nos permitiram enfatizar a unidade psicobiológica do indivíduo e, mais uma vez, a necessidade de superar o dualismo cartesiano: o estudo da função sensório-motora ressalta que essa função é uma importante modalidade que o feto usa para se relacionar com o mundo externo, especialmente com a mãe (Reda, 1989).

Usando uma bela e delicadíssima citação, podemos dizer que: "O movimento fetal é o modo natural do contínuo e caloroso diálogo entre a mãe e o filho antes do nascimento" (Janniruberto et al., 1982).

Os movimentos mais precocemente percebidos, através de uma ecografia, mostram-se na sétima semana de gravidez, quando o feto mede entre 16 e 18 mm: são os movimentos vermiculares que também são o primeiro esboço do sistema cardiocirculatório mostrando uma pulsação bem evidente.

Mas essa é apenas uma parte dessa história.

As técnicas ecográficas se referem aos movimentos que podem ser evidenciados. No entanto, a unidade psicobiológica da qual falávamos anteriormente aparece bem antes, é uma ocorrência totalmente **imediata**.

Freud notou, de um ponto de vista psicodinâmico, muito antes do desenvolvimento das sofisticadas técnicas de investigação, que a relação entre a vida intrauterina e o subsequente desenvolvimento do indivíduo tem uma conexão muito maior em termos de continuidade do que a "dramática interrupção que acontece no ato do nascimento" nos levaria a crer. No entanto, ao não dar continuidade, não se aprofundar nesse tema, Freud, de certa forma, acabou negando, como afirma Laing (1961), "a possibilidade de que as experiências vividas dentro das nossas mães influam no modo como reagimos a qualquer situação em que possamos nos encontrar".

Mais uma vez, a incomunicabilidade da sequência faz com que pareça natural admitir que existe um *continuum* biológico entre a vida uterina e a vida pós-natal. Mas não é tão natural admitir um *continuum* psíquico que se estenda desde o momento do nascimento até o momento da concepção, e, inclusive além, antes da própria da concepção. Nessa perspectiva, parece-nos ainda mais limitante estabelecer uma equação entre o nascimento e o momento do parto. No nosso código neguentrópico sistêmico, os eventos que marcam a existência do ser vivente se originam exatamente com o nascimento do novo núcleo energético, no momento da concepção, e dessa forma também se origina a inter-relação do Si com o Outro de Si, ao longo de uma linha evolutiva caracterizada por fases. Essa linha evolutiva é uma progressão energética de estados biofisiológicos cada vez mais complexos; é um crescimento marcado por um jogo de separação-aproximação na direção de estados cada vez mais funcionais, com meios sempre apropriados e proporcionais a cada um deles, em um projeto estendido para a realização filo-ontogenética da estruturação típica da espécie humana, ou seja, de um mamífero óptico.

Portanto, a existência se desenrola a partir da fecundação e da implantação do ovo através de etapas de maturação que são caracterizadas por uma carga energética especial, típica de cada uma das etapas, e que são condicionadas pelos contatos com os outros campos energéticos constituídos pelo Outro de Si: a qualidade e a quantidade de energia presentes no núcleo do Si e no campo no qual o Si está imerso, **o como** os eventos energéticos são vividos e os grandes pontos de separação-aproximação são os fatores que condicionam a determinação do distúrbio psicopatológico. Em linhas gerais, quanto mais precoce for a alteração de uma dessas variáveis, maior e mais profunda será a interrupção, o distúrbio, para a vida daquela pessoa. E trata-se de um distúrbio que acontece em todos os níveis, em todos os planos.

O modelo que propomos tenta fornecer uma explicação da evolução biopsíquica e dos seus distúrbios. A intuição e a observação clínica são consideradas como partes essenciais e necessárias da pesquisa científica nesse campo. Vamos nos lembrar, como o fez Bertrand Russell (1972), da falácia de uma contraposição maniqueísta entre intuição e razão e o papel insubstituível da razão no progresso das ciências.

Capítulo 3

AS FASES EVOLUTIVAS DA VIDA

Em uma visão neguentrópica sistêmica, que tem como base o pressuposto da unidade psicobiológica do indivíduo, os eventos que marcam a existência do homem-vivente se originam com a fecundação, com o nascimento de um novo núcleo energético, isto é, o Si. Desse modo, iniciam-se as relações objetais do Si com o Outro de Si, ao longo de uma linha evolutiva caracterizada por fases.

A relação objetal primária é composta por três fases. As duas primeiras são intrauterinas e se caracterizam por circuitos relacionais específicos com o objeto parcial útero: são as fases da energia autógena e a fase trofo-umbilical. A terceira fase é a oro-labial, que é extrauterina e se caracteriza pelo circuito relacional com o objeto parcial seio.

A **primeira fase**, ou **fase da energia autógena,** tem os seus limites na fecundação e na implantação (nidação) do óvulo fecundado: gostamos de acreditar que o *quantum* de energia é o responsável pelo gradiente, que é o meio específico que condiciona a absorção dos líquidos uterinos e que determina a potencialidade invasiva agressiva expansiva do trofoblasto, e depende de algumas variáveis como, por exemplo, a vitalidade do óvulo e do espermatozoide, da pélvis da mãe, da pessoa da mãe e da relação do casal.

O gradiente é a expressão da diferença entre a pressão interna do óvulo fecundado e a pressão externa. Essa diferença de potencial é responsável pelo transporte de líquidos intrauterinos para dentro do óvulo, com uma intensidade que se reflete nas suas aspirações, e é uma expressão do *quantum* energético vital básico. Estamos quase diante de uma **introjeção** de líquidos, que é a expressão da fertilidade do ambiente, o húmus materno.

Vamos esboçar o cenário que estamos vendo: é um cenário que na sua **pequena dimensão** poderá, talvez, condicionar **grandes dimensões**: um óvulo que vagueia e flutua como um barquinho, em uma **viagem** que talvez condicione a zona onde irá se implantar e também o modo específico do seu implante.

E aqui colocamos duas perguntas: é possível que a carga energética possa condicionar o implante? É possível que um tropismo seletivo guie o nosso pequeno óvulo na direção de algum ponto particular da parede uterina?

Novamente, gostamos de pensar que, se o novo núcleo energético se origina de um **ato de amor**, ele pode ter uma carga energética vital maior, produzida por uma grande luminação do casal.

Estamos no interior do **primeiro circuito funcional Si-Outro de Si**, aqui representado pelo novo pequeno núcleo energético e pelos líquidos intrauterinos.

É natural que o primeiro circuito funcional Si-Outro de Si seja, realmente, próprio e característico dessa fase. E esse primeiro circuito funcional assumirá conotações especiais para cada fase sucessiva.

A **segunda fase, trofo-umbilical,** encontra os seus pontos de separação-aproximação na implantação (será um protótipo de apego?) que acontece no sétimo dia e no parto (nascimento extrauterino). O trofoblasto, sustentado pelo cordão umbilical, constitui o meio específico para essa etapa.

Talvez essa seja a fase mais determinante na vida de uma pessoa. De fato, essa fase precede muito, qualitativa e quantitativamente, a fase oro-labial do bico do seio.

A relação objetal primária necessita de muita energia e tem uma variabilidade intrínseca que oscila ciclicamente entre a constância ou mutabilidade e, portanto, nada influi mais na definição dessa relação do que a condição do pequeno Si. Por causa da pulsão neguentrópica da vida, o Si se estrutura de modo a captar a energia e realizar esse empreendimento com os meios de que dispõe.

Observemos então o que acontece. Uma vez esgotada a energia autógena, o novo pequeno núcleo torna-se mais robusto ao absorver líquidos. Esse núcleo estrutura o trofoblasto e enfrenta o primeiro momento crítico da sua vida: a implantação. Ele se agarrará à parede uterina e ali infiltrará ávidas e minúsculas raízes, que são as ramificações trofoblásticas. A partir do implante, ele começará a **sugar** energia. Será a específica energia do útero, da pélvis e da mãe que nutrirá a grande necessidade da oralidade primária.

Ao mesmo tempo que esse processo acontece e a área embrionária se desloca na direção do centro do útero, distanciando-se do trofoblasto, que permanece enraizado na superfície absorvente da parede uterina, forma-se o pedúnculo, o cordão umbilical, que possibilita, de maneira funcional, a conexão entre embrião-feto e o trofoblasto. O cordão umbilical torna-se o principal elemento de sustentação, é um rio de energia materno-fetal e é a expressão da necessidade crescente de organização do pequeno Si.

Em outras palavras, o embrião se desenvolve inicialmente na parede do óvulo fecundado e é **alimentado** pelo trofoblasto. Então, não podendo mais permanecer fixado na parede uterina por ter crescido, desloca-se em direção ao centro, graças ao cordão umbilical que se alonga.

Nessa fase trofo-umbilical, o circuito Si-Outro de Si é representado pelo embrião-feto (o Si) e pelas paredes do útero (o Outro de Si). Estamos sempre no interior do campo mãe; inclusive os líquidos intrauterinos se localizam dentro do campo mãe, e o seio também pertence ao campo mãe. O campo mãe é o primeiro campo do Outro de Si, e os três tipos de circuitos relacionais descritos anteriormente são subtipos da relação objetal primária.

A relação objetal do Si com o campo mãe se divide na relação objetal primária com o Objeto Parcial Útero (com os primeiros dois subtipos dos circuitos relacionais descritos) e na relação objetal primária com o Objeto Parcial Seio. Isso ocorre simplesmente porque os lugares do corpo, na comunicação analógica da dupla mãe-bebê, são diferentes, assim como são diferentes as condições de campo e as várias posições de cena da relação (líquidos intrauterinos, placenta, cordão umbilical e líquido amniótico estão no **dentro;** seio, lábios, pele, leite e ar estão no **fora**).

Devemos ressaltar que ao falarmos da energia materno-fetal, estamos dizendo que há uma troca recíproca de energia e uma condição básica de solicitação por parte do pequeno feto, ou seja, uma necessidade da oralidade primária. Consequentemente, uma mãe deve ser mãe quando estiver em condições definidas de bem-estar psicofísico, e, dessa forma, poderá nutrir funcionalmente o seu bebê, viabilizando um crescimento saudável e equilibrado.

Uma coisa que nos impressiona é como o desenvolvimento do bebê, de certa forma, tem um crescimento exponencial, semelhante ao *big bang*.

Como clínicos, devemos levar em conta a energia total desse sistema Si-Outro de Si, **mãe/bebê**: uma insuficiência energética geral poderia influenciar e determinar uma psicose simbiótica, uma falta de diferenciação, uma falta de separação dos dois núcleos que se mantêm **deficientemente ligados**, com poucas possibilidades de um desenvolvimento normal.

A mãe constitui o húmus-terreno sobre o qual o bebê cresce e faz suas trocas: a comunicação (*cum munis* – trocar juntos) constitui o projeto da natureza na medida em que a dimensão humana é a relação com o Outro de Si.

No desenvolvimento da relação objetal primária, o nosso primeiro Outro de Si é representado pelos líquidos intrauterinos e, portanto, a troca de energia se concretiza com a absorção dos líquidos; o segundo Outro de Si é a absorção-troca através do cordão umbilical e da placenta; o terceiro Outro de Si, na fase oro-labial, será o leite e o contato epidérmico, o espelho visual e a prosódia.

A troca energética Si-Outro de Si se realiza através de meios específicos, superfícies específicas, modalidades específicas entre a mãe, que é um núcleo energético certamente em *plus*, e o bebê, que, ao se alimentar, está mantendo o movimento neguentrópico da vida.

Essa é a nossa característica arquetípica, uma **bomba pulsante** que funciona desde as primeiras fases do crescimento intrauterino e que progressivamente deslocamos para os campos sucessivos.

A fase trofo-umbilical vai até o parto, que é um novo ponto de passagem funcional para outro estado-estágio de energia e de outros meios. É um ponto de separação-aproximação entre a própria fase trofo-umbilical e a fase oro-labial.

Para esclarecer a enorme importância que tem a vida intrauterina na nossa comunicação analógica e na estratificação da memória implícita, citamos um exemplo: a quantidade de deglutições do feto aumenta sensivelmente com a introdução de substâncias doces no líquido amniótico, enquanto que as deglutições diminuem com a introdução de substâncias amargas. Um tempo atrás, ao tomar conhecimento desse fato tão interessante, perguntamo-nos como era possível que o feto conhecesse **o sabor da relação com a mãe**, considerando-se as suas condições de estar imerso em um ambiente líquido. A questão foi solucionada ao se descobrir o Orgânulo Vômero Nasal de Jacobson, que está situado sobre os dentes incisivos, e que no período embrionário-fetal é capaz de traduzir quimicamente em sabor as substâncias odoríferas na solução líquida.

Nesse caso, o sabor e o saber da Relação Objetal Primária, que ousaremos chamar de **um sabor espelho**, seria uma intercorporeidade-intersubjetividade primária? Seria um equivalente prototípico de um sorriso ou de uma recusa nos pós-parto dos neurônios espelhos visuais, quando a mãe e o bebê se encontram em um olhar, na prosódia e nas expressões faciais? O Orgânulo Vômero Nasal de Jacobson é um resíduo da filogênese, é bem desenvolvido nos vertebrados, é rudimentar no homem e vai passando por modificações regressivas depois do nascimento.

CARÁTER & PSICOPATOLOGIA

O parto é a primeira grande separação no decorrer da vida. A hipótese que colocamos aqui é de que o **como** dessa primeira grande passagem seja o determinante dos **como** das nossas **separações-partos** sucessivas.

Há **quatro passagens** evolutivas principais, e os seus **como** ecoarão nas nossas separações sucessivas.

A primeira passagem é o parto-nascimento, com a primeira grande separação no sexto nível corporal reichiano (área umbilical-abdominal); a segunda passagem é o desmame no segundo nível corporal (boca), e é também a saída do primeiro campo-mãe; a terceira passagem acontece na saída edípica, que é uma separação no quinto nível corporal reichiano, o diafragma, e depois vem a quarta passagem, na puberdade, que é também a saída do segundo campo família e a aproximação ao terceiro campo, o campo social.

A separação de campos envolve todo o Si. O Si se reorganiza ao longo das trajetórias colocadas pelas impressões determinantes que aconteceram anteriormente nos níveis corporais.

Em outras palavras, no aqui e agora, vivemos a nossa condição humana, que é determinada pelo nosso estado-ordem e pela fase prevalente em que nos encontramos. Dado que o nascimento sempre nos remete ao tema de separação, quando posteriormente na vida nos encontramos de novo com situações de separação, ou até mesmo diante de cenas que nos remetam a esse tema, acontece uma ressonância. Essas situações ressoam com aqueles **nascimentos** ou separações anteriores e com aquelas rupturas vividas precedentemente.

Por exemplo, uma separação conjugal, que tenha para a pessoa o valor de um nascimento e de um parceiro que tenha a **função de um útero**, proporá novamente, naquele aqui e agora, um padrão de desapego que estará impregnado pelo **como** do nascimento daquela pessoa.

Porém, se o parceiro tiver a **função de seio**, uma separação estará repropondo um padrão que estará impregnado com o desmame como tiver ocorrido na vida daquela pessoa. Mas se essa relação com o parceiro estiver fortemente impregnada de um valor histérico-incestuoso, a separação terá a modalidade da própria saída edipiana. E se o parceiro tiver uma projeção de líder de família, a separação também terá a conotação da saída do campo familiar, tal como tiver sido vivida naquele tempo.

A **impressão** advinda do circuito funcional embrião-feto-útero é determinante para a densidade energética do Si e para a sua resiliência estrutural. Em outras palavras, como veremos melhor mais tarde, a impressão do primeiro campo do Outro e Si, que é constituído pelo útero e pelo espessor dessa interação, é fundamental. Estamos, portanto, falando da profundidade e da reciprocidade da relação do Si com o objeto útero.

Gostamos de definir a zona abdominal-umbilical como a **primeira grande boca**, e é aqui, nessa visceralidade primária, que se realiza o espessor da interação entre o Si e o Outro de Si, e que se define a resiliência primária do Si.

A **fase oro-labial** tem como limites o parto-nascimento e o aparecimento dos primeiros dentes, que são a expressão de um aumento de energia, e ao mesmo tempo do aumento das necessidades da criança. É uma nítida indicação para um outro tipo de alimentação e uma outra elaboração. É uma mudança de estado energético, naturalmente maior.

A fase oro-labial requer a entrada em funcionamento de meios específicos mais proporcionais: principalmente a respiração, a alimentação por sucção e o contato epidérmico, os neurônios espelho e a prosódia.

Do parto em diante, o bebê, fora do campo energético útero, ainda permanece no campo energético mãe, mas em uma posição diferente, que lhe permite outros contatos com outros campos energéticos do Outro de Si.

Essa nova situação dá início e torna possível a conquista da nova identidade corporal, a consciência-energia de um Si separado e que está em contato com os Outros de Si.

A **mãe-útero** torna-se **mãe-bico do seio**, e então a boca e o bico do seio tornam-se parte de um novo circuito funcional e de uma nova relação objetal: a boca tem gratidão pelo leite que flui, e existe a gratidão do seio pela boca que o libera. E, ao mesmo tempo, graças ao prazer que os lábios dão ao seio, através de correntes descendentes, onda após onda, o útero vai recuperando seu tamanho anterior.

Essa unidade funcional compreende os seus dois núcleos, a consciência da aproximação-contato e a consciência de que são dois seres separados-individuados. A fase oro-labial é protagonizada pelo **recém-nascido-boca** e pela **mãe-bico do seio** e por outros núcleos possíveis do Outro de Si, como por exemplo o pai, cuja presença auxilia no processo do desmame. O desmame, por sua vez, constitui um outro ponto de separação-aproximação de um outro estado e de um outro campo relacional.

Portanto, a partir do nascimento, a criança, fora **do campo energético útero**, permanece ainda no **campo energético materno**, mas em outra posição, na fase oro-labial, ainda na intercorporeidade, mas numa plataforma que é base para uma futura subjetividade, intercorporeidade e intersubjetividade daquele Si.

Acreditamos que **a impressão** que se realiza nessa fase entre o Si e o Outro de Si, e em particular entre a boca e o bico do seio, contribua verdadeiramente para a definição da densidade energética primária adquirida nas fases intrauterinas anteriores.

A **segunda grande separação**, o desmame, é, na realidade, uma solução do circuito funcional **bico do seio-boca**, que permite à mãe **se desmamar** e recuperar a sua plena dimensão de mulher, e permite ao bebê desmamar e se aproximar da próxima fase e do campo sucessivo.

O desmame e o nascimento dos primeiros dentes introduzem o que chamamos de **fase muscular**. Essa fase se prolonga até a erotização genital.

Na fase muscular, os meios apropriados para a economia energética do bebê são: a alimentação por mastigação, o ato de agarrar, a posição ereta, o começar a andar, o controle dos esfíncteres e a evolução das funções do pensamento e da linguagem. Nós a definimos como fase muscular porque a muscularidade se destaca e é prevalente nesse período da vida do mamífero humano.

Respeitando a evolução filo-ontogenética, a busca de uma órbita para a própria vida prossegue durante essa fase, através de uma densa rede de circuitos relacionais e energéticos, que é tecida com os outros campos do Outro de Si.

As impressões vindas do Outro de Si tornam-se determinantes para o processo de estruturação, seja no sentido positivo, seja no sentido disfuncional, definindo, nesse caso, uma organização excessiva ou uma dispersão.

O Outro de Si não é mais o útero das primeiras duas fases e nem é prevalentemente maternal, como o era na fase oro-labial.

A figura da mãe-mulher se move e se torna um pano de fundo e vai se juntar aos outros núcleos presentes no núcleo familiar, os quais são também capazes de causar as impressões determinantes.

Portanto, o pai ou as figuras que o substituem são muito importantes, assim como são importantes muitos outros fatores, por exemplo a ordem de nascimento, através da qual se pode observar a entrada na ordem da cena familiar. Também é muito importante a atmosfera que circula nesse campo familiar que, por sua vez, está em direta interação com o campo social.

Algumas considerações sobre a fase muscular.

Não vamos aqui tratar somente das questões relacionadas à fase anal. Na fase muscular colocamos também a fase sádico-oral, pois o sadismo, e também o oral, precisa sempre da muscularidade voluntária para se manifestar. Isso significa que, com o nascimento dos primeiros dentes e com a convergência dos olhos sobre o nariz, chegamos à piramidalidade. Estamos alinhados com o discurso kleiniano que, nesse período, prevê a saída da fase esquizoparanoide e a entrada na fase depressiva.

Os olhos passam a conseguir não somente olhar o infinito, mas também começam a convergir sobre a ponta do nariz (*acting* da análise reichiana). Com isso, inicia-se o processo da individuação do Eu em relação ao Outro de Si. Esse é o primeiro esboço do Ego. É o primeiro fragmento do campo da consciência. A subjetividade começa aqui. A mobilidade voluntária se transforma em uma real possibilidade de rede muscular. Nasce assim o próprio e verdadeiro caráter, a possibilidade de armazenar e organizar a energia na rede muscular estriada, que é voluntária (trezentas vezes mais potente do que a rede muscular lisa, que é a musculatura involuntária). A rede muscular estriada é fundamental para a posição ereta, que é antigravitacional, **terrestre e maternal**. Inclusive, o controle dos esfíncteres faz parte da muscularidade estriada, pois é, na verdade, a capacidade de controle voluntário. É a predominância da piramidalidade voluntária que nos guia como um código que nos permite estabelecer o início da fase muscular.

A fase muscular, conforme a descrevemos, é eutônica e fisiológica. A patologia está no **hiper** e no **hipo**. Quando houver um hipertônus muscular, haverá uma opressão/castração, a qual se traduz em uma **organização** excessivamente rígida. Para sermos mais claros, durante a fase muscular pode acontecer uma dimensão superegoica excessivamente organizadora, e isso poderá também induzir a um excessivo controle dos esfíncteres. Configurar-se-á então um sintoma, de uma pessoa muito rígida, muito contraída, pelo fato de ter sofrido uma forte coação externa.

O controle esfincteriano faz parte do controle muscular geral.

Uma pessoa com tendência à retenção e submetida a muita pressão tenderá a sentir que pode explodir a qualquer momento. E essa pessoa é certamente um candidato ao masoquismo secundário. Se, entretanto, pouco a pouco a repressão vir a ceder, essa pessoa pode se encaminhar para a posição fálica, e nessa condição o sadismo se manifestaria.

Uma fase muscular hipertônica abre a possibilidade de uma patologia no sentido paranoico ou obsessivo, de acordo com a intensidade da repressão, da coerção colocada pelo campo. Quando as **malhas da rede** forem mais frouxas, mais largas, manifestar-se-á uma obsessividade caracterizada pela dúvida perene. E quando essas malhas forem mais fechadas, evidenciar-se-á a paranoia com a adesão ao delírio de certeza que lhe corresponde. Nesse caso, trata-se de paranoia, e não de psicose paranoide, a qual localiza-se no sexto nível corporal. A diferença é que na paranoia existe uma couraça, um hipertônus do quarto nível corporal (tórax) e do terceiro nível corporal (pescoço) que protege, isto é, impede a caída entrópica sobre o sexto nível corporal (primeira grande boca).

Uma fase muscular hipotônica, por outro lado, define uma condição bem diferente, a qual traz a possibilidade de uma fixação oral prevalente e, consequentemente, uma neurose de angústia.

No entanto, tudo isso acontece apenas no caso de uma densidade de energia primária média-alta. Se a densidade da relação objetal primária intrauterina for baixa, a muscularidade poderá se expressar apenas como uma fixação de cobertura, de aspectos *borderline* ou psicóticos do sexto nível corporal (umbilical-abdominal).

O evento que anuncia e sublinha essa nova passagem de estado surge com a entrada na primeira fase gênito-ocular, quando acontece a erotização genital. Os meios apropriados e específicos dessa fase são naturalmente aqueles que funcionaram na fase muscular anterior, mas numa medida progressivamente maior. Aqui entra o 7º nível corporal (pélvis-pernas) e o 1º nível corporal (olhos), o qual define o campo de consciência do Eu.

Vamos explicar melhor.

A erotização genital significa alcançar um *quantum plus* energético capaz de **luminar** a pélvis. Luminar é um termo especificamente reichiano: luminar quer dizer que o nível que está envolvido pela luminação, tem uma quantidade maior de energia, uma **luz** mais intensa que o torna prevalente.

Como acontece a luminação da pélvis?

Pensemos em um *quantum* de energia que se distribui por toda a forma vivente e atinge limiares, posições e camadas sucessivas. Uma vez completada a fase muscular, na qual a muscularidade se torna sempre mais voluntária-piramidal, a energia pode ser destinada para outros processos. Começa então a luminação da pélvis.

Nesse contexto, acreditamos que a puberdade e a adolescência foram deslocadas no decorrer da filogênese para uma idade mais tardia. E ainda nesse contexto, consideramos a erotização genital, na cena edípica, como um sinal de um arcaico início da puberdade.

Em outras palavras, é a incrível organização e especialização do neo-pálio nos seres humanos, graças à aquisição da postura ereta, que moveu o limiar, o quântico energético, necessário para a **resolução da tensão** que é representada pela explosão puberal, de tal forma que essa explosão pudesse acontecer numa idade mais tardia.

Isso significa, novamente, que na evolução filogenética e ontogené-tica, a pulsão neguentrópica é sempre *bottom up* (de baixo para cima) e é metamérica, como ocorre nos sistemas nervosos periférico e central, e na ativação dos níveis corporais relacionais, assim como na reação de alarme, a qual já é presente na sétima ou oitava semana de vida intrauterina, a partir do tronco encefálico.

A primeira luminação da pélvis, com seu significado de puberdade arcaica, prepararia o ser vivente para o acasalamento adulto, como acontece com os animais. Mas nos seres humanos, cuja organização é muito mais complexa pela postura ereta e pelo neopálio, grande parte dessa energia é absorvida na organização do mamífero humano óptico. Dessa forma, a criança tem apenas **um começo** na primeira fase genital, isto é, começa a experimentar as sensações nos órgãos genitais. Essas sensações conduzem, na realidade, à erotização da relação com o genitor do sexo oposto. A cena edipiana está relacionada com o sistema família (segundo campo), ou seja, com a arquitetura da conservação da espécie que é mais vantajosa até os dias de hoje. A primeira fase genital-ocular nos leva a uma leitura diferente do período de latência. A estruturação da dimensão neopalial consome uma enorme quantidade de energia porque a criança precisa se preparar para a realidade competitiva de um mamífero óptico, e deve movimentar grande parte de sua energia libidinal para a própria estruturação do caráter.

Ao longo do tempo da evolução filogenética, a postura ereta acabou atrasando o momento da puberdade, a qual terá, no ser humano, que esperar até que outra explosão energética emerja da pélvis, na segunda fase gênito--ocular, para atingir o limiar quântico que fará a puberdade explodir. O que acontece a partir daí será mais uma tentativa de reestruturação, a qual tam-bém estará baseada nas soluções encontradas e estruturadas anteriormente.

Existe de fato um paralelismo entre as duas fases gênito-oculares, já que os mecanismos são claramente comparáveis, mas em escalas diferentes.

A primeira fase gênito-ocular vai desde a fase edipiana até a puberdade, e a segunda fase vai desde a puberdade até a maturidade.

Como já mencionamos, a puberdade é a quarta separação. É uma separação–aproximação, a saída do segundo campo, família, para o terceiro campo, social, e pode receber ressonâncias da separação-aproximação ocorridas na saída do primeiro campo, materno, para o segundo campo, paterno.

No entanto, voltemos ao Édipo.

Certamente, o Édipo tem uma natureza multifatorial.

Partindo da ideia de que o Édipo seja uma consequência de um início arcaico da puberdade, de uma primeira luminação da pélvis, e numa estrutura como a família, a criança responde a um princípio de economia e a um projeto filo-ontogenético. Ela se encontra dentro de um sistema maior e, desde que não tenha precedência atípica de variáveis determinantes, ela se aproximará do genitor do sexo oposto, podendo retornar a um tema de posse de objeto e de território, que são temas ancestrais e que se evidenciam nos padrões cerebrais subcorticais.

Assim, e permitindo-nos expressá-lo diretamente, **no momento em que vou disputar o objeto no território de meu pai, fica claro que a disputa pelo objeto de amor, a mãe, depende muito da estrutura específica de personalidade do meu pai**. É uma competição por campo energético, e esse campo pode ser ameaçador e castrador ou não. Caso não o seja, eu posso desenvolver como resposta, a capacidade para valências caracterológicas de diferentes subtipos.

A mesma expressão é válida se a colocarmos no gênero feminino, pois uma menina também deve competir com a mãe pelo seu objeto de desejo, o pai.

Existe uma probabilidade de que ocorra uma **castração** e existe também a certeza de que ocorra eventos frustrantes, mas necessários, nesse período, os quais vão finalizar e completar as potencialidades expressivas residuais do Si. Estas representam as últimas impressões determinantes na estruturação do caráter de uma pessoa e, as últimas precipitações superegoica.

O resultado desses eventos é um movimento progressivo ascendente de energia, em direção aos **olhos** (primeiro nível corporal), e um progressivo **silêncio** ou latência genital (sétimo nível corporal).

O **silêncio**, ou latência genital, é funcional e necessário para a organização social óptica do mamífero humano.

Na puberdade, que é outro ponto de separação-aproximação a outro estado, realiza-se o início da **segunda fase gênito-ocular**. Junto a isso, ao longo de um tempo altamente subjetivo, desenrolar-se-á a trajetória rumo ao amadurecimento e também à consciência do próprio sistema-Si, que é aberto e capaz de redes energéticas funcionais com o Outro de Si.

Essa fase é a **segunda**, pois, se compararmos as duas fases gênito-oculares, encontraremos fortes analogias de fenômenos energéticos e veremos que meios específicos idênticos são usados. E, no entanto, a dimensão energética está acentuadamente aumentada na segunda fase e acontece com um Outro de Si proporcionalmente diferente, e no social.

Lembremos que a relação do Si/Outro de Si é projetada para ser sempre proporcional à díade daquela fase. Portanto, a cada chegada a uma nova fase, encontramo-nos face a face com uma realidade (Outro de Si) diferente e proporcional a cada campo sucessivo, o qual é sempre mais abrangente. E isso está no contexto da inteligência da vida, pois, na verdade, o Si não pode mais se posicionar ou adaptar-se aos campos anteriores.

Quando essa proporcionalidade não é respeitada, acontece uma disfunção relacional. Surgirá então a entropia e a dispersão, como vemos, por exemplo, nos distúrbios depressivos psicóticos, ou então surgirá a onipotência do Si, como ocorre nos distúrbios de personalidade narcisista. A proporcionalidade é sempre necessária na troca relacional.

Com a chegada da puberdade, presenciamos a conquista de um *quantum* energético maior, que é capaz de luminar novamente a pélvis (sétimo nível corporal). Isto é, temos uma nova prevalência da área pélvica, e é nessa época, com base no aumento de energia e na predominância da zona, que a puberdade é uma crise no sentido em que há um aumento considerável da desordem da biossistema.

Uma crise do biossistema, em termos energéticos, é definida como uma perda da homeostase, que, independentemente do resultado, é a saída de um equilíbrio para alcançar outro equilíbrio.

Para existir, posicionar-se e encontrar-se na organização óptica-social dos mamíferos humanos, o adolescente deverá procurar uma progressiva ordem funcional-econômica. Ou seja, deverá fazer um movimento em direção a um **campo de consciência-olhos** (primeiro nível corporal relacional) mais vasto, que permitirá um equilíbrio dinâmico adequado entre os dois níveis corporais, o primeiro e o sétimo níveis.

A nova organização, determinada por sucessivos ajustamentos homeostáticos, será forçosamente moldada pelas impressões que foram determinantes nas suas próprias experiências biográficas de vida, numa rede dinâmica de circuitos com um Outro de Si, que para um adolescente é ainda mais complexo e multifacetado. O adolescente necessariamente se posiciona em um campo-espaço que permite horizontes mais amplos: sair do campo família para incluir também um campo-espaço-social (o terceiro campo).

As relações objetais no código neguentrópico-sistêmico

Neste capítulo, parece-nos oportuno fazer uma importante reflexão sobre um tema muito significativo: a relação objetal. Colocaremos nossa posição partindo de uma breve síntese histórica sobre esse assunto.

a. A relação objetal é uma expressão psicanalítica usada para definir o **como** da relação de um sujeito com o seu mundo, que é o resultado complexo de uma organização específica da personalidade.

b. A relação é entendida no seu sentido mais amplo, como uma inter--relação de uma reciprocidade, e, portanto, não apenas na forma como o sujeito representa seus objetos, mas também como os objetos restituem ações ao sujeito (persecutória, aceitação, inclusão, exclusão etc.).

c. A relação objetal se define pelo momento de fixação sobre a flecha do tempo evolutivo, por exemplo, uma relação objetal oral (fixação na fase oro-labial) ou por um diagnóstico psicopatológico, por exemplo, uma relação objetal melancólica.

d. A relação objetal ganhou destaque na literatura psicanalítica devido à sua coevolução, na década de 30, com um movimento que passa a considerar o organismo em interação com o seu meio ambiente. Portanto, o termo relação objetal não é exatamente de Freud, raramente aparece nas suas obras e não pertence ao seu sistema de conceitos.

e. Freud distingue a fonte, a meta (objetivo) e o objeto da pulsão. A pulsão é um impulso, uma carga energética, um fator de motilidade.

A fonte é o aparelho da zona somática, que é a sede da tensão-excitação.

A meta (objetivo) é definida pela pulsão parcial e, portanto, pela fonte somática.

Posteriormente, o objeto é definido como o meio para realizar a satisfação das pulsões. Freud reconhece que em um determinado estado evolutivo a fonte determina o **como** da relação com o objeto e desempenha um papel de protótipo. Todas as outras atividades do sujeito, e não apenas as somáticas, podem então ser impregnadas por esse funcionamento do estado.

a) No período pós-freudiano, muitos conceitos foram desenvolvidos, os quais, de forma bastante arbitrária, resumimos nos seguintes termos:

- A fonte somática é claramente colocada em segundo plano e a sua interpretação como um simples protótipo é acentuada.

- A meta (objetivo) diminui de importância em comparação com a relação.

- O objeto torna-se um objeto típico para cada modo de relação (objeto oral, anal etc.). Ele perde sua relativa capacidade de aplicar-se à variados tipos de satisfação almejada e sua singularidade deve ser encontrada na própria história do sujeito.

- O termo **estágio** tende a desaparecer e a **relação objetal** é examinada quase exclusivamente em um nível fantasmático.

Em outras palavras, vários tipos de relação objetal podem ser combinados em um sujeito, e as relações reais com o ambiente não devem ser consideradas.

b) Os objetos, então, em paralelo com os aspectos que compõem as pulsões, inicialmente aparecem como objetos parciais (bico do seio, fezes, pênis), mas quando as pulsões se tornam mais unificadas à medida que o desenvolvimento progride, até os objetos se tornam mais totais e inteiros (figuras parentais).

Construir uma relação com um objeto inteiro a partir dos próprios objetos parciais é um dos objetivos fundamentais da infância. É uma pré--condição para poder atingir o estado de amor objetal, o que pressupõe a chegada da fase genital e a superação do complexo de Édipo.

A posição da Análise Reichiana Contemporânea sobre todos esses pontos:

a) O **como** da relação de uma pessoa com o seu mundo.

Mas o que é o **como**?

O **como** nos permite **comunicar**. E a **comunicação** é uma *condicio sine qua non* (condição indispensável) da vida.

Como já mencionamos anteriormente, comunicar, etimologicamente, significa *cum munis*, trocar junto. As comunicações são interações e elas alimentam as relações ao longo do tempo. Não é possível não se comunicar e não ter um comportamento. Se uma pessoa não fala ou não ouve, ou não presta atenção numa atitude de reciprocidade, isso, em si mesmo, não constitui uma exceção ao que estamos afirmando.

O ser humano tem dois modos de se comunicar: um modo numérico e um modo analógico (ambos pertencem à linguagem dos traços, que será explicada mais adiante, no Capítulo 17). A comunicação numérica tem um aspecto de conteúdo, serve para transmitir informações sobre os objetos e para transmitir conhecimento.

A comunicação analógica tem um aspecto de relação, tem origem em um período antigo da evolução humana e representa praticamente todas as comunicações não verbais (o modo de olhar, a mímica do rosto, as vocalizações e o seu tom, o seu ritmo, os movimentos da cabeça e do tronco, os gestos dos braços e das mãos). Em resumo, é a linguagem do corpo.

A linguagem corporal ordena e classifica aquilo que dizemos. Ela realmente comunica sobre a comunicação, portanto, ela metacomunica, traçando as diretrizes da relação. A corporeidade realmente está envolvida no **como** da relação. O corpo está sempre presente, e incluí-lo no *setting* terapêutico, através de códigos de alta coerência epistemológica, permite-nos ser informados sobre a sua linguagem extraordinariamente inteligente.

b) O termo **relação** deve ser interpretado em seu sentido pleno, de reciprocidade. Se caráter literalmente significa sinal gravado, então nos perguntamos: **sinal gravado por quem?** Respondemos que é pelas relações objetais vividas ao longo de toda a flecha do tempo da nossa história, através das comunicações lógicas, e sobretudo analógicas, que nutrem e constroem a forma-relação na sua realidade. De novo colocamos uma pergunta: onde está o sinal gravado?

Na análise reichiana contemporânea, as interações se inserem nos vários níveis corporais relacionais dominantes, naquele tempo específico da troca de linguagens e de ações (persecutórias, excludentes, aceitáveis, includentes). As interações também são interpretadas como movimentos corporais expressivos, com a carga energética correspondente (de que outra forma poderia o sinal gravado ser inserido nesse contexto?).

c) Estamos alinhados com a dupla tipificação, tanto a de **fases** como a de **psicopatologias**. Na análise reichiana, de fato, os sintomas, as síndromes e os estados de crise indicam um tempo analítico e um sentido inteligente da história, além de representar uma passagem além do limiar clínico (sintoma) de um traço de caráter incapaz de uma sustentabilidade **econômica-energética e relacional** no aqui-e-agora.

Lembremos, de acordo com W. Reich, "que a diferença entre as neuroses de caráter e as neuroses sintomáticas consiste apenas no fato de que nestas últimas o caráter neurótico também produz sintomas" (Reich, 1933).

d) O que era entendido nos anos 1930?

Conforme já mencionamos, além do dilema Carnot-Darwin, o terreno cultural estava bem representado pelas ideias sobre interação organismo-ambiente. De acordo com o que nós pensamos, essa atmosfera fez emergir, também no mundo analítico, dois fenótipos, ambos polarizados no **como** dessa interação entre sujeito e objeto. Por um lado, havia a relação objetal pós-freudiana, por outro, a análise do caráter de W. Reich. E ambos eram, de certa forma, também indícios do tema entrópico-neguentrópico e reflexões sobre a dupla direção do tempo, visível no dilema subsequente: por exemplo, um quadro clínico de descompensação psicótica atual poderia ser interpretado como uma regressão ou uma reatualização?

e) Consideramos esses pontos em sua complexidade, ou seja, como se estivéssemos diante de um objeto inteiro e que seja, ao mesmo tempo, claramente visível em sua parcialidade.

Na análise reichiana, a pulsão, a fonte, a meta, o objeto e a relação objetal são todos igualmente importantes.

A pulsão é um impulso, uma carga energética do sistema vivente Si, que tem direção própria e meta-objetivo próprio: **a realização do seu próprio projeto neguentrópico somente é possível com o *cum munis*** (comunicação).

Somos sujeitos relacionais!

f) Vamos agora examinar o tema das fontes somáticas, as quais podem ser abordadas nos níveis corporais reichianos. Elas possuem sua própria expressividade corporal energética analógica. São pontuais, aparecem sequencialmente em seu domínio relacional ao longo do tempo e desempenham um papel importante como protótipos.

A fonte somática representa um substrato concreto sobre o qual a arquitetura mental e os conteúdos fantasmagóricos podem repousar com sua variabilidade de posições. São indicadores de fase, de traço e de nível corporal que realmente se trocam e são gravados na reciprocidade com o objeto.

O próprio objeto também é específico, real e verdadeiro para o sujeito, na sua parcialidade e na sua totalidade, em sua história biológica-biográfica.

Há uma figura geométrica a qual recorremos para conectar a ideia de caráter, ou sinal gravado, ao conteúdo fantasmagórico e também conectar a corporeidade à cognição: é a figura fractal.

Na teoria da complexidade, essa é uma figura caracterizada por padrões que se repetem em diferentes tamanhos. São padrões, mas são também funções, que se repetem sempre similares a si mesmas em todas as ordens de grandeza. O *continuum* é justamente possível por causa do fractal, que consideramos ser **um elevador do tempo evolutivo interno**, do *big bang* até os dias de hoje, do intrauterino ao cognitivo-ocular, da corporeidade ao conteúdo fantasmagórico, imaginário.

Na análise reichiana contemporânea, a relação objetal é comparável a um terceiro sistema vivente. Temos então, no *setting* terapêutico, três sistemas viventes, isto é, o Si, o Outro de Si e a relação entre eles.

O espessor-profundidade da relação energética (comparável à nutrição emocional de Kohut, ou ainda, à afetividade de Kernberg) vai sinalizar o **como** protótipico da relação de um sujeito com o seu mundo naquele período de tempo interno.

g) Na análise reichiana a vida se inicia com o *big bang* da fecundação, e não com o nascimento-parto.

Portanto, essa ideia faz retroceder os ponteiros do tempo evolutivo e leva a uma revisitação-classificação dos estágios incluindo também a fase intrauterina, a nosografia psicopatológica.

Consequentemente, temos que dar uma atenção muito especial e específica ao objeto parcial útero, o qual, juntamente aos sucessivos objetos parciais, participará da organização-imbricação do objeto inteiro, até a fase do amor objetal genital (para nós isso está de acordo com Freud e Abraham, na fase que chamamos de segunda fase gênito-ocular).

Para sublinhar firmemente as nossas posições sobre os pontos descritos, seguem algumas reflexões sobre semiologia corporal elementar:

- Quantos **olhos** já não veem, estão vazios, distantes, em outros lugares, e quantos outros estão atônitos, espantados e aterrorizados pelo pânico?

- Quantos olhos são evasivos, desfocados e voltados para o infinito, incapazes de convergir para um ponto único?

- Quantos olhares são de súplica, outros desconfiados, quantos são furtivos, outros gelados ou chorosos, e ainda outros luminosos e entusiasmados?

- Quantas **bocas** estão cheias de raiva, quantas são doces e persuasivas?

- Quantas palavras permanecem não ditas por trás dos lábios selados?

- Quantas outras não chegam ao coração, e ficam paradas no peito ou, mais acima, na garganta?

- Quantas palavras são engolidas pelo medo de ser autêntico ou para não se mostrar em uma posição inferior, numa posição *down*?

- Quantas bocas estão fechadas, mas quantas outras são críticas e contundentes?

- Quantos masseteres hipertônicos e quanto choro reprimido se esconde embaixo destas tensões?

- Quanta dissociação há nas palavras que não foram ouvidas e quanta vibração há nas expressões profundas?

- Quantas palavras são pobres e gritadas, quantas são intensas e sussurradas em voz baixa?

- Quantas estão a **favor** e quantas estão **contra**, acima e além dos conteúdos?

- Qual meta-objetivo emocional elas sustentam?

- Sobre qual fonte somática-nível corporal relacional estão aquelas palavras na flecha do tempo interno?

- Que história de relações objetais elas contam?

- Qual arquitetura de pensamento-fantasia eles traduzem?

- Qual carga energética elas intercambiaram e estruturaram?

- Qual o cérebro evolutivo que está sendo apresentado?

- Quantos **pescoços** estão esticados no desafio de atingir uma altura maior?

- Quantos estão aprisionados na proposição narcisista do Si?

- Quantos estão bloqueados na articulação do atlas-epistrofeu e incapazes de olhar lateralmente?

- Quantos são tão rígidos a ponto de separar a cabeça e o coração, o saber e o sentir, o sentimento e a razão, a superfície e a profundidade?

- Quantas coleiras superegoicas estão no pescoço?

- Quantos pescoços estão dobrados em adesão ao projeto do outro?

- Quantos pescoços se inclinam para trás distantemente, com seus narizes em pé, numa atitude esnobe e aprisionados na proposição narcísica do Si?

- Quantos pescoços estão bloqueados na articulação atlanto--axial do Si?

- E outros pescoços que estão afundados entre os ombros por causa da ameaça de castração?

- Quanto choro há na opressão de um **tórax** e quanto desejo de afeto na falta de abraços, os quais não foram dados?

- Quantos ombros são curvados por cargas insustentáveis e quanta agressividade está presa nas omoplatas?

- Quanta falta de ar na insustentabilidade e quanta apneia para não sentir?

- Quantos tórax em posição inspiratória e ansiosa?

- Quantos tórax em posição expiratória e deprimida?

- Quanta força há no peito para enfrentar a realidade das coisas e quanta angústia há na sua dor?

- Quanta força há nas mãos quentes e quanta fragilidade nas mãos frias, para pegar, para dar, para acariciar, para sustentar, para cuidar, criar e para abraçar?

- Qual meta-objetivo emocional sustentam?

- Sobre qual fonte somática-nível corporal estão na flecha do tempo interno?

- Qual história de relações objetais elas contam?

- Qual arquitetura de pensamento-fantasia elas traduzem?

- Que carga energética elas intercambiaram e estruturaram?

- Qual cérebro evolutivo está sendo apresentado?

- Quantos **nãos** permanecem no estômago sem serem expressos?

- Quanta luz há na leveza **diafragmática** da pessoa apaixonada?

- Quanto contato sobre a pele?

- Quanta angústia de separação existe na **área umbilical**?

- Quanto pânico na barriga por causa de uma ameaça profunda?

- Quanto furor no ventre por causa de uma antiga rejeição-exclusão em uma relação objetal primária?

- Quanta angústia de castração na **pélvis** e quanta potência nos genitais apaixonados?

CARÁTER & PSICOPATOLOGIA

- Quantas **pernas** estão paralisadas pelo medo e quantas outras estão agilíssimas, prontas para fuga?

- E quantas estão firmemente enraizadas no chão?

Em 1933, W. Reich publicou o livro *Análise do Caráter*, que é a matriz do nosso movimento, é o sinal gravado da nossa identidade reichiana, é o movimento inicial no devir da nossa escola ao longo de quatro gerações.

Consideramos a *Análise do Caráter* o fractal guia para a abordagem do *setting* terapêutico complexo. Essa obra representa o ponto de bifurcação entre Freud e Reich, do pensamento linear ao pensamento complexo, e o gene sistêmico neguentrópico em Reich. É a individuação de um traço da personalidade e a exploração de sua origem, localizando o traço no tempo e no corpo, e mostrando as conexões entre os sintomas, a história do traço e do corpo.

No entanto, a *Análise do Caráter* trata de avaliar a sustentabilidade relacional e energética do traço, distinguindo entre o que é significante e o que é significado. E isso constitui um ponto de **bifurcação – retorno**, o qual coloca a análise do continente ao lado da análise do conteúdo. É um salto no paradigma e na arquitetura visível-mental e é o ingresso na complexidade, da qual W. Reich provavelmente não estava ciente.

A *Análise do Caráter* representa também uma visão holística, sistêmica e subsistêmica, em sua análise dos sinais gravados das relações objetais históricas, na análise do **como** expressivo da pessoa, na ampliação da análise para incluir a corporeidade e os níveis corporais **gravados** e na ampliação da análise incluindo a relação objetal **analista-analisado** no *setting* terapêutico.

Capítulo 4

SI – OUTRO DE SI – EU

O Si significa uma função de autopercepção do ser humano, por ser idêntico e constante, inclusive para a invariância psicológica em relação ao fluxo do tempo e das coisas.

Na psicanálise freudiana, o Si não parece ter muita importância e sempre é visto em relação ao Ego. O Ego, por sua vez, também está dividido em algumas subestruturas da personalidade, e está em relação com o Superego, do qual é uma função consciente.

Benedetti afirma, a respeito de Freud,

> ... nunca falava do Si, pois ele, apesar de ter sido o primeiro a se identificar com os pacientes, queria compreendê-los como sendo produtos da energia psíquica. Freud falava do Ego como se fosse uma parte do aparelho psíquico, mas na verdade, ele descobriu o Si em uma psiquiatria do fim do século XIX, que reflete toda a riqueza do pensamento humanístico de Esquirol (1827) e de Ideler (1841/1847). O homem era reduzido ao seu substrato cerebral. (Benedetti, 1990, p.60).

O Si tem maior destaque nos desenvolvimentos pós-freudianos, onde se tem a impressão de que o Si teria o significado de uma função mediadora entre um Ego, subdividido em subsistemas e realidade externa. E o Si seria uma quase função organizadora do significado da percepção do mundo (muito mais próxima da concepção junguiana).

Em Jung, o significado do Si é multimodal: desde um **centro mais escondido da personalidade**, para uma **unidade dialética dos contrários**, até a parte importante do processo de individuação na qual ele, *das Selbst* (o Si mesmo), tem um significado muitíssimo mais **abrangente** do que o Ego freudiano, *das Ich* (o Eu), tomado no *lato sensu* (sentido geral).

Sempre de acordo com Benedetti,

> Jung falava da Consciência e da Sombra que se recuperava e se integrava, a fim de que não devêssemos nos identificar

> subconscientemente com ela. O Si era a integração resultante
> de tal processo de individuação. (Benedetti, 1990, p.60).

Jasper rejeita a concepção do ego como sendo apenas uma simples parte de um aparelho tão complexo como o da psiquê. Na verdade, como bem observa Galimbert (1979), "o ego é uma autêntica modalidade transcendental, um *a priori* existencial" (p.94) que não pode ser separado de um mundo que, embora tenha sempre sido definido pela copresença, tem um significado próprio na medida em que é o encontro inter-humano que lhe garante o sentido.

K. Horney, que fora professora de Ola Raknes, falava do Si real e do seu oposto, a imagem idealizada de si mesmo, que tende a racionalizar e justificar certas necessidades latentes (de submissão, de agressividade etc.). Winnicott (1990), por sua vez, referia-se ao Si verdadeiro e ao falso Si, sendo este último uma estrutura claramente neurótica.

O nosso sistema não apresenta complexidades estruturais de tal forma que devêssemos recorrer a subsistemas da personalidade que, invocados separadamente, fossem capazes de explicar a gênese dos distúrbios psíquicos.

Pensamos que não é necessário, e seria também um engano, apelar para um Ego Social ou para um Ego Corporal, de defesa, ou também para os núcleos parciais do Ego, para compreendermos o sistema humano. Incorreríamos no risco de introduzir explicações elaboradas e tortuosas, embora engenhosas, para compreender as doenças psíquicas.

O Si é o núcleo biológico originário. É a estrutura fundamental do ser humano vivente, cuja função principal é a de registrar as posições e formas em cada momento da vida. Inclui também a função de absorver movimentos-emoções, sejam eles familiares e amigáveis ou feridas afetivas, aquisições cognitivas, percepções sensoriais ou intuitivas, amor, alimento ou paixão.

Este Si (entendido como um sistema vivente complexo e aberto) é capaz de impregnar-se e de exprimir-se, mas não como um recipiente passivo no qual as forças concorrentes ou conflitantes se agitam, se combinam e lutam. Este Si se molda e se faz moldar, elabora, integra, transforma e se organiza de forma inteligente, atingindo a sua força expressiva máxima, que é o EU.

Essa ação de **modelagem** é realizada pelo Outro de Si, um Outro de Si que tem dimensões humanas e neguentrópicas.

Uma primeira consideração importante: não é possível existir o Si/EU sem um Outro de Si. O Outro de Si, porém não é algo que reúna apenas característias individuais (mesmo que **projetadas** no Outro). O Outro de Si é, sobretudo, aquilo que não é o Si, desde objetos inanimados até a atmosfera, desde coisas até as energias circulantes externas.

Como veremos mais adiante, a única possibilidade oferecida ao ser humano, seja normal ou patológica, é a relação.

O Si no seu encontro com o Outro de Si, recebe impressões que devem ser entendidas no sentido etimológico, ou seja, movimentos energéticos que pressionam com precisão o Si, nas suas modalidades expressivas. A possibilidade de que tais impressões deixem **sinais gravados** está ligada à maleabilidade do sistema Si, a qual está contida em um arco de tempo bem definido. Essa **janela de maleabilidad**e vai desde a fecundação até a saída edipiana. Nesse intervalo, os **sinais gravados** podem ser imprimidos no Si, e o Si pode se modelar com uma plasticidade que se reduz no decorrer do tempo, em comparação com a potencialidade inicial.

Nessa janela evolutiva tudo entra pela periferia do corpo, de um modo extremamente sensorial no início, e posteriormente mais refinado: basta pensar sobre a aquisição da linguagem verbal.

As relações objetais são mediadas pelos órgãos do sentido olhos e ouvidos, mas também pela boca e pelo nariz, além da sensibilidade somestésica (sensações sentidas em várias partes do corpo, sensibilidade tátil, térmica, de dor, de pressão).

As impressões das quais falamos podem ser determinantes ou apenas importantes. No primeiro caso nos referimos aos sinais gravados, que, vale a pena reafirmar, são capazes de **caracterizar o indivíduo**. No segundo caso trata-se de eventos que certamente são significativos para aquela pessoa, mas que não têm a capacidade de se imprimir como sinais gravados conforme nós os definimos.

Veremos, a seguir, como as impressões determinantes têm uma relevância significativa e uma possibilidade de ação profunda até as últimas sedimentações do superego pós-edipiano. É exatamente nesse ponto que elas se diferenciam das impressões importantes.

Juntamente às outras variáveis, as fases evolutivas que descrevemos vão construir uma organização de personalidade, uma estrutura em que a impressão determinante gravará o sinal da sua presença e irá adquirir a prevalência ou a coprevalência de traço. Todas as impressões determinantes, provenientes do Outro de Si, ao longo das fases evolutivas, atuando sobre o

Si, induzem a uma modificação econômica funcional-adaptativa do Si com relação à realidade que ele experimenta.

A soma dessas impressões determinantes constitui o Superego específico de cada um de nós, que é único e que não se repete porque é histórico-biográfico.

O Superego, assim entendido, contém e modela as expressões do Si. Os atos de conter e modelar são funções prevalentemente presentes, pela postura bípede específica do mamífero óptico no espaço, que aparecem respectivamente no terceiro e sétimo níveis corporais (pescoço e pélvis). Isso acontece pelo fato de que a tendência do ser humano de organizar-se vai sempre em direção ao alto neguentrópico e certamente passa por uma estratificação sistêmica e metamérica dos estágios evolutivos.

- Conter o Si é definir o seu campo de ação, o seu espaço, a sua expansão, é marcar os seus limites e limitar a sua tendência entrópica.

- Modelar o Si, o movimento seguinte, é induzi-lo a uma estruturação e organização, a uma ordem neguentrópica maior, a uma adaptação melhor. É produzir uma referência, um limite, um posicionamento-investimento, um esquema no qual se apoiar, uma estrada para percorrer.

A qualidade e a quantidade de impressões são fundamentais para o resultado que se obterá sobre a pulsação (expansão-contração) energética de base.

Se forem além da normalidade, as impressões que ocorrem sobre o Si podem ter efeitos **excessivamente organizadores**, ou seja, castradores ou **excessivamente desorganizadores**, ou seja, dispersantes.

Queremos, mais uma vez, sublinhar a enorme importância que a primeira variável, a densidade da relação objetal intrauterina do Si, tem para a formação do caráter. O mesmo dano externo provoca respostas diferentes em pessoas com diferentes densidades primárias, devido a diferentes graus de resiliência entre elas.

A nossa ideia de Superego se diferencia dos conceitos normais, aos quais estamos habituados, inclusive com relação a Freud. Isso acontece pelo fato de, ao fazermos uma leitura *bottom up*, rastrearemos as impressões determinantes que compõem o Superego desde a fase intrauterina, desde o momento da concepção. Essa leitura conduz a conceitos não exclusivamente psíquicos, assume, então, as conotações **das impressões que determinam a naturaza do Superego**. A esse Superego não atribuímos as clássicas funções de censura, de punição ou de ideais.

Nesse modelo, inclusive o Id, que classicamente é considerado como um polo pulsional da personalidade, é definido na nossa leitura como sendo um impulso vital primitivo e neguentrópico.

A psicopatologia que se origina no Superego pode ocorrer devido ao seu excesso ou à sua deficiência.

Um excesso de presença de impressões determinantes cria uma patologia, assim como uma deficiência também o faz. Entretanto, é verdade que se as impressões determinantes têm uma boa qualidade, um **colorido** sem elementos negativos, isto é, se elas se mantiverem no limite, dentro de um processo natural e autêntico, elas criam sanidade e uma fronteira neguentrópica.

Um Superego tônico é necessário porque permite uma eutonia do Si. Da mesma forma, é extremamente importante a boa densidade da relação objetal primária do Si em termos da qualidade e da quantidade de interações com o Outro de Si.

Como se pode concluir, a díade Si-Outro de Si é constituída de interações objetivas e dinâmicas. O Superego e o Outro de Si não coincidem. Não há coincidência entre o Superego e o Outro de Si. Assim, podemos afirmar que o Outro de Si contém o Superego.

O Superego se inicia com a vida. Afirmamos isso pelo fato de considerarmos que um útero rígido ou contraído, plástico ou vital, em sintonia ou dissociado do coração, da afetividade e da subjetividade, tem a capacidade de transmitir impressões determinantes.

Pensamos também que o Superego não é exclusivamente uma estrutura da psiquê, ou da psiquê que age sobre o muscular (Lowen, 1978). O Superego é uma série de movimentos energéticos e biológicos que agem de uma maneira completa e global sobre o Si inteiro.

Nessa medida, podemos afirmar a presença dos efeitos superegoicos em todos os subsistemas do Si, do neurovegetativo ao endócrino, do psíquico ao muscular, do límbico ao reptiliano, e assim por diante.

A aquisição da posição ereta e do caminhar bípede permitiu a ampliação dos espaços visíveis e refinar a visão tridimensional. Permitiu continuar a transformar essa visão tridimensional panorâmica em estereoscópica e volumétrica. Dessa forma, nascem as coordenadas espaço-tempo, o antes, o depois, a possibilidade de se fazer projeções, previsões, antecipações e ligações causais entre os fenômenos.

Nasce, assim, o campo da consciência do EU, a Subjetividade, em paralelo ao desenvolvimento do manto cortical ou neopálio. Nasce, sempre individuado no espaço e tempo, o mundo das recordações das experiências vividas, e possibilita a distinção entre o passado e o presente.

Nasce progressivamente a plenitude de ser o protagonista e o proprietário dos próprios atos, de ser idêntico a Si mesmo no decorrer do tempo, de existir como uma entidade unitária com relação à multiplicidade do Outro de Si.

Portanto, nesse salto quântico de dois milhões de anos, filogeneticamente nasce a última e importantíssima instância do nosso ser humano: o EU. É uma preciosa e específica propriedade do mamífero óptico, uma função expressiva do Si e da carga vital aplicada na tridimensionalidade estereoscópica ocular.

Na ontogênese, o EU nasce da progressiva prevalência funcional do *neopallium* e mais especificamente do córtex pré-frontal, e se desenvolve nas fases evolutivas a partir da progressiva mielização da via piramidal do sistema nervoso central. Surge então a capacidade de realizar movimentos voluntários cada vez mais complexos. Paralelamente, podemos afirmar que o campo da consciência na análise reichiana contemporânea é uma representação refinadíssima do campo visual estereoscópico tridimensional. O EU, e a sua mobilidade no campo da consciência, é uma representação e uma exaltação dos olhos e da sua mobilidade no campo visual.

Capítulo 5

INTERAÇÕES POSSÍVEIS

Com o código neguentrópico sistêmico, definimos quatro fenômenos essenciais com os quais é possível reconduzir as inter-relações do Si-Outro de Si. O **contato** define as interrelações que são prevalentemente funcionais. Por outro lado, a **frustração**, a **castração** e a **separação** definem as interrelações prevalentemente disfuncionais responsáveis, em diferentes graus, pelos possíveis distúrbios psicopatológicos.

A ameaça, o alarme e a opressão são modalidades referentes a essas três interações disfuncionais, isto é, frustração, castração e separação.

O CONTATO

Na sua vastidão e complexidade, o contato certamente é um fenômeno vital para a existência, e tem uma importância extraordinária em uma psicopatologia com uma orientação funcional.

O contato representa um espectro de interações possíveis entre campos, que pode expressar o significado do nosso estar juntos, implicando não apenas a luz e calor que irradia, como pode também ser uma dimensão da possível solidariedade no sofrimento e na dificuldade.

Provavelmente, na nossa revisitação pós-reichiana, essa conotação positiva do contato nasce exatamente da **natureza** presente na definição de W. Reich (1933), que descreve o contato como o "fluxo natural da mobilidade vegetativa". A colocação de F. Baker (1973), que fala da "percepção da sensação produzida pelo movimento da energia, que, acima de um certo nível, acrescenta algo importante à excitação", também está em sintonia com essa ideia.

Indo além dessa interpretação, que sob certos aspectos pode parecer um tanto simplificada, e entrando então em uma maior complexidade, temos que segmentar o aspecto fenomenológico do contato, levando em consideração suas manifestações, primeiramente no interior do próprio Si-sistema, e em seguida na inter-relação do sistema Si com o sistema Outro de Si.

Lembremos que, por **sistem**a, entende-se um conjunto de unidades em interação, inter-relacionadas, ligadas por conexões significativas. Considere-se também o fato de que propomos um sistema Si como a base das relações humanas, o qual está em contínua interação com o sistema Outro de Si, sendo esse tudo aquilo que não é Si, desde os objetos inanimados até a atmosfera ou, em resumo, todas as energias circulantes externas.

Portanto, considerando o sistema Si, então, o **contato do Si com o próprio Si** pode ser lido como sendo uma sintonia (estar no mesmo tom) entre as partes do seu próprio Si, uma sintonia/harmonia unitária. Uma definição ainda melhor de **contato** seria o sentimento de estar em uma ressonância harmônica com todos os nossos níveis corporais relacionais e sentindo a pulsação, a mobilidade vegetativa da vida fluindo unitariamente entre os níveis do **Eu-pessoa**. Etimologicamente, a palavra **pessoa** deriva do Latim *personare*, que significa **soando através de...** ou **ressoando através de...**, com o prazer que essa sensação-percepção produz.

Quando observamos a díade Si-Outro de Si, nosso foco estará no aspecto relacional do contato. Essa dupla nasce com a vida e se desenvolve graças a uma interação de campos e fases sucessivas e das redes de relações que se desenvolvem, se modificam e se re-estratificam, de forma a reproduzir no aqui-e-agora os estilos de relação objetais que são as expressões da nossa história.

Nesse modelo, o contato **Si-Outro de Si** expressa uma sintonia estruturada de circuitos e trocas entre estados de energia nos quais a prevalência de alguns campos específicos (mãe/feto, mãe/recém-nascido, bebê/mãe/pai/família, sociedade etc.) e as fixações prevalentes do Si se combinam com as do Outro de Si do aqui-e-agora.

Cada campo tem a sua vibração energética própria e sua própria frequência, assim como cada fase tem a sua própria vibração e frequência. Cada pessoa tem uma vibração abrangente de sons e sua própria frequência, de acordo com as suas combinações de traços, que são expressões da sua própria biografia.

Para que ocorra o contato entre o Si e o seu Outro de Si, é preciso existir uma acessibilidade forte e significativa entre a disposição do estado de energia, do estado-ordem de energia do Si e o estado-ordem do seu Outro de Si. Isso significa estar na mesma faixa de frequência energética, ou seja, um acoplamento neguentrópico de traços.

Do ponto de vista das relações, não existe um único estilo de contato. Existem, na verdade, muitas variações possíveis, com diferentes intensidades e expressividades, as quais refletem a estrutura da personalidade, o momento na história de vida da pessoa em que o contato acontece, a cena específica no qual acontece, e muitas outras variáveis. Em psicoterapia, por exemplo, uma dessas variáveis seria a síndrome específica da pessoa que está sendo analisada.

Como psicoterapeutas, gostaríamos de focar e sublinhar, de modo muito especial, esse ponto, isto é, a importância do contato no *setting* terapêutico.

O contato é uma expressão da importância e do valor das comunicações, as quais são não apenas lógicas, mas também fortemente analógicas. E são agradáveis, construtivas e neguentrópicas.

Vejamos um exemplo: a própria análise.

Um analista é uma pessoa que, na exploração da sua própria profundidade, foi acompanhada por um analista mais experiente. É exatamente essa capacidade de conhecer e entrar em contato com os seus próprios estados/vivências biológicos-biográficos que se revelará como fundamental para entrar em contato com o analisado, com o seu estado energético, com a sua estrutura emocional, com o seu psiquismo, com os seus traços de personalidade e seus possíveis distúrbios.

Reconhecer-se em si mesmo, ser consciente de si, ter empatia pelas experiências vividas pelo analisado, juntamente à evolução de seus próprios traços de caráter, obtida com o seu treinamento, será o alicerce da viagem do analisado e oferecerá o campo necessário para que a pessoa analisada possa ativar seu próprio potencial evolutivo.

Em resumo, **o contato com o Outro de Mim é sentir e ter a consciência de sentir-Me e de sentir o Outro de Mim que me sente e se sente**, com as marcas do fluxo e do prazer do qual falamos anteriormente. Geralmente, isso é muito raro e tem variadas formas de expressão, entre as quais estão o contato sensorial e tátil (etimologicamente, literalmente: com o tato), que são apenas duas das suas expressões e das suas possibilidades.

FRUSTRAÇÃO, SEPARAÇÃO, CASTRAÇÃO

Do ponto de vista de um diagnóstico diferencial, nós distinguimos essas três possibilidades pelos movimentos e fluxos possíveis entre o Si e o Outro de Si.

Na frustração, o Si se expressa e se bate contra as barreiras do Outro de Si, que está parado.

Na castração, o movimento vai na direção contrária: é o Outro de Si que impede o movimento do Si.

Na separação, há um significativo e progressivo distanciamento entre o Si e o Outro de Si importante para aquela pessoa.

Frustração

A psicanálise entende como frustração "a condição do sujeito que se vê rejeitado ou que rejeita para si próprio a satisfação de uma necessidade pulsional" (Laplanche & Pontalis, 1973). Ou, de uma forma mais geral, podemos dizer que se trata de "uma situação endógena ou exógena que impede a busca de um objetivo ou que interfira nesta busca" (Garzanti, 1981).

São bem conhecidas as dificuldades de interpretação e as implicações ligadas à ideia freudiana de *Versagung* (rejeição) (Laplanche & Pontalis, 1973). É um termo que é traduzido como **frustração** e é impossível encontrar um termo específico que seja sempre válido sem que sejamos obrigados a fazer referência ao contexto individual (Laplanche & Pontalis, 1973). Em uma primeira abordagem, esse termo tem dois significados: um psicodinâmico, e outro comportamental. Entre os modelos psicológicos, a frustração é a mais acessível a uma observação e a um estudo experimental.

Ao conceito de frustração se conecta o conceito de abandono, de renúncia ou de se afastar, no sentido de a pessoa estar sendo bloqueada por uma força externa.

A frustração pode, portanto, ser vista como uma barreira ou uma fronteira, que poderá ser menos ou mais flexível ou rígida, e sobre a qual o Si vai se definir. É como se uma força externa estivesse bloqueando o movimento expressivo do Si. A experiência é de uma perda, **sofrida**, que poderá ser mais ou menos violenta. É um limite, um impedimento/negação do movimento expressivo do Si, limite este que é produzido pelo Outro de Si, que, no entanto, não está se movendo na direção do Si, permanecendo parado.

CARÁTER & PSICOPATOLOGIA

Possíveis patologias ligadas a algumas dessas variáveis:

- A **densidade da relação objetal primária do Si** e a implicação dessa variável na resposta específica deste Si à frustração. Por exemplo, um Si com boa densidade primária pode viver uma frustração como sendo excessivamente limitante, ao passo que para um Si com uma densidade menor, aquela mesma frustração teria o aspecto de um simples limite. Entretanto, a resposta de adaptação pode ser totalmente inversa: um Si com maior densidade tem mais capacidade de adaptação.

- **Uma eventual meta-objetivo presente no campo do Outro de Si e o seu significado para o Si.** Na verdade, é a relação entre o movimento que a tal meta colocada pelo Outro de Si significante determina sobre o Si e o quanto essa imposição limita o Si.

- **A duração da frustração é breve ou persiste no tempo.** Um exemplo do tempo pode ser dado por um embrião-feto que tem necessidades energéticas e se encontra em um útero contraído: ele receberá frustrações muito mais incisivas e patogênicas se for exposto a essa atmosfera por um longo período em vez de breves intervalos.

- **A fase evolutiva na qual acontece o evento frustrante.** Um exemplo sobre a importância da fase da vida em que a frustração acontece é o caso de um menino na fase gênito-ocular, cuja mãe o impeça de expressar o Complexo de Édipo.

Há diversas ressonâncias patogênicas na flecha do tempo evolutivo segundo a fase e o nível corporal relacional na qual existe uma frustração: por exemplo, uma insatisfação oral no segundo nível corporal, causada, talvez, por uma insuficiência de leite, é diferente de uma insatisfação edipiana no quinto nível corporal.

Castração

Na psicologia profunda, atribuímos muita importância à **castração**, ao complexo de castração e à angústia de castração.

Nesse contexto, a castração se refere a tudo o que tem ligação com o desenvolvimento das diferenças anatômicas entre o macho e a fêmea e assume conotações diferentes nos dois sexos.

O macho tem medo da castração com a conotação de uma vingança do pai, a qual é vista como uma ameaça. Na menina, a ausência de um pênis é vista como sendo uma deficiência, cuja solução seria desejar o falo paterno.

Em ambos os casos, a castração está relacionada com o complexo de Édipo "e mais especialmente com a sua função proibitiva. É uma forma de experiência psicoemocional da vida, a qual está presente em toda análise, e que está presente também, embora com variações subjetivas, em todo ser humano" (Laplanche & Pontalis, 1973).

Sob uma ótica neguentrópica-sistêmica, a castração tem limites muito mais amplos do que aqueles que são contemplados na literatura psicodinâmica. Ela se revela com efeitos que impedem a expressividade e a expansão vital e pulsante do Si. A sua causa mais profunda deve ser considerada como algo fora do campo do Si, no campo mais vasto e articulado do Outro de Si.

A castração é causada por **impressões determinantes** muitas vezes carregadas de agressividade sádico-destrutiva do Outro de Si. Essas **impressões determinantes** têm a capacidade de induzir uma castração, que é uma constrição energética do campo do Si, com a perda do movimento do Si e com a angústia.

Acima, usamos a expressão **muitas vezes** pelo fato de que uma outra possibilidade é a de que a castração seja articulada pela **sedução**, a qual, traduzida em uma imagem, é um movimento circular, que circunda o Si, que o envolve de modo a reprimir o seu movimento expressivo. Essa ação do Outro de Si não tem a violência destrutiva da ação direta, mas cria um campo que imobiliza o Si, no desejo e na necessidade, que é própria de um estado da oralidade do Outro de Si.

O **desejo** pressupõe, pelo menos, uma presença parcial do Ego e corresponde a uma oralidade secundária, enquanto na **necessidade** há uma oralidade primária, na qual o Ego está completamente a serviço dos cérebros subjacentes (Complexo Reptiliano e o Sistema Límbico).

Também pode acontecer a **opressão**, que é uma modalidade mais amenizada de castração. A opressão se manifesta como uma ação do campo do Outro de Si que se abate sobre o Si, **paira sobre o Si sem pontas afiadas, amassando-o**. A opressão alcança toda a superfície do Si, o cerceia por inteiro. E o resultado continua sempre sendo uma constrição do campo do Si.

Aqui vale ressaltarmos um ponto. É um dos pontos-chave que nos permite diferenciar os diferentes padrões de **perdas**. Na castração a energia flui a partir do Outro de Si em direção ao Si. Na frustração o Si se move em direção às barreiras, mais fortes, do Outro de Si, que permanece imóvel; e o Si se quebra sobre essas barreiras. E na separação acontece um distanciamento progressivo do Si e do Outro de Si significativo para ele.

A universalidade e, ao mesmo tempo, a variabilidade muito subjetiva da castração são cultivadas por alguns fatores causais:

- a quantidade de energia destrutiva que se abate sobre o Si.

- a velocidade ou violência com a qual essa energia se abate sobre o Si.

- o fator temporalidade ou persistência no tempo.

- a densidade da relação objetal primária do Si, seja pelos padrões de resposta energética à castração, seja pelas consequências na evolução caracterológica daquela pessoa.

- a fase evolutiva na qual acontece o fenômeno castrador.

Nesse ponto, gostaríamos de acrescentar algumas considerações.

A castração, entendida como **impressão determinante, destrutiva e coercitiva do movimento do Si,** pode ocorrer em qualquer das nossas fases evolutivas e em qualquer dos pontos de separação-aproximação que esteja entre elas. Por exemplo, ondas uterinas de expulsão que ameacem provocar um aborto, durante a fase trofo-umbilical, certamente configuram uma situação de castração e ameaça de separação para o Si.

Portanto, entendemos que os eventos de ameaça e de castração estão muitas vezes presentes nas fases evolutivas, e nos correspondentes **níveis corporais relacionais** que precedem o Édipo. Por essa razão, esses eventos podem ser determinantes para o **como** aquela pessoa viverá o Complexo de Édipo e os **perigos** a ele relacionados. Ou seja, as modalidades de resposta para a ameaça de castração edipiana podem estar impregnadas com padrões de respostas que já haviam sido ativados em outros episódios de castração mais antigos e que ressoam no **como da resposta** na nova cena.

De fato, as castrações e frustrações anteriores, juntamente às impressões determinantes construtivas vindas do Outro de Si, contribuem na impressão e estruturação da formação do caráter da pessoa nas fases de evolução pré-edípicas e seus níveis corporais correspondentes.

Retornando à literatura psicodinâmica, a castração pode, eventualmente, ocorrer na primeira fase gênito-ocular (a frustração, por outro lado, está sempre presente nessa fase evolutiva). A pélvis, sétimo nível corporal relacional, nessa primeira fase gênito-ocular, está cada vez mais no centro das atenções da criança, devido ao aumento da sensibilidade e da excitação dos genitais. A castração, portanto, resulta num grande bloqueio do sétimo nível, constrangendo a sua vitalidade pulsante. Ela pode vir do pai ou da mãe, e pode, obviamente, afetar tanto as meninas como os meninos.

Um bloqueio da pélvis poderá vir de um pai castrador e autoritário, mas também de uma mãe com a sexualidade reprimida e que seja líder do casal e do segundo campo.

Separação

Parece evidente a importância fundamental da segurança ontológica, aquela que permite ao ser humano estabelecer a certeza da sua existência e de se configurar como o *a priori* de todas as relações. A **autoconfiança** se origina da experiência positiva do contato. Por outro lado, a matriz negativa que mina a autoconfiança vem de um evento de separação disfuncional ou mesmo de uma ameaça de separação.

Portanto, a temática da separação é básica e fundamental.

A literatura psicodinâmica coloca a experiência da **perda** como a fonte de muitos quadros psicopatológicos, desde a angústia esquizoide kleiniana da perda de si mesmo, até os clássicos temas depressivos que, em linhas gerais, retomam sempre o tema da perda do objeto. Essa perda é colocada como mais ou menos simbólica, ou mais ou menos real. Mas, na verdade, essa questão vai muito além.

Em todas as afirmações psicodinâmicas, seja a clássica freudiana, seja a kleiniana, o conceito de perda conduz à introdução da ambivalência como a explicação para a presença da angústia depressiva. Colocando essa questão de uma outra maneira, consideramos que uma pessoa pode ser objeto de amor naquilo que ela doa com sua presença e pode ser objeto de ódio naquilo que nega com sua ausência. Por isso, a tragédia do deprimido é vivida nos aspectos contrapolares da vida afetiva, representados pela presença simultânea do amor e do ódio. E isso não é ainda o quadro todo. Devemos também considerar a identificação e a introjeção do objeto de amor para explicarmos algumas manifestações da sintomatologia depressiva.

CARÁTER & PSICOPATOLOGIA

O que queremos ressaltar, sem entrarmos em muitos detalhes, é que na literatura psicodinâmica, o conceito de perda fica com a parte do leão, e que a separação é considerada, quase que pleonasticamente, como apenas um detalhe adicional, um atributo. Da mesma forma, a ansiedade é interpretada como ansiedade **de perda** pelas correntes psicossociais.

Tudo isso nos parece indicar que o conceito de perda possa ser um construto somente pós-natal.

Podemos tomar como paradigma uma afirmação de Paci (1954, apud Siciliani, 1979):

> ... a angústia ... parece estar ligada às primeiras experiências do nascimento e da separação do útero materno, que é tudo, para poder viver a independência adulta, que é o nada (a separação ou, mais precisamente, a perda da relação inter-humana privilegiada). ...
>
> Então a nostalgia da identidade perdida, o esforço para entrar no mundo, a reconquista de um equilíbrio entre tensões adversas, é exatamente aquilo que se expressa na angústia.

O que não convence, na verdade, é a visão do parto como uma perda e consequentemente do nascimento como um trauma e como a perda do objeto de amor maternal.

Nossa visão desse tema está certamente mais próxima das ideias de Greenacre (1941), que pesquisou experiências pré-natais como sendo uma espécie de ansiedade, sem conteúdos psíquicos, os quais só apareceriam num segundo momento, após o nascimento, com a aquisição das capacidades cognitivas capazes de preencher esse estado de **pré-ansiedade** com os elementos concretos da psicopatologia.

Não é possível pensar que possamos nos referir exclusivamente à perda objetal para explicarmos eventos psicopatológicos, sem que consideremos alguns elementos, tais como o momento no qual o fenômeno ocorre, a sua qualidade, a distância do Outro de Si que é percebido como significativo, e ainda outros fatores.

Sob essa visão, a perda é percebida como sendo uma coisa definitiva, e isso está ligado à ideia de ser irremediável, impossível de compensar, enfim, como irreparável.

Nessa visão tão absolutista, essa interpretação da perda também negligencia a possibilidade de que tenha havido alguma forma de antecipação da

ameaça, o que configuraria uma **ameaça de perda,** e não uma ameaça de separação. Enfim, ameaça de separação e ameaça de perda são diferentes, têm ressonâncias distintas e ocorrem em tempos diferentes ao longo da flecha do tempo evolutivo.

Em uma visão neguentrópica-sistêmica, a separação é definida como um movimento-direção no sentido de uma distância progressiva ou repentina entre o Si e o Outro de Si significativo, e que seja capaz de ressoar no Si e nas suas camadas superficiais e profundas.

A separação é necessária e é funcional em um processo de crescimento. Evoluir e tornar-se adulto é, de fato, separar-se e individuar-se progressivamente da mãe, do pai e do núcleo familiar originário. Isso tudo ressurge na projeção do mamífero óptico. Entretanto, muitas vezes, a separação acontece de modo disfuncional e, nesse caso, o Si vive esse distanciamento como um evento de perda. Como consequência, acontece a diminuição, a insuficiência dos circuitos relacionais e de troca de energia. Então, concretiza-se um distúrbio prevalentemente quantitativo, que muitas vezes será o substrato de distúrbios qualitativos.

Etimologicamente, o termo **separação** pode ser entendido como **o ato de dividir aquilo que estava junto**.

Acreditamos que Freud não hesitaria em considerar a separação como uma das fantasias originais que organizam a vida imaginária dos indivíduos. Essa fantasia estaria em relação com a vida intrauterina, seu palco original, e também com a castração e a sedução. Nesse contexto, tudo isso constituiria um patrimônio transmitido filogeneticamente no tempo.

A separação representa um grande fractal, um padrão que permite viajar no tempo.

Então, vamos ver um exemplo do começo da filogênese: o exemplo de um sistema vivo mais simples é dado pela célula (mais precisamente de uma bactéria unicelular, um micoplasma). Se tentarmos ver a célula como uma totalidade, primeiramente constatamos que essa célula se caracteriza por ter um limite externo, a membrana celular, que **separa** o sistema vivo, quer dizer, o Si do ambiente circundante, quer dizer, o Outro de Si. H. Morowitz (apud Capra, 2002) afirma: "O fato de que uma membrana se feche sobre si mesma, formando uma vesícula, representa uma clara passagem da não vida para a vida". Como não reconhecer nesse esquema um processo que analiticamente não hesitaríamos, nem por um minuto, em chamá-lo de processo de separação/individuação? A vida que vem da não vida?

CARÁTER & PSICOPATOLOGIA

Continuemos nossa viagem dando um salto na flecha do tempo filogenético, no mundo dos mamíferos, sempre com o fractal da separação. Aqui o sistema límbico transforma o fractal da separação em um fractal de separação **afetiva** e o todo se eleva e se complica. Esse circuito cerebral proporciona aos mamíferos uma série de modulações comportamentais mais ricas e acrescenta a dimensão emocional-afetiva com o **chamado de separação**, chamando por cuidado, atenção e proximidade. Essa comunicação áudio-vocal permitiu o cuidado com os filhotes e com a espécie.

O cérebro límbico, como se verá a seguir, representa o denominador comum a todos os mamíferos vivos e é responsável por tudo aquilo que um indivíduo **sente** ou **experimenta**.

Ainda continuando a viajar com o fractal, dos mamíferos vamos para o homem. Freud define a forte ligação afetiva que une o bebê à mãe como "**incomparável e inalterável**, como o primeiro e mais forte objeto de amor, que servirá de modelo para todas as sucessivas relações amorosas em ambos os sexos" (Freud, 1938).

A formação desse apego é o evento mais importante que ocorre na fase oro-labial, que é dominada pela dupla mãe-bebê. Mas entre os analistas reichianos contemporâneos, que enraízam as representações claras da consciência nas representações escuras das profundezas corporais, estendemos a fase oro-labial e o tempo límbico dessa extraordinária relação mãe-bebê até a fase intrauterina. O aumento da prolactina, o hormônio que a evolução especializou para a gravidez dos mamíferos, inicia-se no terceiro mês da vida intrauterina, assim como o reflexo da sucção, que são indicadores claros do início da prevalência do cérebro límbico, que culminará no nascimento e desmame e terminará com as experiências de separação das cenas edipianas e puberais. Nessa perspectiva, a separação se torna mais complexa porque a formação do apego é anterior no tempo e, sobretudo, é *imprintada* na corporalidade, o que nos lembra a afetividade umbilical de D. Boadella (1987).

Dentro dessa visão, podemos afirmar que, assim como o apego, as separações também criarão protótipos.

O **como** das nossas separações específicas, nossas de acordo com a nossa biografia, funcionará como um protótipo do nosso **como** de separações nas relações adultas e atuais, que relembram nossa fase histórica vivida no **lá e então**.

O **como** das separações antigas é o sinal gravado determinante na formação do caráter e na expressividade do traço daquela pessoa na vida, até o seu aqui e agora.

79

Consideramos que o medo seja o substrato de qualquer contração, entendida também como uma contração do tempo no devir da pessoa. Numa compulsão, por exemplo, o tempo pode **parar** para aquela pessoa, interrompendo a evolução do mundo afetivo e emocional, do sentir e do ser, da afirmação e da assertividade dessa pessoa. Então, imaginemos um medo ocasionado por uma separação disfuncional: o que ele pode causar nas nossas estruturas de fases e na expressão dos nossos traços de caráter?

Os critérios para se definir um distúrbio dependem do **como** das quatro grandes passagens: parto, desmame, saída do Édipo e puberdade; e também dependem das separações-perdas significativas e objetivas sofridas nas várias fases evolutivas daquela pessoa.

As separações-perdas do **aqui-e-agora** podem estar ressoando e sendo amplificadas pelas experiências que marcaram o caráter em fases anteriores. E o processo de **reparação** tem a sua variável determinante na densidade-resiliência da relação objetal primária do Si, que é uma variável sempre presente e que retorna continuamente. No aqui e agora, ela interfere na resposta ao evento de separação e também na capacidade de reparação com relação à perda do objeto.

Aqui entendemos que é necessário introduzir algumas considerações sobre um fenômeno peculiar: *a ameaça de separação*, que sob uma ótica complexa tem ainda mais destaque.

A ameaça de separação é uma ameaça de distanciamento exercida pelo Outro de Si sobre o Si. É apenas uma ameaça, mas é o suficiente para fazer disparar um alarme no Si. Enquanto que na separação acontece o fim da situação de estar juntos, na ameaça de separação há complicações posteriores, devido à presença da ansiedade causada pela ativação dos sistemas noradrenérgicos e de **rupturas de campos**, que são difíceis de consertar.

A ameaça de separação pode ocorrer em qualquer fase da vida. Por exemplo, pode acontecer ainda na fase intrauterina, e nesse estágio uma separação é impossível, ou seja, será uma perda. A primeira grande separação acontece com o parto.

A primeira ameaça de separação já pode certamente acontecer na fase trofo-umbilical. Uma tentativa de aborto é, ao mesmo tempo, uma ameaça de separação e de castração.

Um feto submetido a essa ameaça está correndo o risco de separar-se em um momento vital para ele e entra em um estado de **angústia de morte,** porque a sua dependência biológica é total. Ao mesmo tempo, além de tudo que possa criar como reação (masoquismo primário, isolamento psicótico ou outro), este Si entra no estado de alarme por causa desse evento, e não tem a possibilidade de reparação do próprio campo, de recuperar o próprio equilíbrio, a menos que haja um Outro de Si útero que se reabra com tranquilidade e estabilidade.

Então nos perguntamos: será que alguns distúrbios fóbicos-ansiosos, ligados à separação e à perda, poderiam ter a sua origem na vida intrauterina (por exemplo: ataques de pânico, fobias situacionais)?

Além disso, podemos dizer que uma ameaça de separação vinda de uma fase intrauterina, juntamente a um alarme associado, pode provocar respostas diferentes, de acordo com a densidade energética primária do Si nas sucessivas fases da vida. As respostas possíveis para uma ameaça de separação intrauterina poderiam ser manifestadas em um estilo de relação com o Outro de Si como, por exemplo, um apego ansioso, ou com um mecanismo oposto, como uma profunda e excessiva necessidade de independência e separação. Cada uma dessas respostas funciona como uma proteção do adulto no seu aqui e agora.

Vamos a um exemplo: as pessoas *borderline*, que se caracterizam por apresentar uma baixa densidade da relação objetal primária, no **aqui-agora**, muitas vezes escolhem se separar do Outro de Si, porque com o contato vivem uma falta de sustentabilidade energética de campo, correndo o risco de não se sentir ou de rarefazer-se.

Por outro lado, para pessoas com um núcleo fóbico-depressivo e com boa densidade energética primária, a situação se configura de outra maneira. Para elas, a ameaça de separação provoca uma resposta de apego ansioso. Paradoxalmente, tendo uma densidade mais alta e mais resiliência, essas pessoas são capazes de suportar o ônus de uma ansiedade de separação, e podem tornar-se *down* em uma relação com uma pessoa *borderline*.

Nessa interação em particular, concluindo a separação, descrevemos a seguir alguns traços de caráter bastante visíveis em alguns padrões de comportamentos cotidianos:

1) Quantas pessoas respondem primitivamente a uma necessidade de aceitação? Quantos não se abrem ou nem se mostram na relação com o outro sem essa precondição? A aceitação é demonstrada por sinais amplamente exibidos pela linguagem corporal, e também por qualquer outra dimensão relacional. A aceitação também existe na atmosfera, no campo relacional, por **uma capacidade literalmente grande de compreensão**...

No entanto, tudo isso não cobre, na verdade, a insustentabilidade temida pela profunda ameaça de separação?

Eu estou sozinho se...

2) Quantas outras pessoas têm necessidade do consenso e aprovação do outro (sobretudo confirmados por um sorriso, uma piscada, da cumplicidade através de um movimento encorajador das sobrancelhas ou de um movimento de aprovação feito pela cabeça), para mover-se na direção da sua própria afirmação no mundo e que não se moverá sem essa pré-condição do reconhecimento, de ser acompanhado? A necessidade de aprovação não mostra uma dependência e não cobre a temida insustentabilidade da separação?

Eu me movo somente se...

3) Quantas pessoas não sabem dizer não? Quantas pessoas não sabem dizer **não** e assim carregam o **não** dentro delas e não o expõem, ou em vez disso, usam um suspeito **sim** com muita frequência? Muitas vezes por medo de conflito e da separação insustentável do projeto do outro que não o representa, não poder expressar o **não** é também uma indicação da insustentabilidade temida da separação.

Eu não sou... então não me separo. Nós, porém, acrescentamos que **me separo, mas dentro de mim**...

Porém, se esses esquemas que acabamos de mencionar são modelos de resposta de apego, gostaríamos de apresentar outros modelos opostos, de distanciamento.

4) Quantas pessoas estão distantes de sentir e até de ouvir falar sobre este assunto, a separação, mostrando indiferença ou até mesmo uma dureza em relação a esse tema? E, muitas vezes, são admiradas por essa suposta força, ou melhor, por esse esforço? Quantas pessoas nunca se entregam, nunca pedem nada, e nunca dependem de ninguém? Quantas pessoas parecem objetivas e decididas ao viverem como um flash o tempo de reparação de qualquer luto objetal?

Temos uma dúvida muito bem fundamentada de que, nesses casos, essas pessoas estão removendo suas áreas de vulnerabilidade através de algumas contrações, não apenas mentais, mas também corporais, para poderem, dessa forma, evitar as separações profundas e insustentáveis e insistir num excesso de proteção contra a separação temida?

Eu sou se estiver longe de...

5) Quantas outras não podem entrar em intimidade a dois e mantêm sempre uma justa distância para poderem se sentir seguras e garantir a manutenção de sua agilidade e assim evitar o risco de um aprisionamento? Ou até podem entrar em intimidade, mas garantindo-se sempre uma saída, uma porta aberta para o escape, para o exterior social? Será que na verdade, para essas pessoas, o lado de fora, áreas de separação, garantem-lhes um padrão que lhes asseguram uma passagem segura do dentro para fora? Não são esses indicadores de disfuncionalidades vividas anteriormente?

Eu estou no dois... somente se...

COMPLEXO

O complexo é um termo psicanalítico que "indica um conjunto estruturado e ativo de representações, pensamentos e lembranças, parcialmente ou totalmente inconsciente, e é dotado de um forte valor afetivo" (Garzanti, 1981). "O complexo é construído a partir das relações interpessoais da história infantil, e pode estruturar todos os níveis psicológicos, por exemplo, emoções, comportamentos e condutas adaptadas" (Laplanche & Pontalis, 1973).

Um complexo em um sentido mais amplo, na análise reichiana contemporânea, pode ser definido como sendo um conjunto de conteúdos emocionais de impressões determinantes na formação do caráter, gravadas sobre vários níveis corporais relacionais. O complexo induz a pessoa a sentir, pensar e agir através de padrões repetitivos e habituais, expressões de circuitos neurais privilegiados e às vezes disfuncionais.

Além disso, **as impressões interligadas** entre si que são capazes de criar um padrão que constituem um complexo são um agregado de situações que estão orbitando juntas, ou uma constelação (quase no sentido junguiano), que é uma constelação particular dentro do indivíduo.

O complexo de Édipo é o mais clássico. No complexo de Édipo temos três níveis corporais: primeiramente temos o nível do diafragma, depois a pélvis e os olhos (o quinto, o sétimo e o primeiro nível corporal), os quais têm contatos e ressonâncias peculiares e prevalentes.

Outro exemplo de complexo é a relação objetal primária mãe-bebê. Aqui está envolvido o segundo nível corporal do bebê, a boca, e também o sexto nível corporal, abdominal, a primeira grande boca, que são níveis com afinidades e temáticas que têm uma forte conexão.

Capítulo 6

CARÁTER

O caráter é um conjunto complexo de elementos que, por um lado, percorre os significados próprios da psicopatologia e, por outro lado, percorre também a linguagem cotidiana. O caráter atravessou os anos com descrições importantes para a literatura em geral, começando com Os Caracteres (personagens) mostrados por Teofrasto (filósofo grego), que são a impressão de trinta retratos de familiares, de personagens do dia a dia, possuidores de um **caráter**. A palavra caráter deve a sua derivação etimológica do termo cunhar, isto é, aquilo que grava um sinal, marcando um material.

Algumas vezes Teofrasto se expressa de forma bizarra, excêntrica, que já foi muito representada nos palcos dos teatros, e tem sido objeto de diversão e de reflexão. No âmbito da ciência, sofrendo os efeitos de sua própria multiplicidade de sentido, o caráter dividiu a sua área semântica com conceitos tais como a personalidade psicopata, loucura moral, com a teoria dos tipos psicológicos ou da degeneração. Assim sendo, o caráter parece pouco adequado a uma colocação em um quadro nosográfico que tenha as características de estabilidade e de coerência.

Uma vez colocadas essas premissas, a atual abordagem teórica e clínica dos distúrbios da área relativa ao caráter e à personalidade parece estar condicionada pela necessidade de definir qual seria o correto significado do termo **caráter**. Considerando-se a multiplicidade dos significados das expressões psiquiátricas, a qual já destacamos e que muitas mais vezes destacaremos, faz com que essa dimensão do homem seja descrita como "personalidade", "estilo" (Shapiro, 1969), "temperamento", "tipo", e assim por diante. Esses termos, do ponto de vista léxico, são totalmente sinônimos, e, no entanto, quando aplicados ao campo psiquiátrico, psicológico ou psicoterapêutico, escondem significados e argumentações muito diferentes.

É preciso perguntar se existe um limite entre a personalidade normal e um distúrbio de personalidade. É preciso também perguntar se os distúrbios de personalidade têm uma característica categórica ou dimensional. Isto é, se podem ser enquadrados em categorias diagnósticas fechadas, da maneira neo-kraepeliniana, ou podem ser distribuídos em uma continuidade, de acordo com variações quantitativas.

Essas questões demonstram as dificuldades que esse tipo de abordagem apresenta para se definir um assunto tão incrustado de equívocos, tão evasivo, e que nos oferece uma base bastante limitada para a definição.

Em outras palavras, esse assunto parece ser limitado pelo que é representado a partir de DSM-III em diante, por AXIS II ou transtornos de personalidade.

Esse grupo nosológico se origina da intersecção de vários planos: um plano semântico, do qual fazem parte os conceitos já mencionados, que incluem temperamento, caráter, humor, estilo, tipo e personalidade. Há também um nível antropológico, representado pelas influências sociais, pelas pressões de grupos e pelas modas de cada época. E há um plano científico, com argumentos que oscilam entre psicopatologia e genética e entre taxonomia e terapia.

É importante, e não pouco, considerarmos também a personalidade do psiquiatra/psicoterapeuta como uma outra variável desse grupo nosológico, a qual influencia a estruturação teórico-clínica do problema. A personalidade do psiquiatra/psicoterapeuta coloca a sua própria definição cultural, com as suas próprias projeções, sublimações, com seus próprios mecanismos de defesa, em uma palavra, com o seu próprio caráter.

O que queremos dizer é que, por um lado, uma teoria da personalidade põe em jogo a própria estrutura da personalidade do estudioso que a propõe e, por outro lado, está o conjunto de princípios gerais e empíricos que tentam explicar o comportamento de um determinado indivíduo.

Como é fácil de observar, estamos muito longe de ter uma teoria do caráter ou da personalidade que seja aceita por todos.

Portanto, é mais útil definir o **caráter** como um modo de ser, isto é, **como Eu sou para mim mesmo e como Eu pareço para os outros**. O caráter é então entendido como um termo que identifica um conjunto coerente de atos e comportamentos, conjunto este que é funcional para os sistemas de referência.

O caráter se delineia graças a **leis** especiais e próprias que condicionam a expressão individual do ser humano. Essa expressão pode ser coesa ou fluida, mais estável ou menos estável, mas pode também se enrijecer ali onde a patologia tiver uma posição de vantagem sobre a plasticidade e sobre a maleabilidade. O caráter encontra a sua âncora mais precoce nos processos de impressões que ocorrem no desenvolvimento pré-natal e pré-subjetivo.

Portanto, comparado aos modelos de personalidade da literatura, o nosso sistema não fornecerá uma caracterologia biotipológica, como a de Kretschmer. Não levaremos em consideração o temperamento, isto é, a base orgânica ou a sua constituição (Weitbrecht, 1970). Não forneceremos, como nas caracterologias psicanalíticas, a descrição dos traços que são derivados (Nagera, 1973) da fase específica do desenvolvimento da libido e que são modelados, prioritariamente, pelas relações da criança com os adultos importantes de sua vida.

Nossa proposta é fornecer um modelo de formação do caráter que tenderá a identificar as configurações personológicas individualmente coerentes, estáveis e identificáveis. Essas configurações estão sujeitas às mutações que acontecem ao longo da flecha do tempo, pelas bifurcações impostas pelos eventos e pelo modo como foram superados. Tais bifurcações são contextos fenomênicos que constituem vias finais para a formação do caráter de base da pessoa, e que se mostram em um tempo determinado e em uma certa configuração de acontecimentos.

O encontro-confronto do Si com a sua carga vital, com a sua capacidade e predisposição inatas, o seu espessor-densidade-resiliência de relação objetal primária, com a soma das impressões determinantes do Outro de Si (o próprio Superego) forma, progressivamente no tempo, os modos de reação típicos de cada um de nós. Essa é a nossa estrutura, a qual muitas vezes forma uma **armadura**, o nosso caráter.

Desse modo, introduzimos uma visão ampla da formação do caráter. Essa visão é uma das muitas e significativas consequências que derivam da aplicação do código neguentrópico-sistêmico. Esse código representa a passagem evolutiva natural, linear e coerente do pensamento reichiano para o pensamento pós-reichiano.

A estruturação do caráter se inicia com a vida. Sem dúvida, as primeiras impressões determinantes são as do campo útero. E esse processo prossegue sua imbricação na flecha do tempo, alimentado por uma densa rede que tece com outros campos energéticos do Outro de Si, através das outras fases evolutivas. Esse processo continua pelas várias fases evolutivas, até a primeira fase gênito-ocular, e em particular até a saída do Édipo com o deslocamento da prevalência funcional da ocularidade (primeiro nível).

O **como** o mamífero óptico **humano** funcionará na vida, ao longo das suas vivências sucessivas, será fundamentalmente baseado nessas experiências precoces da vida e nas impressões recebidas naquele tempo.

Ou seja, as impressões recebidas na puberdade, no terceiro campo social, da segunda fase gênito-ocular, são certamente importantes. Mas não geram impressões determinantes e nem possíveis traços de caráter. Essas impressões se realizam em um terreno que já é predisposto à reatualização de **soluções caracterológicas encontradas** anteriormente.

Portanto, o caráter literalmente significa **sinal gravado**, aquilo que foi realmente *imprintado*, que marcou o Sistema Si ao longo da sua história. Podemos, então, definir o caráter como sendo o modo de ser específico de uma pessoa. Expressa o seu passado, a sua história biológica-biográfica, o seu encontro-confronto com o mundo e a história das suas relações objetais. Ele tem a sua própria estratificação temporal e sua própria sustentabilidade relacional, mas é também um conjunto estruturado de defesas que levou anos para se formar, e não é fácil distinguir tais defesas dos sintomas.

O caráter expressa um mecanismo de proteção narcisista, de conservação e de adaptação. É um dispositivo organizador, capaz de capturar a angústia. Enfim, o caráter expressa os princípios de economia aos quais o sistema vivente complexo Si responde.

Se os sintomas são egodistônicos, o caráter é egossintônico (consideramos o pensamento como uma manifestação da mente de traço). O caráter pode se manifestar nas várias linguagens, desde a verbal, na sua semântica e na sua sintaxe, a linguagem onírica, a linguagem corporal e a linguagem relacional. Essas linguagens são sempre os indicadores de uma história estratificada e inconsciente, da vida intrauterina até o **aqui-e-agora**, na direção da flecha do tempo neguentrópico.

Com isso, queremos destacar uma diferença entre a nossa posição e a de outras escolas psicodinâmicas de pensamento, que nos leva a nos expressarmos em termos de **reatualização**, ou **reapresentação**, e não de regressão, de instinto de vida, e não de instinto de morte, de irreversibilidade, e não de reversibilidade do tempo.

Devemos destacar que o **sinal gravado** se expressa em todos os subsistemas do Si, desde o neurovegetativo ao neuroendócrino, do psíquico ao muscular, do límbico ao reptiliano, e também no nível central, através de uma identidade significativa. Numa leitura reichiana, isso se traduz em uma específica estruturação dos sete níveis corporais relacionais, seja na condição **hipertônica**, ou **hipotônica**, ou **eutônica** desses níveis (Figura 10).

Utilizando deliberadamente os marcadores hiper-hipo-eutônico que relacionamos ao subsistema mais claramente evidenciável, ou seja, o sistema muscular, posicionamo-nos sobre uma questão fundamental.

Por muito tempo, o caráter foi decodificado por muitos autores como sendo uma couraça ou armadura muscular. No entanto, essa equação contém erros de diagnóstico, e os consequentes erros terapêuticos. Basta pensarmos, por exemplo, no projeto terapêutico monotemático e implícito que deriva dele: a dissolução da couraça muscular. Ou seja, é fazermos coincidir o mecanismo de defesa da repressão como o único fator determinante do caráter. E assim sendo, a repressão se transforma em remoção, que por sua vez, no plano somático-muscular, transforma-se em hipertonia e, no plano clínico, transforma-se fatalmente em neurose.

Resumindo a sequência que estamos examinando: caráter = repressão = remoção = hipertonia = couraça = neurose. Esse resumo nos faz concluir que todo neurótico é um encouraçado de caráter. Isso nem sempre é verdadeiro!

Nessa sequência nos esquecemos dos níveis corporais relacionais que estejam em um estado hipotônico. O que acontece frequentemente. E, nesse caso, certamente não se pode falar de couraça-armadura. São níveis que estão em "hipotonia". E a hipotonia estrutural representa o seguinte:

a. uma deficiência de relações objetais de segundo campo, para as neuroses;

b. uma deficiência de relações objetais de primeiro campo, para as psicoses.

Consequentemente, no caso de deficiência, o projeto terapêutico é a estruturação, é dar tônus para esses níveis!

A hipotonia, além de ser estrutural, pode ser de rebote. E aqui o projeto terapêutico pode ser de resgate. A seguir damos dois exemplos.

O primeiro exemplo é sobre os níveis corporais olhos e boca: um indivíduo que se encontra em uma posição oral secundária e tem uma densidade intrauterina média, bloqueará o segundo nível, boca, em um hipertônus reativo. E essa energia, muito provavelmente, será subtraída do primeiro nível, olhos, que poderá ficar hipotônico, com um rebaixamento do campo de consciência do Ego. Nesse caso, o primeiro nível, olhos, não tem um hipotônus estrutural, mas tem um hipotônus reativo de subtração.

O segundo exemplo é sobre os níveis pélvis e olhos: a posição histérica intelectual tem uma grande agilidade dos olhos e do campo da consciência do Ego, porque na verdade realiza um deslocamento-sublimação de energia libidinosa do sétimo nível (pélvis) para o primeiro nível (olhos), fazendo com que o sétimo nível se torne hipotônico e o primeiro nível se torne hipertônico. Aqui também há uma reação de subtração.

Definitivamente desistimos da equação **caráter** = **couraça**. Essa equação não é sempre verdadeira. Ela **pode ser** verdadeira quando houver um hipertônus em um nível ou em mais níveis e apenas será verdadeira para esses níveis.

O caráter também é uma articulação de deficiência de impressões determinantes, quando for no sentido do hipotônus. Será também indicador de uma possível sanidade, mas quando for no sentido do tônus: o caráter genital de Reich o representa muito bem.

Capítulo 7

VARIÁVEIS DETERMINANTES DO CARÁTER

Há um grupo de variáveis que são bastante influentes na formação da personalidade, conforme veremos a seguir:

1) Carga vital, resiliência, densidade da relação objetal primária do Si.

A janela temporal em que se dá o processo de **densificação** do Si é determinante para sua resiliência futura e situa-se no período que vai desde a fecundação até o desmame. Nesse momento, o relacionamento e o contato da mãe com o filho são puramente biológicos.

Em particular, a densidade da fase da energia autógena, que vem da expressão da luminação do casal e de outras variáveis precedentes (as atmosferas de campo da pré-fecundação e as motivações da gravidez), serão posteriormente reduzidas ou aumentadas pela relação energética com o útero na fase trofo-umbilical e com o seio da mãe na fase oro-labial. E essa mãe, por sua vez, está sempre em relação com o Outro de Si – Mundo.

Pode-se ver claramente o extraordinário significado das intervenções preventivas de apoio à gravidez, parto e puerpério.

O processo de densificação atinge valores muito elevados no período intrauterino embrionário-fetal (fases autógena e trofo-umbilical), para depois se atenuar progressivamente até chegar no desmame (fase oro-labial).

A ancestralidade dessa primeira variável da relação objetal primária a torna fundamental. Ela define os estados energéticos do Si com baixíssima, baixa, média e alta densidade, ao ponto de realizar os respectivos narcisismos de baixíssima, baixa, média e alta resiliência. Uma resiliência primária é a condição indispensável de todas as relações que o sujeito poderá estabelecer com objetos sucessivos, para um desenvolvimento saudável e correto da pessoa, ou para o estabelecimento de possíveis distúrbios, como estados psicóticos, *borderline,* depressivos ou neuróticos.

A carga vital é a principal determinante dos diversos padrões de resposta para um dano patogênico, proveniente do Outro de Si.

Entre muitos exemplos possíveis, citaremos dois:

- Uma ameaça de aborto, no primeiro campo útero, que se abate sobre um Si de baixa densidade, pode induzir à uma condição psicótica (angústia desorganizadora); essa mesma ameaça sobre um Si com uma densidade média-alta pode induzir a uma condição fóbica (angústia).

- Um projeto narcisista dos pais, com uma respectiva armadilha masoquista, pode estar apoiado apenas sobre um Si de alta densidade de energia, que, atraído pelo projeto, tem a potencialidade de sustentá-lo.

Não é a mesma situação para um Si com baixa densidade que, além de não sustentar o projeto e não ser atraído por ele, muitas vezes não o recebe dos pais, por causa das leis de interação de campo onde aparece implícita a sua insustentabilidade.

Enfim, a possibilidade de se atingir estados/fases evolutivas mais avançados, na verdade, depende da densidade da relação objetal primária. Para a pessoa fazer um melhor uso de suas energias e seus recursos, na estruturação organizadora das fases evolutivas no segundo campo familiar, dependerá de eventos anteriores, da densidade da sua relação objetal primária.

Um Si com baixa densidade simplesmente só pode criar estados/fases chamados de cobertura, no segundo campo, exatamente porque não tem energia-carga vital suficiente.

2) Quantidade e qualidade da energia do primeiro campo (mãe-útero) e densidade da energia obtida pelo Si nos circuitos intrauterinos na relação objetal primária.

Com essa expressão, estamos nos referindo às emoções da mãe durante a gravidez. Essas emoções continuam a influenciar o campo do bebê no período da amamentação (variável 4) e constituem o primeiro Outro de Si, o primeiro campo. Nessa extraordinária viagem da vida, elas são o primeiro terreno e a primeira atmosfera de encontro e ao mesmo tempo o húmus densificante para o Si. A clareza e a evidência dessa situação são tão óbvias que tornam supérflua qualquer outra discussão sobre o porquê de essa variável ser **determinante**.

3) O <u>como</u> da primeira grande separação (o parto: a passagem da água para o ar e do dentro para fora).

Entendemos que a modalidade específica do parto seja uma **impressão** básica do Si, que ressoa nos padrões de separações futuras, as quais têm para aquela pessoa um valor de um nascimento, de saída do útero. O nível envolvido é o da primeira grande boca, a área umbilical, ou seja, o sexto nível corporal.

Acrescentamos também que a experiência do parto, o seu **como emocional**, tem uma enorme importância como determinante dessa variável.

Para esclarecer melhor, um parto distócico é certamente uma experiência de alarme para um bebê e, portanto, é biologicamente registrado como um evento fóbico. No entanto, não estaremos nesse caso, lidando com um **evento fóbico** qualquer, como poderia ser em um estágio evolutivo posterior. Na verdade, estamos lidando com um evento fóbico que acontece num momento de passagem, que, nesse caso, é a primeira grande separação da vida.

A criança poderia, como adulta, viver uma situação de separação com a mesma carga emocional do grande alarme que experenciou no nascimento, expressando desde uma angústia de abandono até um transtorno de pânico.

4) Quantidade e qualidade da energia do primeiro campo (mãe--seio) e a densidade energética adquirida do Si no circuito oro-labial, na relação objetal primária.

Aqui estamos nos referindo às emoções da mãe no aleitamento. Essas emoções são uma continuação das emoções maternas intrauterinas anteriores e também constituem e completam a profundidade da relação biológica com o primeiro campo mãe.

5) O <u>como</u> da segunda grande separação (desmame).

Essa é uma separação de outra intensidade, de outra modalidade, em que está envolvido um outro nível corporal relacional, o segundo nível, a boca.

As assimetrias possíveis do circuito mãe-bebê e outras causalidades durante a fase oro-labial deixam seus sinais significativos gravados sobre o desmame, na sua modalidade, e também sobre a experiência de vida que significam. Em outras palavras, nessa fase, uma insatisfação, uma deficiência, mas também um excesso de aleitamento, causam uma dificuldade de separação para o bebê.

Portanto, uma amamentação disfuncional corresponde a um **como** específico de desmame. A saída do apego e da dependência oral do seio pode ser brusca, alarmada, suave, funcional, ou com uma duração excessivamente prolongada no tempo. Tudo isso facilmente ressoará no padrão das separações do Si. Portanto, em uma futura separação, essa pessoa poderá sentir esse evento como tendo um valor oro-labial.

6) Qualidade e quantidade da energia no segundo campo (família), na fase muscular e na primeira fase genital-ocular.

Consideramos que um segundo campo está suficientemente saudável quando cada membro do núcleo familiar está claramente definido na sua faixa de pertencimento (avós, pais, filhos, netos) e nas suas funções, e as suas interações gerais são estabelecidas por limites maleáveis. A patologia está na ausência de limites ou na sua impermeabilidade. Por exemplo, quando um pai está fixado apenas no papel de amigo ou quando o pai está aprisionado apenas no seu papel de pai.

A economia energética de cada indivíduo e do núcleo familiar se expressa como uma boa atmosfera de campo, o que é um bom indicador do aprofundamento das relações dentro da família

É provável que um bebê que foi acolhido dentro de uma boa atmosfera energética do segundo campo, suficientemente saudável, seja um bebê que no futuro, quando encontrar com os campos mais extensos, não terá dificuldades para se relacionar com a **sistematização** saudável do mundo.

Ao contrário, um bebê ao qual não tenha sido permitido ter um território próprio saudável, por causa de alguma disfunção de limites (de faixa, de território ou de função) ou por causa das atmosferas do campo (tensa, sombria ou rarefeita), também terá dificuldades, no futuro, para achar e definir seu território e ter clareza de sua função.

Portanto, ficará mais difícil sentir o **seu lugar** na ordem estratificada, e não apenas hierárquica, que está presente na natureza.

CARÁTER & PSICOPATOLOGIA

Para esclarecer essa sexta variável, acrescentamos que na análise reichiana contemporânea costumamos utilizar cinco encontros preliminares de entrevista e de observação de uma pessoa que necessita de uma análise-terapia. Depois desse período, damos uma resposta para a pessoa com o projeto analítico-terapêutico.

Com os relatos da anamnese sob uma óptica analítica, fisiológica, patológica remota e patológica recente, evidenciam-se as variáveis histórico-biográficas significativas para a individuação dos sinais gravados na flecha do tempo daquela pessoa. Então se formula um diagnóstico clínico, um diagnóstico analítico dos traços prevalentes e não prevalentes, um diagnóstico corporal de níveis prevalentes e não prevalentes, um diagnóstico relacional dos padrões prototípicos objetais, um diagnóstico dos neurotransmissores prevalentes de fase, enfim, formulam-se algumas hipóteses etiopatogênicas.

Um fato revelador nesse conjunto é certamente a estruturação de um mapa da família conforme for descrita e representada subjetivamente pela pessoa. Esse esquema de cena é importante para se obter informações sobre a psicodinâmica emocional e sobre os fluxos de energia afetiva no interior do campo familiar. Desse modo, identificamos, de fato, o líder oficial e real, os subsistemas dominantes, os membros que estão mais sob o risco de exclusão ou de distúrbios psicopatológicos.

Para desenhar esse mapa, colocamos em uma folha de papel todos os nomes dos membros da família individualizados nas suas respectivas faixas de pertencimento, pais, filhos, avós, netos, e pedimos para a pessoa entrevistada traçar um número de linhas, que pode ser de uma a três. O significado será o resultado do número de linhas entre as pessoas significativas do campo que representará as espessuras (profundidade) das relações positivas entre todos os membros do núcleo familiar. Também é possível não traçar nenhuma linha.

7) Ordem de nascimento.

Existem diferentes possibilidades de traços evolutivos para um Si primogênito, segundo filho, filho caçula ou filho único etc. Ou melhor, existem algumas impressões determinantes com relação à ordem de entrada na família e às dinâmicas psicoemocionais e energéticas que já estão presentes no campo familiar.

Vejamos alguns exemplos.

Um primogênito masculino vai se deparar com um **Édipo**, onde irá se encontrar ou confrontar com a figura paterna se este for a figura líder, e, independentemente do resultado, ele não poderá, de qualquer modo, escapar dessa cena.

Isso tudo também é possível para um segundo filho e, ainda mais, para o filho mais novo, que tenha irmãos mais velhos do sexo masculino, que corre o risco de permanecer em uma condição pré-edípica ou de fixar-se num traço histérico, permanecendo sempre no movimento de contornar os limites do território do pai e dos irmãos, sem conseguir de fato confrontar-se com eles.

Vejamos outros exemplos.

Um primogênito pode recolher as demandas dos projetos maternos, a partir da insatisfação desta com o seu parceiro (a demanda depressiva da mãe e a sua projetualidade de parceira). O primogênito também poderia recolher as demandas dos projetos narcisistas do pai, tentando realizar os objetivos onipotentes do pai.

O filho mais novo pode se deparar com a demanda implícita de ter a função de antidepressivo para a mãe, para o pai ou para o núcleo familiar, e por isso corre o risco de um masoquismo primário, ou de ficar restrito ao papel de "bebê" da casa, com as consequentes dificuldades de separação e de individuação que o projeto exige dele.

Um filho mais novo pode ter uma vantagem ao chegar em uma família que já está estruturada e com pais que já foram pais; já um primogênito, que se encontra com pessoas que são pais pela primeira vez, não terá essa condição.

Independentemente de como ele será, o segundo filho será diferente do primogênito simplesmente pelo fato de "existir", de ser visto e de ser individuado. Note-se que normalmente a progressão na ordem de nascimento é acompanhada por uma maior capacidade de observação panorâmica, provavelmente estimulada por um campo familiar que vai se tornando cada vez mais ocupado, e pela necessidade de ter que inventar e encontrar outros **espaços** para poder se individuar e ser individuado.

Um filho único poderá ter dificuldades para se relacionar em igualdade de condições em contextos grupais de sua faixa, pois tem sido *imprintado* para ocupar todas as faixas do território dos filhos na família; por outro lado, terá dificuldades em arcar com todo o **peso** do projeto parental.

Concluindo, a diferente ordem de nascimento define diferentes posições e intensidades de experiências que vão constituir as impressões específicas das relações com o Outro de Si daquela época em que essas relações aconteceram e com tudo aquilo que será lembrado na sua vida futura.

Podemos notar que pode haver algum indicativo de conexão entre alguns traços de caráter, alguns distúrbios psicopatológicos e a ordem de nascimento.

Por exemplo, entre os filhos mais novos, encontramos com maior prevalência os distúrbios fóbicos e os traços intrauterinos, enquanto que os distúrbios obsessivos, paranoicos e traços fálicos são mais frequentes nos primogênitos.

8) Sexo e caráter da figura líder do 2° campo.

Um primogênito com uma mãe em posição *up*, líder do segundo campo sobre uma base depressiva reativa e com um pai *down* periférico facilmente desenvolve posições fálicas do primeiro tipo, enquanto que um primogênito com um pai *up*, líder do segundo campo, e também autoritário, facilmente se fixa em posições reprimidas-pré-fálicas de repressão-castração.

Em outras palavras, essa variável é um verdadeiro ponto de bifurcação, pois ela determina a específica prevalência de traço e a específica posição evolutiva sobre a flecha do tempo, e também determina as fixações do segundo campo.

De fato, o líder passa pelas linhas principais da rede energética que governa a economia do segundo campo (essas linhas são de qualquer modo morfogenéticas), obviamente impondo um encontro-confronto com ele: a criança não poderá fazer outra coisa a não ser *imprintá-las*, sempre se direcionando para posições econômicas-adaptativas para o próprio Si.

A relação da criança com o líder do núcleo familiar será o seu específico protótipo de relação com a autoridade futura, juntamente de toda a bagagem de respostas para a autoridade ou para o autoritarismo do próprio líder.

Então, no seu futuro, a criança sentirá a autoridade e tudo aquilo que ela requer, mais masculina ou mais feminina, sempre de acordo com o sexo do líder do segundo campo. Isto é, voltando aos exemplos anteriores, queremos dizer que o primogênito do primeiro exemplo se relacionará com muito mais desenvoltura com a autoridade feminina e demonstrará uma facilidade aparente com a autoridade masculina, não a reconhecendo profundamente; o primogênito do segundo caso reconhecerá, com mais facilidade, a autoridade masculina e tenderá a ter pouca consideração com a autoridade feminina.

As próximas duas variáveis estão estreitamente ligadas entre si.

9) O <u>como</u> é vivida a erotização da relação com o genitor do sexo oposto.

Para uma criança, viver a primeira erotização genital com a figura parental que não a castra, mas a acompanha através de uma frustração funcional, representa uma impressão determinante e suficientemente saudável para a sua sexualidade futura, distante dos possíveis distúrbios, inclusive os psicopatológicos, desencadeados por uma castração.

10) Quantidade e qualidade energética das impressões determinantes do segundo campo, copresentes e subsequentes a esse ponto de separação-aproximação. Na verdade, são as variáveis dos temas edipianos.

Com essa variável, lembramos que o amor de uma criança que foi reprimido ou recusado pelo genitor do sexo oposto, e não permitido ou castrado pelo genitor do mesmo sexo, pode criar uma **impressão determinante** sexualmente perturbada. Além disso, também pode representar uma **impressão determinante** da saída edipiana, determinante para a formação do Superego. Para muitos psicanalistas, inclusive Reich, isso constitui o Superego. Para nós, é a manifestação da última precipitação superegoica, nesse caso, da castração, de uma retirada centrípeta-compulsiva, de uma grande restrição energética da criança e das suas possibilidades de expansão e de afirmação nessa extraordinária fase evolutiva.

As duas variáveis que apresentamos a seguir estão interligadas.

11) O <u>como</u> da explosão energética da puberdade do Si e a consequente variação de posição de campo, do segundo para o terceiro.

A puberdade é um ponto de separação-aproximação, é uma passagem de estado, de fase e de campo, mas também é a passagem do mundo das impressões determinantes para o mundo das impressões **apenas importantes** para a formação do caráter. O jovem já tem uma bagagem própria de vivências que facilitam uma reatualização de padrões de traços precedentes, com uma organização energética mais alta.

12) A quantidade e qualidade da energia do terceiro campo do Outro de Si e a sua nova relação com o novo estado e posição do Si.

Em razão da nova posição da cena evolutiva do jovem, exatamente na passagem do segundo para o terceiro campo do Outro de Si, dois fatores assumem um significado especial. Esses dois fatores são o tipo de estrutura familiar e o tipo de estrutura social.

A família é um sistema vivente complexo, que pode ser aberto e com tendência para o equilíbrio, mas que também pode ser demasiadamente organizado e opressivo ou ainda pode ser desorganizado e dissipativo.

Uma família com tendência opressiva pode restringir e deter o jovem, facilitando os distúrbios do tipo neurótico-depressivo reativo.

Uma família com tendência para a dissipação pode projetar o jovem em territórios muito mais vastos do que a sua sustentabilidade permite, facilitando a dificuldade de estruturação dos seus próprios eixos de identidade, criando identificações reativas e tolas, com grande risco de desorientação e de distúrbios da área *borderline*-psicótica.

A sociedade atual, na sua condição de **liquidez**, ou melhor, na sua **rarefação relacional**, não está bem preparada para esperar, acolher, organizar e integrar o jovem.

A sociedade também é um sistema vivente complexo e atualmente apresenta um padrão de traço oral deficiente e reativo; em termos clínicos diríamos uma grave depressão mascarada de aceleração.

As variáveis mencionadas são determinantes para o desenvolvimento de uma personalidade, de um caráter e, quando essas variáveis forem fortemente entrópicas para o Si, serão determinantes para um distúrbio psicopatológico. A precocidade e a intensidade de uma disfunção evidenciam uma pré-disposição para um distúrbio psicopatológico mais grave.

Finalmente, podemos dizer que essas variáveis são importantes, pois elas estabelecem as fixações no nível corporal relacional e nos seus respectivos padrões de traço. Dessa forma, as fixações nos permitem falar de fases evolutivas prevalentes e não prevalentes. As fixações podem derivar de um alarme, uma ameaça, uma opressão, frustrações, castrações, separações, mas também podem derivar de alegrias, gratificações, confirmações, reconhecimentos e contatos recebidos sobre a flecha do tempo evolutivo.

Com a **prevalência e não prevalência de fase**, introduzimos uma articulação muito dinâmica do caráter, nos desviando da sua estaticidade-imobilidade. Todos nós podemos facilmente ver como as coisas podem ser

de um modo numa situação, ou **de um outro modo** em outras, e **mais ainda de um outro modo** em certas outras situações. E isso faz diferença, marca-nos diferentemente...

Quer dizer, existem interações que estão em ressonância significativa com o Outro de Si do **aqui e agora** de cada pessoa.

Com o parâmetro de prevalência ou não prevalência de fase evolutiva, abrimos também variantes tipológicas de traços de caráter. A prevalência ou a não prevalência de traços é importante, tanto para a constância estatística dos seus conteúdos e do seus **como** relacionais, assim como para a construção de uma nosografia psicopatológica

Capítulo 8

TRAÇOS DE CARÁTER

A fase é o período da evolução ontogenética no qual o Si recebe as **impressões**-fixações da relação com o objeto parcial daquele tempo. Ou seja, é o intervalo entre duas passagens-limites fundamentais, que são gravadas biologicamente na flecha do tempo evolutivo.

Dentro de cada fase, é depositado um conjunto sobreposto de padrões e módulos de comportamento, fixados pela relação nos níveis corporais do Si com os objetos parciais específicos do Outro de Si: é a história de cada um de nós, naquela fase a qual define um traço de caráter.

O nível corporal é a localização, ou a fonte somática, na qual se fixam as impressões das relações objetais de fase e onde é depositada a memória implícita periférica dessas impressões determinantes, que são manifestadas nos padrões de traço.

A ligação entre fase, traço de caráter, nível corporal relacional e áreas centrais cerebrais nos permite recuperar os seguintes pontos:

a) recuperar a biologia na psicanálise, levar a psicanálise para o corpo e o corpo para a psicanálise;

b) definir o conceito de **mente de traço**, que é um complexo funcional e organizador que nos livra do risco de fragmentar e confundir o tempo, ou de fazer livres interpretações;

c) portanto, permite-nos fazer uma releitura da progressiva entrada *bottom up* (de baixo para cima) dos níveis corporais em relação às fases correspondentes;

d) planejar cada intervenção terapêutica nos níveis corporais, que podem ser comparados a **apartamentos** do edifício da personalidade, com precisão tridimensional.

Dessa forma, a mente do Si também pode ser lida, na sua auto-organização, como uma soma das mentes de traço, estratificadas e conectadas entre elas. Essas mentes do Si nos mostra os pensamentos típicos dos traços da nossa subjetividade, e também dialogam com as relações intercorporais e intersubjetivas, determinando-as.

Com essa conexão fundamental, introduzimos algumas características dos principais **traços de caráter**, destacando que cada um de nós é um conjunto de traços, que expressam toda a nossa história biológica-biográfica e que permite uma grande possibilidade de combinações.

Nesse contexto, acho interessante citar Shakespeare (1601): "Há mais coisas no céu e na terra, Horácio, do que as que são sonhadas na sua filosofia" (*"There are more things in heaven and earth, Horatio, than are dreamt of in your philosophy"* (*Hamlet*, Ato 1, Cena 5). Essas palavras são o testemunho de que o nosso modelo de pesquisa é aberto e neguentrópico, longe do risco próprio dos sistemas fechados, aqueles que tendem para paranoia e para o colapso da vida, indo para a entropia.

Distinguimos seis traços de caráter que são fundamentais e também muitas derivações **subtípicas**. Tais traços de caráter se estruturam em função do sinal gravado, das fases evolutivas em que ocorreram e de como foram realizadas as passagens de fase e de campo, da específica relação objetal com o Outro de Si naquele tempo de fase, e das impressões fixadas anteriormente.

A seguir, citamos os seis traços de caráter fundamentais:

1. **TRAÇO INTRAUTERINO:** fixação prevalente nas fases intrauterinas;

2. **TRAÇO ORAL:** fixação prevalente na fase oro-labial;

3. **TRAÇO COMPRIMIDO MUSCULAR:** fixação prevalente na fase muscular;

4. **TRAÇO FÁLICO:** fixação prevalente na primeira fase gênito-ocular;

5. **TRAÇO HISTÉRICO:** fixação prevalente na 1ª fase gênito-ocular;

6. **TRAÇO GENITAL:** fixação prevalente na 2ª fase gênito-ocular.

A seguir, faremos algumas considerações preliminares.

Para estruturar um traço, é necessário ter uma organização significativa dos padrões relacionais com o Outro de Si. Falamos, por exemplo, de traço intrauterino quando o Si tem uma densidade de relação objetal primária (nossa **matriz**) média ou alta, que o permita. O nível que está envolvido é o sexto.

As densidades da relação objetal primária, baixas ou baixíssimas, definem uma patologia, e não um traço de caráter: um distúrbio *borderline* ou um distúrbio psicótico.

A descrição e a individuação do traço intrauterino é uma novidade importante no panorama da literatura, que foi trazida pelo código neguentrópico-sistêmico. Como nos aspectos fóbicos além dos limites (que definem um sintoma), o traço intrauterino é comparado por algumas pessoas com o distúrbio de personalidade ansiosa do CID 10 (Classificação Internacional de Doenças) e ao distúrbio evitante de personalidade do DSM 5 (*Diagnostic and Statistical Manual of Mental Disorders*).

Uma alta densidade de relação objetal primária intrauterina pode ser a base para a hipertimia que, se for *imprintada* de sinais gravados ameaçadores-castrantes ou apoiados por projetos maternos narcisistas, poderá se tornar a matriz de eixos masoquistas-narcisistas além dos limites (sintomas).

Examinaremos os seis traços fundamentais de caráter:

O traço intrauterino é uma estrutura leve e ágil, mas com fortes estados de alarme ou de grande vigilância, que causam contrações reativas e enrijecimentos agudos e de alta sensibilidade. Essas reações serão temporárias caso se situem num ambiente acolhedor e numa atmosfera de aceitação, porque o alarme desse traço, proveniente da amígdala, é excepcionalmente sensível aos sinais de inclusão afetiva emanada pelo giro anterior do cíngulo do Outro de Si. É o esquema fractal de ser incluído e aceito que informa a relação prototípica desse traço. É um esquema que mascara o medo de ser cercado e permanecer dentro, impedido de sair, em um ambiente entrópico, o que mascara a angústia de morte, de exclusão ou de separação. E, além disso, faz a remoção da agressividade, principalmente na relação diádica, pela necessidade de permanecer próximo ao outro, que é um efeito produzido por esse traço.

O traço intrauterino é uma estrutura permeável e sensorialmente extraordinária. Ela capta as atmosferas circundantes com uma rapidez e uma precisão quase subliminar. E, sendo leve, não pode se tornar pesada e imobilizar-se, e por isso evita e fareja qualquer tipo de **armadilha**, deixando sempre uma porta aberta nos fundos.

Do ponto de vista psicodinâmico, a fixação do traço intrauterino é claramente pré-muscular. E assim sendo, não pode retirar grandes quantidades de energia da sua estrutura e organização e por isso evita **confronto**, deslizando para a evitação como um mecanismo de proteção prevalente.

O traço intrauterino tem muita facilidade de emitir **sinais infantis**, os quais têm uma função precisa: inibir a agressividade do Outro de Si e a busca de aceitação e inclusão afetiva, que são fundamentais para o seu crescimento.

O traço intrauterino se encontrou com o medo muito precocemente, e disso tem uma grande experiência e memória implícita na amígdala. Por esse motivo, o medo, que é uma extraordinária expressão da inteligência da vida, apoiada pelas outras inteligências sensoriais emitidas por esse traço, por um lado, desenvolverá uma inteligência cognitiva-ocular, com o objetivo de ter um maior controle e um maior relaxamento. Por outro lado, desenvolverá uma inteligência cinética-motora com o objetivo de manter sempre uma distância de segurança.

Como todas as estruturas ágeis, o traço intrauterino é capaz de meta-comunicar-se e de manter uma posição de distância sustentável.

O traço oral é outra estrutura pré-muscular e por isso mesmo é muito sensível. E também é permeável, sugestionável e tem um Ego vulnerável. A sua fraca estruturação-organização implica um constante sentimento de fadiga e impossibilidade de aguentar períodos de tensões prolongadas.

De uma perspectiva psicodinâmica, é a fixação na fase oro-labial que determina um traço oral. O nível que está mais envolvido é o segundo, boca. Fazemos uma distinção entre o traço oral típico, que descreveremos, e dois subtipos (de deficiência e de excesso), que são terrenos pré-clínicos, respectivamente, para distúrbios depressivos orais secundários e para distúrbios neuróticos de angústia.

Na literatura psicodinâmica existem sinônimos de oralidade como, por exemplo, depressão ou masoquismo, mas nós os consideramos impróprios.

O traço oral não é tão alarmado como o traço intrauterino e não tem os mesmos mecanismos de proteção articulados com a agilidade motora-mental. Ele tem uma economia energética realmente insuficiente, que se manifesta em sensações de mal-estar, de mau humor e de pessimismo. O traço oral tem um tônus bastante diminuído, que se reflete no sistema muscular, na voz e na lentidão dos movimentos.

O traço oral também armazena muita raiva, que ele guarda. Não consegue manifestar essa raiva, a não ser em manifestações sádicas-orais, o que agrava o seu balanço econômico: na verdade, ele é muito dependente do Outro de Si e numa relação autêntica afundaria em uma separação insustentável.

Na verdade, a dependência é o tema principal do traço oral, que em alguns aspectos, na sua dimensão patológica, é comparável ao distúrbio dependente de personalidade que é descrito no CID10 e no DSM 5. Ele tem uma baixa opinião do Si, e pode muitas vezes manifestar sentimentos de inveja e tornar-se vítima dela.

Essa pessoa tem necessidade de ser continuamente apoiada, até nos mínimos movimentos da sua vida. A sua economia tende ao imobilismo e a ficar totalmente parada, esperando que a qualquer momento aconteça alguma mudança fantástica ou fatal. É uma pessoa que pode facilmente ser atacada pela angústia e pela falta de ar. Às vezes tenta pequenas reações de organização, mas, como não tem experiências de **impressões** estruturantes de segundo campo, não consegue sustentá-las e recai no traço oral. A sua luta pela vida é realmente muito difícil.

É frequente também que essa pessoa se refugie na fantasia narcisista e afirmativa de compensação. Mas, na verdade, **a problemática da mãe** a afeta, a captura e é um obstáculo na sua evolução-crescimento, e acaba fixando-a em uma oralidade crônica.

Às vezes há uma infiltração de uma reação de força nesse traço que produz euforia, verborragia, hiperalimentação e vaidade de poder.

O **poder**, num sentido mais amplo, é sempre um mecanismo de reação da área oral; é quantitativo e pertence ao terreno do ter: **eu tenho, portanto, eu sou**. A potência é qualitativa e pertence à faixa do ser, **eu sou**, e tem uma evolução neguentrópica muito mais alta na organização do Si.

A necessidade de poder é a necessidade de ter, e não é o desejo de ser, é **eu tenho,** e não é **eu sou**, o que que representa direções totalmente contrárias aos fluxos expressivos de um Si na relação com o Outro. São pessoas que tiveram uma grave deficiência oral e tentam compensá-la.

As batalhas de contra-ataques que surgem dos seus comportamentos são apenas aparentemente fálicas, na realidade são incorporações orais-reativas.

A diferença entre o poder e a potência, entre ter e ser, remete-nos à mesma diferença que ocorre entre o autoritarismo e a autoridade.

Traço muscular: aqui nos aproximamos da musculatura estriada, da estruturação-organização apoiada pela **piramidalidade**. Entramos na situação do risco de desenvolver uma **armadura**.

De fato, com o desenvolvimento da musculatura estriada, o indivíduo deixa o primeiro campo mãe-seio e passa da alimentação por sucção para uma alimentação por mastigação.

Na flecha do tempo, a primeira parte do estágio evolutivo muscular se coloca a partir do desmame (aproximadamente de 6 a 8 meses de idade), e vai até o controle dos esfíncteres (que geralmente se adquire por volta de 18 meses).

A primeira parte da fase muscular, aquela que usa o segundo nível corporal, a boca, na nossa opinião, alcança a fase sádica-oral, como é entendida na clássica literatura psicanalítica, porque, na verdade, não existe sadismo sem a musculatura estriada.

A segunda parte da fase evolutiva muscular vai desde a conquista do controle dos esfíncteres até a dimensão pré-fálica (por volta dos 36 meses de idade). Esse período muscular é caracterizado pelo domínio do quarto nível corporal, tórax. De fato, toda essa progressão evolutiva necessita da respiração torácica (quarto nível corporal).

Em resumo, a entrada e a saída da fase muscular estriada, quer dizer, a viagem que vai da evacuação até a retenção, envolve dois níveis corporais, o segundo, boca, e principalmente o quarto nível, tórax-braços.

Os músculos estriados têm a função de **ir na direção de**, de sair para o mundo, de ir para além da dupla diádica e de superar o chamado atrativo do primeiro campo Mãe. Lembremos que a capacidade energética expressada pela musculatura lisa com relação à musculatura estriada é de 1:300. Isso significa que um músculo estriado tem uma capacidade trezentas vezes maior de mover energia.

Tudo isso necessita progressivamente de uma respiração torácica (quarto nível corporal).

Essa extraordinária reorganização se torna possível pelo domínio simultâneo do quarto nível torácico, que responde e dá sustentação à necessidade energética do desenvolvimento que acontece durante o estágio evolutivo muscular.

Portanto, os subtipos caracterológicos que individuamos são: os **comprimidos musculares** com fixação muscular (quarto nível corporal) que descreveremos. O "sadismo anal ativo e de retenção", para dizer como Abraham (1975). E o "passivo feminino, com fixação muscular" (segundo nível corporal), com sadismo oral ativo e de evacuação, para mais uma vez falar como Abraham (1975).

CARÁTER & PSICOPATOLOGIA

O traço comprimido muscular, é o emblema da couraça. Os subsistemas que compõem este Si estão desequilibrados no sentido do hipertônus, **fixados** no excesso de solidificação. Portanto, é um Si com o campo fechado, muitas vezes inacessível e impenetrável. É uma estrutura pesada. Tem os limites muito mais fechados do que seria necessário. Na verdade, tem uma compressão-opressão de todo o campo e uma falta de expansão-afirmação.

Esse quadro é especialmente evidente no modo desajeitado dos **hábitos corporais**, na ausência de movimentos naturais e rítmicos, na imobilidade dos gestos, na impermeabilidade ao ambiente, mesmo quando este é acolhedor e relaxante.

A grande compressão crônica e estruturada contém uma troca-circuito relacional com um mundo filtrado por um rígido controle. É equivalente a uma arquitetura de hábito mental que repousa no medo de perder o controle e na compressão premente da agressividade.

A ordem, que por si só é normalmente uma coisa muito boa, nesse traço escorrega facilmente para a patologia do hiper, e então até as mínimas mudanças de qualquer equilíbrio induzem ao desconforto, e assim a criatividade com as suas rachaduras imprevisíveis é castrada, e a improvisação e a agilidade estão ausentes.

Assim se forma o terreno para a obsessão que, com a sua inteligência apenas linear e não circular, leva-a a ser infinitamente meticulosa, mesmo sobre questões secundárias, e não distingue o verdadeiro valor das coisas.

Esse Si, retido pela grande contração, somente pode reproduzir a retenção hiper sistematizada (por exemplo, coleções variadas, avareza, acúmulo de dinheiro apenas por acumular), com comportamentos estereotipados e automatizados.

A sua rigidez hipertônica, inclusive no nível muscular corporal, induz à paralisia na ação, a um consumo anormal de energia no nível mental, ou melhor, uma ruminação, sendo inundado pelo peso da dúvida.

Esse traço pode se originar a partir de uma figura de segundo campo opressiva e castrante, normalmente do mesmo sexo.

Essa figura pode também induzir a outros padrões que podem variar desde a desconfiança ao autocontrole altamente acentuado, vindo do bloqueio hipertônico, principalmente do terceiro e do quarto níveis corporais e, secundariamente, do quinto nível corporal, podendo chegar até a uma dissociação fria-emotiva-afetiva pelo Outro de Si.

O traço muscular comprimido é o terreno pré-clínico para a neurose obsessiva pura e fria e também para a paranoia.

Em alguns outros aspectos, esse traço, muscular comprimido, é comparável ao distúrbio obsessivo compulsivo de personalidade do DSM 5 e ainda mais próximo e comparável ao distúrbio anancástico de personalidade do CID 10.

Após as fases oral e anal, Freud falou da fase fálica. Durante essa fase, diferentemente da futura organização genital da puberdade (Laplanche & Pontalis, 1973), a criança do sexo masculino ou feminino só conhece um órgão genital, o órgão masculino. A dupla de opostos atividade-passividade predomina na fase anal e é transformada na dupla fálica-castrada na fase fálica. Somente na puberdade se tornará a dupla masculinidade-feminilidade, que não estarão mais em oposição, pois com a puberdade chega a genitalidade.

Na nossa visão, consideramos que estamos falando da primeira fase gênito-ocular e não concordamos com **um único órgão genital masculino**, como já foi implicitamente mencionado anteriormente.

As duas principais fixações, que são expressas nessa primeira fase gênito-ocular, são exatamente o traço fálico e o traço histérico.

Os níveis corporais nos ajudam a esclarecer essas fixações de fase e os seus respectivos traços. Na primeira fase gênito-ocular encontramos o traço fálico, especialmente no terceiro nível corporal (pescoço), e encontramos o traço histérico especialmente no quinto nível corporal (diafragma). Esses traços estão organizados sucessivamente na flecha do tempo evolutivo, e esses serão dois possíveis candidatos à genitalidade na puberdade. Na segunda fase gênito-ocular, da puberdade em diante, encontramos o traço genital no sétimo nível corporal (pélvis) e no primeiro nível corporal (olhos).

Faremos a seguir uma reflexão estatística e uma hipótese etiopatogênica: poderia a maior presença de traços fálicos no gênero masculino e de traços histéricos no gênero feminino corresponder ao fato de que, ao longo da flecha do tempo evolutivo, o gênero masculino encontra objetos parciais (útero, seio e objeto de amor-mãe na cena edipiana) que sempre pertencem à mesma figura parental? No caso do gênero feminino, essa afirmação não é verdadeira no sentido em que o feminino, embora também encontre os mesmos objetos parciais maternos, encontrará também, na mesma fase, a figura paterna como objeto de amor, na cena edipiana, do primeiro estágio gênito-ocular.

O traço fálico é uma estrutura pesada, mas bem menos pesada do que a do traço muscular comprimido. É mais aberto e tem uma estrutura mais funcional pelo fato de estar fixado em um estágio evolutivo (primeira fase gênito-ocular) na qual enfrentou a comparação com algumas conquistas-afirmações.

O **traço fálico** tem uma identificação verdadeira com o falo, que o leva a uma proposição narcisista de si mesmo e do seu ego.

Podemos distinguir duas categorias de fálicos.

A primeira categoria pertence àqueles que surgem do projeto ideal de falo da mãe, que é realizado no filho, simultaneamente com a ausência do pai ou com um pai periférico e desqualificado. Seus traços fálicos nunca puderam ser comparados e nem confrontados com o falo paterno. E, na medida em que esses traços expressam o projeto materno, podemos facilmente reconhecer neles um traço oral reativo, que é o resultado da depressão reativa da mãe. O terceiro nível corporal (pescoço) desse tipo de fálico se apoia sobre o segundo e sexto níveis corporais (níveis das áreas orais), o que indica que esses traços derivam da dinâmica materna, de uma mãe líder da família. Sob o ponto de vista relacional, a ausência de confronto com um falo paterno os torna desinibidamente fálicos e onipotentes, sem nenhuma humildade. Nessa medida, essas pessoas são candidatas à liderança reativa, alternativa, inovadora e também, frequentemente, sem sintonia com o sistema dominante.

Na segunda categoria de fálicos estão aqueles que vêm de um campo familiar em que o pai é líder do casal. São pessoas mais afirmativas, mais estruturadas, mais sistematizadas e mais afetivas. Essas pessoas puderam vivenciar a comparação com o pai. Tiveram uma aceitação paterna suficientemente boa e uma identificação na aliança com o reconhecimento paterno contínuo. juntamente ao reconhecimento paterno contínuo. Seu terceiro nível (pescoço) se apoia sobre o quarto nível (tórax). Tiveram um campo familiar onde o líder era do mesmo sexo.

Esses são os que têm a potencialidade para serem verdadeiros líderes de associações, de grupos ou de outros tipos de organizações e frequentemente estão em sintonia com o sistema dominante.

Se a aliança com o pai não for formada, muitas direções serão possíveis.

Lembremos que a pessoa que não conseguiu fazer uma aliança com o pai poderá experimentar uma castração numa posição comprimida, um campo de muita opressão e compressão. Em consequência, poderá ter movimentos de parricídio ou uma contínua tentativa nessa direção. Isso ocorre através de uma autoproposição, que é de fato um movimento simétrico e destrutivo, o qual bloqueia a possibilidade de evolução e faz com que a compressão de movimentos, a condição de se sentir comprimido, mantenha-se e se repita continuamente.

Em ambas as categorias de fálicos, estamos frente a pessoas encouraçadas no sentido do hipertônus, com boa carga de energia. No campo social, muitas vezes são pessoas importantes e realizadoras.

E em ambos os casos, as relações, que sempre são baseadas e definidas no seu **como**, seguem uma linha de agressividade-ataque e, como tal, gozam de uma boa afirmação espacial no mundo.

O *feedback* (resposta) geralmente positivo do mundo reforça a posição fálica-narcisista e, dessa forma, o circuito se configura e se perpetua.

Para esclarecer melhor as deficiências da posição fálica, vamos examiná-las e ver o que elas se tornam quando são hipertrofiadas. O fálico facilmente cai na presunção, arrogância e nos comportamentos sádicos, desdenhosos, que constituem exibições ostensivas do sentimento de superioridade, em uma eterna celebração de si mesmo.

A libido tem grande investimento e é consumida em altas doses para atingir o falo ideal, que constitui a única perfeição mítica para essa pessoa, a qual é fortemente influenciada por um superego incorporado de fortes valores persecutórios.

A armadilha narcisista impera, e nela reina **uma constante ereção de esforço** que são oportunidades para depressão. O grande fantasma é a impotência-passividade, e há a necessidade de demonstrar continuamente a própria grandeza-dureza-tamanho, tanto que o ato de amor no homem é sempre **penetrar-perfurar,** e na mulher é a vingança genital e a castração.

Considerando os aspectos motor e mental, encontramos um ativismo atlético, decisões que quase sempre são duras e drásticas, intervencionismo em larga escala em todos os campos relacionais, e uma facilidade para o encontro-confronto que, muitas vezes, levam ao rompimento dos relacionamentos. Os grandes medos de separação, relativos aos níveis corporais diafragmático-oral-visceral (quinto, segundo e sexto níveis) são envolvidos, configurando-se uma hipertonia nos outros níveis, emblematicamente destacados em um **pescoço ereto e endurecido.**

Enfim, devemos ressaltar a dificuldade que essas pessoas têm de pedir alguma coisa. Necessitar não é um verbo que elas usam! A dependência oral é realmente intolerável para elas. Frequentemente são *self made men*, pessoas que conseguiram grandes realizações por si mesmas, sozinhas sob certo ponto de vista. Existe aqui uma grande remoção de sua necessidade oral? Sim, frequentemente existe. O fálico do primeiro tipo é mais comparável, em alguns aspectos, ao distúrbio narcisista de personalidade do DSM 5.

Essa cena psicodinâmica descrita, sobre um fálico masculino, é idêntica para uma fálica feminina, por exemplo uma filha que tenha uma mãe que seja a líder do casal.

O **traço histérico** tem uma fixação prevalente que o define: a relação genital incestuosa na primeira fase gênito-ocular, e especificamente no Édipo.

É um Si com uma densidade média-alta e não se trata de um tipo de estrutura simples e transparente. Entendemos que a **impressão** determinante genital-incestuosa edípica **grava** o nível corporal diafragmático (quinto nível) e determina uma prevalência dessa área, naquela pulsação dinâmica entre o primeiro nível corporal, olhos, e o sétimo nível corporal, pélvis.

Identificar o local da impressão gravada prevalente desse traço de tantas facetas no quinto nível corporal, o diafragma, é, na verdade, a chave de leitura para os múltiplos aspectos do traço histérico. Essa localização nos ajuda a entender a sua dificuldade em estar sobre o tórax-pescoço-olhos (quarto, terceiro e primeiro níveis corporais). Explica também a sua pouca capacidade de se estruturar-organizar. O traço histérico tem pouca tendência para a realização intelectual e é facilmente sugestionável. Também está sujeito a frequentes mudanças de humor e de pensamento, além de uma instabilidade nas ações e nos projetos de vida. Tem uma tendência em direção ao mito, à magia, à fantasia. Tem grande plasticidade em se identificar e se desidentificar com o outro. Ele vai desde uma grande dificuldade em aceitar uma definição estável de si mesmo, e pode até entrar em uma recitação do teatro da vida, ou em um jogo súbito e inesperado de desapontamento e euforia.

A **impressão determinante** genital-incestuosa também determina uma notável agilidade sexual, corporal, que é bem evidente nos movimentos da pélvis e que se expressa em uma coqueteria egocêntrica difusa e em uma fácil excitabilidade de campo.

Para algumas versões, o traço histérico é comparável ao distúrbio histriônico de personalidade do DSM 5 e do CID 10.

Na verdade, esse traço **puro** não existe e, mais frequentemente do que outros traços, está acompanhado por outras cofixações, as quais tipificam de modos diferentes o seu comportamento, inclusive o sexual.

A seguir, apresentamos alguns exemplos de combinações simples:

- a presença de um traço oral (quinto e segundo níveis corporais envolvidos) define uma situação em que a pessoa pode facilmente cair na angústia causada pela estase da libido não expressa. E se houver também uma infiltração de reatividade, poderá causar um verdadeiro e exato consumismo sexual.

- a presença de um traço hipertônico comprimido (quinto e quarto níveis corporais envolvidos) induz a uma condição paradoxal, feita de emanações de uma aura de franca sexualidade e ao mesmo tempo de controle não consciente e pudico de si mesmo. Essa mensagem de duplo sentido é muito atraente para o Outro de Si e, de modo especial, atrai a agressividade do fálico.

- a possível presença de um traço fálico (quinto e terceiro níveis corporais envolvidos) torna a sexualidade histérica numa sexualidade provocadora, sempre competitiva e pronta para escaladas simétricas com o objeto de amor, correndo o risco de escorregar na destruição passional/narcisista.

- a presença de um traço intrauterino (quinto e sexto níveis corporais envolvidos) combina a agilidade sexual corporal, incestuosidade e grande alarme, os quais produzem aquele jogo muito particular de contato-fuga do objeto de amor.

Em um nível relacional, essa dupla valência é responsável por uma possível dinâmica de triangulação. Uma pessoa com um traço histérico-intrauterino vive o seu cotidiano com um parceiro que funciona como um eixo estruturador, estável e antifóbico, e com outro parceiro mítico e necessariamente distante, vive a fantasia do grande amor e do erotismo. Estar com um parceiro estruturado é importante para ela, para sua organização, sua economia energética. No entanto, quando está nessa relação, seus aspectos depressivos podem levá-la à triangulação. Na verdade, sua aproximação da pessoa estruturada se deve fundamentalmente à sua necessidade de estruturar-se, organizar-se.

Uma observação final: a combinação de agilidade, alarme, incesto e quociente intelectual muito elevado pode fazer do histérico intrauterino aquilo que Baker (1973) chama de histérico intelectual (quinto, sexto e primeiro níveis corporais envolvidos).

O caráter genital é, antes de tudo, um modelo de referência e a razão disso está no fato de que ele deveria ter uma fixação estável na segunda fase gênito-ocular, em uma estratificação de fases evolutivas saudáveis precedentes. Por isso nos parece oportuno ilustrá-lo mencionando algumas passagens de W. Reich (1973):

> ... o caráter genital sofre a influência de uma contínua alternação entre a tensão libidinosa e a adequada satisfação da libido, portanto dispõe de uma ordenada economia de libido ... a supremacia genital e a potência orgástica garantem, por si só, uma economia ordenada pela libido... o caráter genital tem um modo de andar elástico e firme, um jeito acolhedor, direto e franco, tem um olhar claro e brilhante e uma voz quente. Ele é ativo e eficaz sem ser agitado, pensa sobre os problemas com objetividade e realismo e se esforça para achar soluções racionais para eles... mesmo que os sentimentos de culpa não o atinjam muito, ele conhece a angústia e a inquietude, pois é sensível à riqueza, à complexidade, às dificuldades da realidade, a qual ele enfrenta com um espírito crítico e criador, ... ele é fraterno com seus amigos, ama a sua mulher... qualquer lei autoritária e repressiva lhe causa repugnância, e não reconhece uma autoridade que não esteja fundada sobre a razão, ou valor que não esteja em harmonia com o princípio da autorregulação... estabelecendo a supremacia da inteligência sobre a circulação livre e viva da energia libidinal, ele se opõe com argumentos racionais e precisos, alimentados por uma curiosidade sempre alerta com relação a cada iniciativa de misticismo, de mecanicismo, de demagogia, de raiva destrutiva, e no seu dia-a-dia suporta tudo que favorece a liberdade, o amor e a alegria de viver sem exibicionismo... a sua plenitude orgástica e a remoção moderada das motivações pré-genitais e incestuosas alimentam, espontaneamente, as sublimações criadoras... sociabilidade aberta e positiva, vida cultural intensa, autonomia, racionalidade, realismo etc. (p.241).

Na análise reichiana contemporânea, a genitalidade é um estado de plena consciência do próprio Si, é um momento dinâmico de equilíbrio feito de alternâncias harmônicas de zonas prevalentes do Si, olhos-genitais (do primeiro ao sétimo níveis corporais), com pulsações (expansão-contração) que também tendem para a harmonia com o próprio Outro de Si.

Níveis Corporais

A palavra emoção e o seu significado literal de **movimento que expressa** nos conduz e nos introduz à definição de nível corporal (ou segmento Reichiano): "O conjunto dos órgãos ou daqueles grupos de músculos que estão em contato funcional entre si, e que são capazes de induzir reciprocamente a realizar um movimento expressivo-emocional" (Reich, 2010, p.158).

Reich pontuou sete níveis no organismo humano, individualmente distintos e autônomos, linearmente justapostos e estratificados horizontalmente desde a cabeça até a pélvis, e perpendicularmente com relação à verticalidade da coluna vertebral. Assim, resumindo de forma muito elementar e bidimensional, podemos distinguir:

1º nível corporal – olhos, ouvidos, nariz

2º nível corporal – boca

3º nível corporal – pescoço

4º nível corporal – tórax, braços

5º nível corporal – diafragma

6º nível corporal – abdome, área umbilical

7º nível corporal – pélvis, pernas

Níveis Corporais Relacionais

Em 1983, os níveis corporais foram, pela primeira vez, interpretados como sendo níveis corporais relacionais. Esse evento aconteceu em um congresso em Valência, na Escola Europeia de Orgonoterapia (SEOR), num debate animado e acalorado entre Federico Navarro e Genovino Ferri. O tema estudado era a respeito de quais níveis corporais estariam envolvidos na psicose. Ali, Navarro e Ferri concluíram que a origem da psicose estava localizada no sexto nível corporal, e não no primeiro, como se pensava até então. A partir desse evento, entendemos que os níveis corporais são os locais no corpo que carregam as impressões e os sinais gravados das relações objetais.

Os níveis corporais são os primeiros receptores da relação do Si com o Outro de Si. São as áreas de ressonância das experiências emocionais do **lá e então**, e são a interface periférica das fases evolutivas percorridas, fases estas que chegam com pontualidade às suas sucessivas dominâncias ao longo do tempo.

Em uma leitura complexa, os níveis corporais relacionais se apresentam para nós e nos contam, numa visão tridimensional e *bottom up*, a nossa história relacional ontogenética, estratificada e gravada no nosso corpo. Eles nos dão uma visão clara não apenas do fenômeno psíquico, mas também da sua expressividade física.

Portanto, propomos uma *gestalt* diferente desses níveis corporais, colocando-os em sequência no devir da flecha do tempo neguentrópico, e tirando proveito do princípio que faz do nível corporal a expressão periférica de uma determinada fase evolutiva que esteja se processando e das áreas cerebrais dos três cérebros envolvidas (vide Capítulo 10).

Desse modo, temos uma sequência diferente dos níveis corporais relacionais, a partir de onde a vida se inicia:

No 6º nível corporal – abdome e área umbilical;

Vai ao 2º nível corporal – boca;

Vai ao 4º nível corporal – tórax, braços;

Vai ao 3º nível corporal – pescoço;

Vai ao 5º nível corporal – diafragma;

Vai ao 7º nível corporal – pélvis, pernas;

Vai ao 1º nível corporal – olhos, ouvidos, nariz.

Portanto, um nível corporal com dominância funcional correspondente à fase dominante naquele tempo evolutivo da história daquela pessoa.

Figura 1

Os Níveis Corporais Relacionais

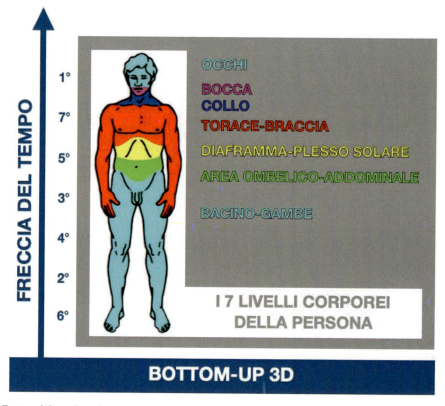

Fonte: elaborado pelos autores

Nota tradutória:

Flecha do Tempo; Olhos; Boca; Pescoço; Tórax-Braços; Diafragma-Plexo Solar; Área Umbilical-Abdominal; Pélvis-Pernas – Os 7 níveis corporais de uma pessoa

Capítulo 9

SADISMO, MASOQUISMO, NARCISISMO

O termo sadismo entrou em uso no mundo psicanalítico graças às obras de Kraft-Ebing e de Havelock Ellis, que pretendiam usá-lo para descrever uma perversão sexual precisa na qual o sujeito obtém prazer ao infligir sofrimento ou humilhação aos outros. Na escola freudiana clássica, o Sadismo, que é o primeiro nome dado a um par fundamental de opostos, os quais são difíceis de separar, indica uma combinação precisa de "sexualidade e violência que é exercida sobre os outros" (Laplanch & Pontalis, 1973, p.137).

Enquanto o masoquismo, ao contrário, parece ter características opostas às do sadismo: o prazer está ligado ao sofrimento ou à humilhação que se recebe dos outros. Também nesse caso devemos a Kraft & Ebing a primeira descrição detalhada dessa forma de perversão.

Na literatura freudiana, o masoquismo assume vários significados, nem sempre lineares e que muitas vezes estão sobrepostos. Há um masoquismo primário, no qual a pulsão de morte e a libido ainda formam um conjunto unificado. Existe o masoquismo secundário, no qual a pulsão dirigida ao outro se torna dirigida para si mesmo. Existe um masoquismo erógeno, no qual a dor se torna uma metapulsional e o prazer é derivado da sensação de dor. Existe uma forma feminina de masoquismo, em que a pessoa se organiza em torno dos componentes passivos presentes que existem em cada um de nós. Finalmente, há também uma forma moral de masoquismo em que o papel principal é desempenhado por um sentimento de culpa sem prazer sexual, mas que ainda, numa observação mais profunda, revela o seu caráter fundamentalmente sexual na medida em que os sentimentos inconscientes de culpa estão ligados aos desejos edipianos (Bieber, 1960).

Na visão de Freud, foram destacados tanto a origem instintiva quanto a funcionalidade adaptativa do masoquismo.

Nas formulações psicanalíticas foi enfatizado o momento pulsional, embora Wilhelm Reich tenha sido o primeiro a descartar esta hipótese. Em *Análise do Caráter*, Reich afirma: "A modificação do conceito de masoquismo também implica automaticamente uma mudança na fórmula etiológica das neuroses" (Reich, 1973, p.269).

A ideia original de Freud era que o desenvolvimento psíquico seria o resultado de um confronto contínuo entre o instinto e o mundo externo. Mais tarde, em vez disso, Freud acreditou que o conflito psíquico era o resultado de um conflito entre Eros (libido sexual) e instinto de morte (instinto de autodestruição, masoquismo primário). O ponto de partida clínico para essa hipótese dúbia foi o fato característico de certos pacientes parecerem não querer parar de sofrer e continuarem buscando situações dolorosas. Isso estava em contradição com o princípio do prazer. Parecia que havia uma intenção oculta e profunda, que os impulsionava ao sofrimento e a experimentá-lo novamente. Era preciso questionar se essa **vontade de sofrer** era uma tendência biológica ou uma formação psíquica secundária.

No conceito reichiano há, antes de tudo, a hipótese de que o masoquismo é uma estrutura essencialmente reativa e defensiva (não há o instinto de morte), que implicaria o princípio do menor dano,

> . . . uma manobra direta e adaptativa para punir qualquer pessoa que tivesse decepcionado o paciente em suas exigências de afeto durante a sua infância. Reich acreditava que o masoquista tinha uma necessidade excessiva de amor, baseada no medo de ser deixado sozinho, um medo intensamente vivido na primeira infância. Reich também observou que o masoquista tinha medo de estar muito em evidência

> . . . A contribuição de Reich para a compreensão do masoquismo foi importante na medida em que destacou seu uso adaptativo e defensivo. (Bieber, 1960)

Devemos notar que na maioria das vezes o termo utilizado é sado-masoquismo, que além de chamar a atenção para o aspecto simétrico e para a complementariedade existente nessas duas perversões, também indica o vínculo firme em termos de copresença entre os dois distúrbios. Isso sublinha sua interação, que não é apenas dialética, mas também estrutural.

O narcisismo, cujo nome deriva do mito de Narciso, é usado na psicanálise para expressar o amor da pessoa por sua própria imagem. Certamente é um dos conceitos mais vagos e mais difíceis de se interpretar entre os conceitos freudianos. Em contraste com a simplicidade do mito de Narciso, é também um dos conceitos mais **técnicos**. Inclusive porque, nesse caso, foi o próprio Freud que nos disse que Havelock Ellis fora o primeiro a falar desse conceito. Ele, porém, introduziu o termo **narcisoide** em 1898, para designar um modo de psicológico de ser, enquanto Paul Nacke foi quem usou o termo **narcisismo**, pela primeira vez, para novamente indicar uma perversão sexual (Nagera, 1973).

O narcisismo foi diferenciado por Freud em primário e secundário. O conceito de narcisismo primário é exemplificado pelo sono e pelas condições da vida intrauterina, caracterizada pela falta de separação entre o Eu e o Id e pela total ausência de relações objetais. Por sua vez, o narcisismo secundário é funcional para o processo de crescimento do Ego, mas de natureza essencialmente regressiva.

A importância do conceito de narcisismo, primário e secundário, dentro na psicanálise, está no fato de que ambos eram vistos como conectados com a gênese da esquizofrenia ou da paranoia. O narcisismo primário designaria o **estado primitivo de autoinvestimento da libido na infância**, enquanto o narcisismo secundário indicaria seu afastamento dos objetos para voltar-se para o Eu.

Nós acreditamos que nas condições da vida intrauterina deve estar presente uma relação objetal e, além disso, fundamentamos parte de nossa teoria no fato de existir essa relação primária com o objeto parcial útero.

O masoquismo e o sadismo, na nossa opinião, não têm a conotação primária de perversão sexual, ou seja, de comportamento agressivo para com o próprio Eu, nem de prazer proveniente do sofrimento infligido aos outros. Em vez disso, eles assumem o significado de estruturas energéticas de estados-ordens, e com isso, ambos, o masoquismo e o sadismo, recuperam a identidade reichiana, na noção de uma função defensiva e adaptativa.

Os aspectos comportamentais adultos de violência hétero ou autodirigida são consequências de situações que podem ocorrer em certas fases, através de certos mecanismos de formação e não implicam organização regressiva da personalidade ou de passividade homossexual.

Assim, de acordo com o nosso código, o narcisismo também perde o seu valor negativo como exclusivamente um fator determinante psicopatológico e assume outras conotações.

Sadismo, masoquismo e narcisismo são estados e ordens energéticas horizontais sobre eixos verticais, no sentido da sua organização evolutiva sobre a flecha do tempo. Na verdade, são estados e ordens que estão colocados horizontalmente de modo estratificado, em todas as posições das fases, dos campos e dos níveis corporais relacionais correspondentes.

Vamos explicar melhor.

O principal fenômeno energético presente no masoquismo e no sadismo é a compressão. A diferença está no fato de que, no masoquismo, a compressão permanece comprimida, enquanto no sadismo ela se difunde para fora, através de brechas.

Esse fenômeno, que já está presente nas primeiras fases da vida, percorre a evolução ontogenética no sentido vertical, e pode atravessar todas as fases. As fases e os níveis corporais representam os planos dessa evolução, que são empilhados no sentido horizontal, e o masoquismo-sadismo atravessam esses planos verticalmente (Fig. 2).

Figura 2

Dinâmica energética do Sadismo-Masoquismo e Narcisismo

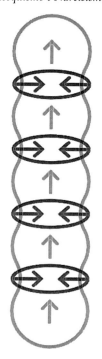

Fonte: elaborado pelos autores

Masoquismo e sadismo não são traços de caráter, mas são **posições** que sempre expressam uma função específica adaptativa do Si, que é moldada por um princípio econômico. Representam uma possível sintomatologia de fases, de traços ou de fixações prevalentes ou não prevalentes.

O que é comum aos dois é a **compressão**, a qual define uma ausência de pulsação vital do Si, causada por frustrações violentas, castrações ou separações disfuncionais, muitas vezes decorrentes de um Outro de Si com experiências de vida análogas. E é uma posição que representa um estilo de vida que é o mais econômico resultado para a experiência de vida daquele Si.

O masoquismo e o sadismo devem sempre ser lidos como formações secundárias com um **como** expressivo diferente. Para que eles ocorram, é necessária a presença de um valor médio ou alto de densidade (resiliência) da relação objetal primária do Si.

Uma relação objetal primária de densidade baixa e/ou baixíssima (resiliência) induz uma outra resposta, ou melhor, uma **não resposta**, que é sua função econômica de defesa. É um quadro psicótico; então, a violência do Outro de Si tem uma dimensão destrutiva para a frágil organização econômica de defesa adaptativa do Si.

O masoquismo primário, o masoquismo secundário, o sadismo

Nós distinguimos uma posição masoquista primária, em relação ao primeiro campo, e uma posição masoquista secundária e o sadismo, com relação ao segundo campo.

O problema do masoquista é o problema de um Si parado na expansão afirmativa pelo medo-alarme decorrente das frustrações violentas e disfuncionais, da castração, das separações sofridas, violentas e súbitas. Dessa forma, a compressão caracteriza a economia energética da pessoa. É um bloqueio ao nível central, da vitalidade, enquanto na periferia do sistema Si e nos níveis corporais envolvidos pelo tipo de masoquismo, acontece uma sobrecarga de tensão.

Desenhando essa descrição, na Figura 3 vemos que o Si masoquista permanece vital em seu centro e, na periferia, tem uma couraça baseada em tensões.

Figura 3

Masoquismo

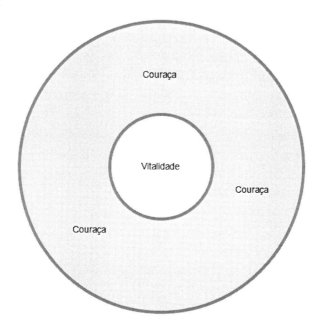

Fonte: elaborado pelos autores

A sintomatologia que o masoquismo expressa pode ser derivada dessas condições. Além do conflito neurótico entre essas duas direções energéticas da expansão e do medo, também aparecem: sensações de explosão, tonalidade baixa de humor, fadiga, déficit energético, pseudo-devoções, movimentos descoordenados, tendência a reclamar de sofrimento, lamentação, autopiedade, falta de estima e posição *down* de relacionamento, pseudo-doação, ou melhor, doação para receber algo em troca. Muitas vezes estamos lidando com pessoas **muito boas**, no fundo das quais existe um pseudo-projeto de bondade por causa da infiltração de um estado de necessidade.

Devemos ler tudo isso como um pedido afetivo, mas também como um pedido de liberação, às vezes de liberação violenta, com transferência de responsabilidade e culpa do próprio estado e sua libertação, para o Outro de Si persecutório.

Falamos de medo e alarme como sendo fatores etiopatogênicos.

Mas em que estágio?

Existem dois tipos possíveis de masoquismo primário: de alarme real (NA-Noradrenérgico) e de demanda afetiva (5HT- Serotoninérgica), que ainda é profundamente alarmante (vide Capítulo 10)

O masoquismo primário do primeiro tipo é exemplificado por um embrião-feto que experimenta um medo alarme de ameaças de aborto ou qualquer outro fato estressante no sentido mais amplo. Esse pequeno Si, quando tem boa densidade-resiliência, desenvolverá o fenômeno do masoquismo-narcisismo primário, vinculado à única direção possível de sobrevivência, por causa de uma clara lei neguentrópica-narcísica (o instinto de vida). O pequeno e alarmado embrião-feto passará energia para a mãe-útero, ele a apoiará, sustentará e protegerá, simplesmente porque a sobrevivência do Outro de Si, nesse estágio, é também a sua própria sobrevivência. Ele lutará narcisisticamente e funcionalmente para continuar com a própria vida!

Esse é um padrão de resposta obrigatória, produzida pela angústia de morte, que nesse estágio é verdadeira e não é fantasiosa, porque a dependência que o feto tem da mãe-útero é biologicamente total.

Essa reação básica e prototípica, com sua marca masoquista, reatualizar-se-á e será revisitada no aqui e agora do adulto alarmado, em todas as situações em que o Outro de Si receber a influência da projeção materna uterina.

O masoquismo primário do segundo tipo, correspondente à demanda afetiva, é evolutivamente mais avançado, porque não deriva do alarme-pânico (Locus Coerelus, Amígdala e do R-Complex), mas sim da afetividade (Giro anterior do Cíngulo e Sistema Límbico, vide Capítulo 10).

Devemos destacar a ampla possibilidade da presença de ambos os tipos de masoquismo primário no mesmo Si.

Isso pode ocorrer, por exemplo, em uma relação mãe-filho em que a criança tem uma boa densidade-resiliência, mas que teve a experiência de um alarme intrauterino, e a mãe tem uma característica melancólica-fóbica. É uma mãe que se doa, embora, na verdade, num nível mais profundo, esteja de fato pedindo, e não doando. Muitas vezes isto é feito com um **como** circular e **suave**, sedutora e com bondade, mas que, no entanto, mascara sua própria necessidade. Os resultados são obviamente constrangedores e frustrantes no campo exploratório, afirmativo e expansivo da criança, isto é, no seu *adgredior*, agressividade (no significado original da palavra, agressividade indica o movimento de **aproximar-se, iniciar o movimento**, ou de **atacar**).

De fato, uma mãe que resiste ao parto e ao desmame (o dela própria e do bebê), por problemas próprios, seus e do seu filho, estará resistindo a uma separação saudável que garantirá a chegada funcional à organização de segundo campo. A criança fará com que seja sua a necessidade que na verdade é da mãe. Essa criança desenvolverá um **como** expressivo masoquista primário de segundo tipo, sobrecarregando-se com uma pseudo-doação amplificada para a mãe, que muitas vezes é **mítica** porque ela é a mãe. A criança faz isso por causa do estilo relacional da mãe e porque ela está aparentemente em uma posição down, fatores que impedem uma agressividade direta a ela.

Numa criança, nessa situação, esse tipo de padrão energético psico-dinâmico ocorre sempre e em análise profunda responde a mecanismos moldados pelo princípio da economia narcísica.

Isto é, a criança supre a necessidade materna para que ela, a mãe, consiga também atender ao seu pedido e à sua necessidade de criança, de ser acompanhada em seu crescimento e liberada, definitivamente, para crescer. É uma pseudo-doação do bebê que, por sua vez, esconde que existe uma demanda de liberação, de separação funcional e de um crescimento saudá-vel. Em suma, é uma pseudo-doação que esconde um pedido de libertação, separação funcional e crescimento saudável. O paradoxo está em que esse tipo de dinamismo energético produz uma compulsão para ser repetido.

Quando se tornar adulto, este Si repetirá e reatualizará as respostas pseudo-doadoras masoquistas-míticas à **demanda** de um Outro de Si que seja capaz de lembrar e ressoar com suas projeções maternas.

O masoquismo secundário, com sadismo, pertence ao segundo campo (dopaminérgico). É exatamente o salto evolutivo para o segundo campo que permite, inclusive, a presença do sadismo, que é a outra possibilidade expressiva da estrutura masoquista. O sadismo é um fenômeno que espelha o masoquismo, o qual também surge da compressão induzida pela violência do Outro de Si sobre o Si.

O sadismo se torna possível pelo amadurecimento do sistema mus-cular estriado piramidal, que viabiliza a possibilidade de transferir para o Outro de Si a sua própria compressão masoquista patológica. O sadismo como uma possibilidade de expressão expansiva patológica do masoquismo, nas fases musculares e na primeira fase genital-ocular, é representado por tendências impulsivas-destrutivas de morder, cortar, desmembrar, triturar, esmagar, pisotear, bater, sacudir, perfurar, picar, mesmo que seja apenas simbolicamente.

Devemos destacar que o sadismo é exercido somente sobre um Outro de Si em posição **down** e/ou com um grau maior de masoquismo.

O masoquismo secundário e o sadismo se evidenciam nos traços comprimidos e fálicos.

À medida que nos deslocamos da fixação comprimida muscular para a fixação fálica, assistimos a uma expressão cada vez maior do sadismo em comparação com a expressão masoquista, no que diz respeito à maior abertura do campo do Si e à sua capacidade para enfrentar a castração.

Mesmo no segundo campo, família, a estreita relação entre a estrutura masoquista e sádica e o narcisismo se mostra novamente. Embora com diferentes conteúdos, proporções energéticas e diferentes fases evolutivas, o narcisismo segue sendo uma função adaptativa do Si, mesmo quando patológico, pelo princípio econômico do instinto de vida.

Devemos lembrar que o fenômeno do masoquismo-narcisismo no segundo campo pode muito bem ser expresso no Complexo de Atlas, ou seja, carregar o mundo nas próprias costas.

Na análise reichiana, é um padrão privilegiado fazer a análise do **continent**e (Reich indica isso com a sua passagem da análise dos conteúdos psicanalíticos, certamente importantes, para a análise do **continente** do caráter). Nesse contexto, propomos uma reflexão sobre o prazer masoquista e o prazer sádico: tanto um quanto o outro nada mais são do que o prazer proveniente de uma liberação patológica da compressão do Si.

No masoquista, a liberação vem através de um Outro de Si sádico persecutório externo, que rompe a **sobrecarga** de tensão do Si, possibilitando, desse modo, o afloramento da vitalidade do Si.

No sádico, a liberação vem através do próprio Si, através de brechas sobre as fases-níveis sucessivas. A sobrecarga de tensão, a compressão de sua vitalidade, é então descarregada, de forma persecutória, sobre um Outro de Si em posição **down**.

Para concluir, fica muito clara a grande economia recíproca das duas posições, em uma relação sadomasoquista.

O Narcisismo

A palavra narcisismo geralmente assume diferentes definições semânticas: do instinto de vida, do egoísmo saudável, do princípio econômico de preservação do Si, do mecanismo da formação do caráter ao prazer da contemplação da sua própria imagem-*status,* indo até o amor patológico por si mesmo, ao egoísmo, e até mesmo do retraimento psicótico à genitalidade.

No código neguentrópico-sistêmico, o narcisismo é essencialmente investir-reinvestir as suas próprias energias em seu próprio Si, tanto diretamente, usando sua própria energia, quanto indiretamente, manipulando o Outro de Si. De fato, é um **retorno de energia para si mesmo** e tornar-se o objeto principal da sua própria economia sexual (libido).

Nós interpretamos o narcisismo como uma resposta adaptativa-e-conômica de um Si com boa densidade, que se lançou em um projeto de campo excessivamente amplo, dentro de limites e territórios superiores à sua funcionalidade.

Sustentamos que essa resposta adaptativa narcísica é possível em toda a formação do caráter e, nesse sentido, representa um fenômeno vertical, o qual permeia a estratificação **horizontal** das fases e dos campos. Portanto, é tanto um sintoma específico, psicodinâmico, relacional, energético, como é também um traço prevalente.

Localizamos essa patologia narcisista na assimetria da relação Si-Mundo com o próprio Si constantemente elevado na posição *up* com o Outro de Si utilizado e posicionado como inferior na posição *down,* em um **solilóquio autocelebrativo**. Está também na proposição sistemática de si em colocar-se ou tentar colocar-se constantemente no cume do Ideal para seu próprio Si e para os Outros de Si, e na clara dissonância entre o sentir e o ser na realidade da vida. Como está no contato não relacional, na solidão e na depressão que muitas vezes acompanham esse Si, na pretensão, por vezes arrogante e desdenhosa, de ser reconhecido como sendo especial e único, embora esteja também na pretensão da pseudo-humildade de muitos detentores da verdade.

Distinguimos o narcisismo de primeiro, segundo e terceiro campos. Nesses três casos, podemos detectar duas dinâmicas reativas. Uma delas deriva do alarme do próprio Si e a outra dinâmica deriva do projeto do Outro de Si sobre este Si.

O narcisismo de primeiro campo (primário) pode ser de dois tipos.

O primeiro tipo pode surgir de um grande alarme intrauterino experimentado por um Si com boa densidade, que hiperativa, carrega e hipertrofia os sistemas de alerta-vigilância e os fixa nos padrões prevalentes de traço intrauterino.

Esses sistemas podem ser afirmativos e se tornarem eficazes na luta pela vida. Mas tendem, fatalmente, a escorregar para uma posição narcisista.

O segundo tipo de narcisismo primário é o da criança que recebe um investimento de carga energética *bottom up*, no sexto e no segundo níveis corporais, a partir de um projeto específico da mãe. E essa criança recebe também toda afirmatividade associada a esse projeto materno, e essa situação traz um provável rebote narcisista derivado dessa armadilha privilegiada.

O narcisismo de segundo campo (secundário) também pode ser de dois tipos.

O narcisismo de segundo campo de primeiro tipo pode surgir de sucessos verdadeiros, trazidos por mecanismos de vingança por frustrações e castrações sofridas em experiências de vida no segundo campo (grande parte dos *self made men* vêm dessa condição)

O narcisismo de segundo campo de segundo tipo pode ser causado por investimentos de cargas energéticas, *bottom up*, no quarto e terceiro níveis corporais de projetos superegoicos dos pais. Essas pessoas recebem todo o apoio de afirmação possível dos pais e é bastante provável que ocorra um rebote narcísico derivado dessa condição e, como sempre, dessa armadilha.

O narcisismo do terceiro campo é um narcisismo em termos de status, papel e imagem, como se fosse apenas uma forma superficial de investimento, uma roupagem, no aqui e agora da vida social. É uma película superficial a qual, diante de eventos desarmônicos, vivências de insuficiências e precariedades, pode tornar-se uma couraça protetiva, mas eventualmente patológica. Na análise profunda, é uma reatualização e amplificação no terceiro campo dos tipos anteriores.

A seguir, damos um exemplo da conexão entre o narcisismo primário e o narcisismo secundário e das possibilidades de evolução clínica em uma dada pessoa.

Consideremos o caso de um pequeno Si que tenha chegado **espontaneamente** de um ato de amor belo e luminoso, e que, portanto, tenha uma alta densidade primária básica. Este Si posteriormente vive uma experiência de um grande alarme por causa de uma ameaça de aborto, experiência esta que tenha acontecido por um tempo breve. Essa criança pode desenvolver uma relação de apego hipertrófico com a vida, com potencialidade narcísica de primeiro campo e do primeiro tipo. Suponhamos também que, após o parto, o pequeno tenha sido profundamente aceito e acolhido pela mãe e fica então retido em uma relação compensatória de culpa, que reforça a sua sobrecarga energética. Aqui acontece a possibilidade de este Si desenvolver também o potencial para um narcisismo primário de segundo tipo. Essa criança fica então alarmada e desconfiada, e é uma criança que tem já uma grande bagagem de diferentes experiências de vida, experiências energéticas e emocionais, na relação objetal primária. Chegando então a um segundo campo-familiar com uma figura paterna estruturante, que seja um líder autoritário, influente e narcisista, este pequeno Si pode conseguir tornar-se o centro do campo familiar e das energias circundantes, mas a sua própria luminosidade pode conduzi-lo a ser um candidato ao projeto narcisista superegoico do pai.

Essa criança tem uma fortíssima probabilidade de tomar o projeto para si próprio, torná-lo seu, incorporando-o, com potencialidade narcísica de segundo tipo e do segundo campo.

Essa criança, no futuro, será, provavelmente, mantida sob as rédeas de uma cena obrigatória em termos de ter somente duas posições possíveis para ela. Uma seria conseguir sucessos notáveis, alta afirmação, correndo o risco de entrar na posição narcisista, e ter que perseguir, infinitamente, o ideal do Outro de Si, e ficar prisioneiro nisso por toda a flecha do seu tempo evolutivo.

A segunda cena possível para essa pessoa é a posição depressiva-fóbica, associada ao fracasso do projeto e ao surgimento da temida tristeza causada pelo medo da não aceitação-castração.

Capítulo 10

OS TRÊS CÉREBROS E ALGUMAS CORRELAÇÕES

A aparente unidade da nossa vida psíquica, reforçada pelas sensações psicológicas da nossa identidade, continua ao longo do tempo, induz o Eu a perceber que é sempre idêntico. Isso pode nos levar a crer que existe uma base estrutural única, responsável pela unidade funcional e psicológica que regula as nossas ações.

Na realidade, o nosso encéfalo é o resultado da estratificação de várias formações que se desenvolveram sucessivamente. São três cérebros que atuam como uma única entidade funcional, mas que são diferentes pela posição, pela arquitetura e pelo nível corporal evolutivo. Os três cérebros interagem por meio de uma intensa rede de conexões e possuem uma dinâmica complexa de interações e integrações para alcançar o equilíbrio.

Essas três formações, que são expressão da recapitulação da evolução filogenética dentro do processo ontogenético, garantem a sobrevivência e as atividades mais importantes da vida cognitiva e emocional. Tais formações refletem a relação que nos liga aos nossos progenitores, aos grandes répteis que viveram no fim do período Paleozoico ao começo do período Meso-zoico, aos mamíferos primitivos e aos répteis mamaliformes, aos bípedes do período Pliocênico e a várias formas mais recentes de Homo.

A partir desse quadro, podemos formular a hipótese de que cada um desses cérebros, por serem o reflexo de uma organização proporcional ao seu estado e estrutura energética, com seu próprio tipo de inteligência, de memória, de atividade motora e de resposta aos estímulos, porém, em certas circunstâncias, pode não responder mais à economia global e funcional adaptativa desenvolvida ao longo da evolução. Perderia, assim, sua estruturação sistêmica e se fragmentaria na dissonância descoordenada que está na base dos distúrbios psíquicos. Essa falta de harmonia se complica ainda mais pelo tipo de estrutura do encéfalo, que tem uma composição em partes iguais e simétricas, que são hierarquizadas diacronicamente no tempo e no espaço da evolução filogenética, mas também são hierarquizadas sincronicamente no tempo e no espaço do desenvolvimento ontogenético.

A formação pró-encefálica mais antiga, correspondente ao cérebro dos répteis, é representada pelos grandes núcleos da base, compostos por massas celulares reagrupadas. O córtex límbico que apareceu nos mamíferos antigos é então adicionado a eles. Finalmente, na última fase da evolução, desenvolve-se o neocórtex, o qual atinge o seu máximo desenvolvimento no homem, permitindo-lhe desempenhar as funções superiores mais complexas (MacLean, 1981, 1984, 1986).

Complexo-R

MacLean chamou de Complexo-R, ou complexo reptiliano, a estrutura que neuro-anatomicamente corresponde aos núcleos da base (complexo paleo-estriado). As células nervosas que compõem esse complexo estão agrupadas em grandes massas, diferentemente, por exemplo, da disposição em série dos estratos sobrepostos das células nervosas do neocórtex. Conforme observa Valzelli (1976), a esse primitivo setor do Sistema Nervoso Central "são atribuídas filogeneticamente funções, como por exemplo, a de escolha e defesa do território, a caça, a competição para alcançar uma posição na hierarquia do grupo, no acasalamento e mais outras", e nesse nível de atividade as sequências comportamentais têm um código altamente ritualizado e compulsivo.

Se nos detivermos nessa fase de organização, o comportamento é guiado por estímulos que esse cérebro primitivo não tem condições de modular. O Si, nesse caso, é governado por leis que não preveem a adaptação das respostas de acordo com a interpretação da realidade circundante. O programa implantado nesse computador rudimentar prevê apenas a agressão contra tudo o que não for reconhecido pelas suas qualidades sensíveis e, por isso, é visto como sendo hostil, **o que for diferente é inimigo**.

Na espécie humana, o processo evolutivo, em condições fisiológicas, projetou o Complexo-R de modo a exaltar suas propriedades imitativas e de armazenamento de informações. Por ser um subsistema de um todo organizado, o Complexo-R tem a função de zelar pela rígida organização sequencial das ações, que foram codificadas e devem ser repetidas e reproduzidas. É como uma busca, real e metafórica, de tempos e espaços já conhecidos.

CARÁTER & PSICOPATOLOGIA

MacLean (1984) atribui ao Complexo-R a responsabilidade pelo controle

> ... das atividades tais como o desenvolvimento de rotinas e sub-rotinas cotidianas. E também nas reações das massas às representações simbólicas tais como sinais, bandeiras e retratos de líderes religiosos e políticos. E na adesão a modas no vestuário, modos e costumes, na cultura, na prática científica. E ainda nas infinitas ações repetidas e obsessivas-compulsivas, que cada indivíduo executa diariamente, e sua interrupção ou variação que não é apenas desagradável, mas muitas vezes é percebida como anunciando a chegada de eventos prejudiciais. E na grande importância e autoridade atribuída aos precedentes no direito legal e em vários outros assuntos. Está também na participação como figuras principais ou membros do público em rituais, cerimônias, cultos e liturgias, e na proteção do espaço pessoal, doméstico, coletivo, assim como do espaço conceitual. (MacLean, 1984, p.70).

A inteligência do Complexo-R deve ser lida em relação à sua posição próxima do zero sobre a flecha do tempo neguentrópico.

Além disso, o Complexo-R também está envolvido nos comportamentos definidos como *iso-práxicos*, isto é, aqueles comportamentos com os quais os indivíduos se comunicam através do mesmo tipo de atividades e de comportamentos ligados à imitação, os quais salvaguardam a identidade do grupo social e do indivíduo.

O autismo infantil é um exemplo paradigmático da impossibilidade de usufruir da capacidade de imitar (MacLean, 1984).

Outra atividade na qual o complexo reptiliano parece estar envolvido é o comportamento de substituição, que é o conjunto de ações para mitigar o alarme. São atos realizados sob estresse como roer as unhas, mexer no nariz, coçar a cabeça, limpar a garganta, cuspir etc., e nos comportamentos chamados de tropismos, isto é, comportamentos relativos à problema de identificação durante os períodos receptivos no desenvolvimento infantil.

O Cérebro Límbico

O sistema límbico descrito por Broca, e cuidadosamente estudado por Papez, envolve e engloba a estrutura do complexo reptiliano.

É considerada a primeira etapa evolutiva concreta da massa cerebral, que ocorreu no início do período Cenozoico, com o aparecimento dos primeiros paleomamíferos, há setenta milhões de anos.

O arcaico cérebro reptiliano, com o seu rudimentar esboço de córtex e os seus rígidos esquemas operacionais, não era mais capaz de lidar com as novas condições ecológicas. Dessa forma, "a transição de répteis para mamíferos representa um grande salto evolutivo, um verdadeiro salto quântico" (MacLean, 1981, p.49).

Do nosso ponto de vista, esse é um salto neguentrópico sobre a flecha do tempo evolutivo.

O cérebro límbico, a nova unidade funcional, proporcionou aos animais uma série de novas e mais ricas possibilidades de comportamentos e adicionou a dimensão emocional-afetiva, através da comunicação audiovocal (o chamado de separação), o cuidado com os filhotes, o chamado da espécie e as brincadeiras.

Com essas novas aquisições, as sensações primordiais adquirem características qualitativas e novas ressonâncias. Dessa forma, nasce o desejo, a ansiedade, o temor, o medo, o terror, a raiva, o prazer, o alívio, a calma e a satisfação. E com tudo isso surge a possibilidade de se atribuir um significado, um sinal de reconhecimento, e de integrar tudo isso na memória, muito embora esta, nesse nível, não seja utilizada em sua dimensão plena.

O cérebro límbico, herdado dos paleomamíferos, representa o denominador comum a todos os mamíferos vivos e é responsável por aquilo que um indivíduo sente ou experimenta, da mesma forma que tudo que o indivíduo sabe ou conhece é uma função do córtex.

Comparado ao córtex, o cérebro límbico é estruturalmente menos complexo e tem uma bioquímica diferente. Comparado ao cérebro reptiliano, o límbico tem uma estrutura bem mais complexa. O córtex estabelece um grande número de conexões com a estrutura límbica.

Outra característica do cérebro límbico é a integração entre as informações provenientes do ambiente externo, que podem ser olfativas, visuais, auditivas, cutâneas, com as informações internas, viscerais ou somáticas. Essa integração é indispensável para os comportamentos e respostas individuais, **personalizadas**, de um organismo vivente.

> Danos extensos em partes do sistema límbico interferem no registro das memórias. A propósito disso, devemos destacar que a memória assim como a sensação de identidade pessoal, dependem da capacidade do cérebro de combinar as experiências internas com as externas, que é o que nos torna únicos como indivíduos. Apenas a informação proveniente do mundo

> externo está disponível publicamente para todos. Portanto, é significativo que, na formação da experiência relativa à identidade pessoal e à memória, as células corticais límbicas utilizem e juntem as mensagens que são provenientes tanto do mundo interno quanto do mundo externo, enquanto as células do neocórtex estão ocupadas principalmente com os eventos do mundo externo. (MacLean, 1981, p.70).

Neocórtex

Foram necessários dois milhões de anos para que o neopálio se unisse aos dois primeiros cérebros, o que foi mais um salto evolutivo e um novo salto quântico, e mais um salto neguentrópico.

Devido à visão estereoscópica tridimensional por causa da posição ereta, o neocórtex torna-se mais espesso. Esse novo manto envolve e engloba as estruturas precedentes. No homem, o neocórtex se transforma no cérebro encarregado do espaço-tempo e, portanto, pelo antes e depois, pela causa e efeito, e pelos processos cognitivos superiores, do tipo lógico e metacomunicativos que garantem as operações da consciência. Está evidente a direção **corporal-mente** desse processo.

> As informações para o neocórtex chegam através da visão, da audição, do paladar e do tato, o que sugere que o neocórtex é essencialmente estimulado por tudo o que vem do mundo externo, sem as interferências do que vem do mundo interno ou visceral. Toda esta série de informações, porém, assim como as informações viscerais, chegam coloridas e temperadas pela carga afetiva-emotiva que lhe é dada pelo cérebro límbico. Em outras palavras, pode-se afirmar que o neocórtex não possui canais de informação diretos e exclusivos. Portanto, deste ponto de vista, esta informação depende dos outros dois cérebros que lhe fornecem, pouco a pouco, os dados recebidos que devem ser elaborados a cada vez. (Valzelli, 1976, p.47).

Portanto, o neocórtex reivindicando para si as informações, que chegam do mundo externo e do mundo interno, faz uma integração **amaciada** das operações do límbico, o que humaniza a sua frieza racional. É nessa integração que o homem realiza a suas atividades.

Enfim, devemos destacar que, com esse setor do sistema nervoso central, o neocórtex, o prazer e a dor já não correspondem aos sinais primordiais absolutos e objetivos das situações extremas. Elas são transformadas, no límbico, em múltiplas sensações-gradações intermediárias. Mas, a novidade é que o neocórtex transforma essas sensações em sensações conscientes, que se tornam igualmente potentes, propulsores de retorno de sinais ao límbico e ao reptiliano.

Outras áreas significativas dos Três Cérebros

O conhecimento dessas áreas nos permite propor **ativações corporais** apropriadas (quer dizer, que produzem uma ativação encarnada terapêutica) para os temas psicodinâmicos ligados aos níveis corporais relacionais periféricos correspondentes.

O Córtex Pré-Frontal (CPF), isto é, a parte anterior do lobo frontal, pertence ao Neopálio, envolve e engloba o Sistema Límbico. A sua porção dorsal-lateral (sede da memória de trabalho) é encarregada da organização dos comportamentos complexos, como a abstração e a metacognição. A sua porção medial desempenha um papel na motivação cognitiva-emocional, e a porção orbital tem a função de controlar os impulsos instintivos.

O CPF é a sede dos processos de decisão e da ética, tem um papel extraordinário como centro regulador do movimento voluntário, especialmente dos olhos, que sempre foram o espelho da alma, mesmo na psicopatologia (Mancia, 2007; LaBar & LeDoux, 2007).

A amígdala é um núcleo de massa cinzenta em forma de uma **amêndoa** e está localizada nos dois hemisférios. Administra o medo e faz parte do Sistema Límbico (foi incluída por MacLean, 1984). Está localizada acima do tronco-encefálico. É um centro de integração que avalia o valor emocional dos eventos, possibilitando o grau certo e adequado de atenção, e realiza o processo de armazenamento como memória. A amígdala pode ser considerada como o principal arquivo da memória implícita. Ela pode reagir antes mesmo que o córtex pré-frontal saiba o que está acontecendo e pode enviar impulsos ao *locus coeruleus*. Pode-se dizer que a amígdala é a depositária dos medos de aniquilação-castração que chegam dos perigos do mundo externo.

Figura 4

Representação dos locais centrais e periféricos do Corpo

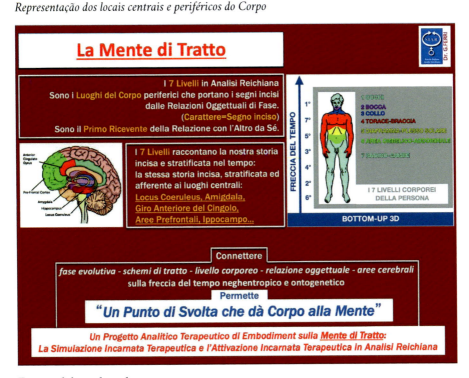

Fonte: elaborado pelos autores

Nota tradutória:

A Mente de Traço

Os 7 Níveis na Análise Reichiana: São os lugares periféricos do corpo, os quais carregam os sinais gravados das Relações Objetais de Fase.

(Caráter = Sinal Gravado)

O nível corporal é o Primeiro Receptor da Relação com o Outro de Si.

Os 7 Níveis relatam a nossa história gravada e estratificada no tempo – a mesma história gravada, estratificada e aferente dos lugares centrais:

Locus Coeruleus, Amígdala, Giro Anterior do Cíngulo, Áreas Pré Frontais, Hipocampo...

Flecha do Tempo (*Up Down*)

1. Olhos

2. Boca

3. Pescoço

4. Tórax-Braços

5. Diafragma-Plexo Solar

6. Área Umbilical-Abdominal

7. Pélvis-Pernas

Bottom Up 3D (olhar tridimensional)

Conectar a fase evolutiva, o padrão de traço, o nível corporal, relação objetal e as áreas cerebrais nos permite:

- Um Ponto de Retorno que dá Corpo para a Mente;

- Um Projeto Encarnado Analítico Terapêutico sobre a <u>Mente de Traço;</u>

- A Simulação Encarnada Terapêutica e a Ativação Encarnada Terapêutica na Análise Reichiana.

O Giro Anterior do Cíngulo é a zona anterior do sistema límbico e se situa acima do corpo caloso. Faz parte do sistema límbico e, no nível inconsciente, elabora os perigos para o indivíduo no curso normal da vida cotidiana. É um tipo de alarme silencioso, que se torna aparente quando surge algo estranho, que não se sabe o que é, um perigo que ainda não foi revelado para a consciência do eu. Parece que aqui, no Giro Anterior do Cíngulo, está a sede depositária do medo da exclusão-abandono, da angústia da separação e das perdas objetais externas, mas que certamente são registradas como perigos internos.

O *Locus coeruleus* (ou ponto azul) é um núcleo situado no tronco encefálico, no Complexo Reptiliano, que é o cérebro que precede o mundo dos mamíferos. O *locus coeruleus* está na origem da maior parte das ações da Noradrenalina (NA) no cérebro, sendo o principal local da sua síntese. É o local responsável pelas reações de medo em situações extremas, e a sua ativação pode ser provocada tanto por aferências externas ao Si, através da amígdala, ou por aferências internas ao Si, através do giro anterior do cíngulo.

O hipocampo, que está presente nos dois hemisférios, administra a seleção e a codificação das informações na memória explícita, faz parte do sistema límbico e não está maduro antes de dois anos de vida. As memórias conectadas à memória explícita não podem ser registradas antes dessa idade, e também não podem ser removidas. O hipocampo sobrepõe-se, na flecha do tempo evolutivo, à organização mais primitiva do sistema da memória implícita, que é gerido pela competência da amígdala.

Algumas Correlações

Primeira correlação: filogênese, ontogênese, os três cérebros e as fases evolutivas

Na hipótese de que a ontogênese imita a filogênese, projetando em uma tela as etapas da evolução humana, vemos, progressivamente, da fecundação até o quarto mês da vida intrauterina: primeiramente, um ser unicelular, em seguida um celenterado, depois um urocordado a partir da sétima até a nona semana (destacamos aqui o aparecimento da reação de defesa e de alarme, a partir da parte posterior do tronco). Depois vemos um anfioxo, um peixe primitivo e um anfíbio, um réptil mamaliforme e então um mamífero.

Não apenas isso, mas, a partir do nascimento extrauterino, e até os seis e sete anos de idade, vemos um ser que se transforma e se comporta como um marsupial, um roedor, um carnívoro, um símio, um *Australopitecus*, um *Homo erectus* e um *Homo sapiens*.

Se fizermos uma correlação de tudo a que já nos referimos com os três tipos de cérebro e suas áreas cerebrais associadas, podemos propor a hipótese de que o Complexo-R e as estruturas subjacentes que o sustentam têm uma prevalência funcional, em uma perspectiva evolutiva e ontogenética, até o terceiro ou quarto mês intrauterino, que é o período em que aparece o reflexo de sucção.

Colocamos a hipótese de uma prevalência funcional progressiva do cérebro límbico a partir do reflexo da sucção, que é o primeiro reflexo próprio dos mamíferos para mamar, até o Édipo, para então recomeçar na puberdade.

Colocamos a hipótese de uma prevalência funcional do neopálio na fase de latência pós-edipiana e, definitivamente, na pós-puberdade.

Em uma ótica neguentrópico-sistêmica, o Complexo-R, com suas estruturas de sustentação e suas estruturas precedentes, preside a primeira parte, que é apenas uma parte menor, da fase trofo-umbilical. O cérebro límbico preside a maior parte da fase trofo-umbilical, o parto, da fase oro--labial ao desmame, a fase muscular e a parte **genital** da primeira e segunda fase genital-ocular. E depois, com a primeira ocularidade pós-edipiana, advém a prevalência provisória do neocórtex e, com a segunda ocularidade pós-puberal, advém a prevalência definitiva.

Por fim, devemos lembrar tanto do excepcional desenvolvimento sináptico neocortical que se inicia com o nascimento extrauterino, quanto do fato de que as estruturas precedentes dominantes consignam funções e se desativam ou se integram à nova estratificação cerebral superior, quando da sua ativação.

Compreendemos, a partir dessas hipóteses de prevalência cerebral funcional, que a maior parte das fases significativas para a estruturação do caráter do Si, com toda a riqueza de impressões determinantes, ou, melhor dizendo, com os sinais gravados recebidos das relações objetais, estão, na verdade, inscritas na janela temporal do cérebro límbico, que não hesitamos em definir como **o lugar do mundo das relações**.

Segunda correlação: o modelo dos três cérebros e a neuropsicofisiologia reichiana do Si

A palavra emoção vem do latim *ex movere*, e literalmente significa **mover para fora de**. Cada vez que utilizamos esse termo, estamos com certeza nos referindo a um sistema vivente, seja uma ameba ou uma pessoa. Essa palavra, de fato, distingue os sistemas viventes dos não viventes e define a característica fundamental do fenômeno da vida: o movimento expressivo.

A emoção começa com a vida. Filogeneticamente, a emoção ocorre muito antes do aparecimento das estruturas complexas e extraordinárias, como por exemplo os três cérebros descritos. Ontogeneticamente, no homem, ela ocorre muito antes da linguagem e mesmo da afetividade.

Emoção e afetividade não são sinônimas – a afetividade é uma emoção mamífera.

A inteligência, no entanto, está sempre presente e, assim como a emoção, ela é uma propriedade estrutural dos sistemas viventes.

Voltando à ameba, que também era a bactéria que citamos no Capítulo 5, quando falávamos do fractal da separação-individuação, ela nos apresenta e nos aproxima de outra grande inteligência- fractal. A sua membrana celular é inteligente no sentido de que **lê o exterior** e regula funcionalmente o seu metabolismo, abrindo e fechando e, na verdade, escolhendo continuamente que tipos de substâncias deixa entrar ou não.

Inteligência é derivada de _intèlligens_, por sua vez, derivada de _interlegere_, que significa _ler entre_.

Para nós, a inteligência viaja na flecha do tempo neguentrópico, estratificando-se na estrutura das formas viventes, na corporeidade.

Nos pontos de bifurcação da forma vivente, a inteligência se transforma e se recombina com a forma precedente para se expressar em outras formas de leitura, mais inteligentes, se a neguentropia for maior. A membrana da ameba sabe ler, é inteligente. Da mesma forma, a visão tridimensional do mamífero humano sabe ler e é inteligente. Entretanto, a visão tridimensional permite níveis de leitura nitidamente superiores em neguentropia por causa dos mil pontos de bifurcação extras em relação à ameba, que a nossa espécie passou ao longo do curso da sua evolução.

No entanto, somos semelhantes na medida em que pertencemos ao mesmo fractal de continuidade.

Com esses pressupostos, consideramos o sistema Si e o seu movimento expressivo unitário, como uma **pulsação** (expansão-contração), correlacionando-os com os três cérebros e com os outros subsistemas que mencionamos anteriormente (Figura 5).

Figura 5

O Sistema Si e seus Subsistemas

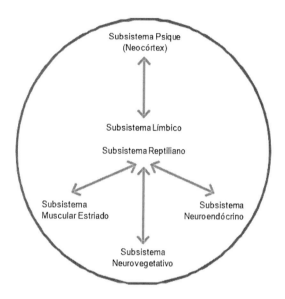

Fonte: elaborado pelos autores

A pulsação, portanto, tem duas faces – uma central e outra periférica.

A interface central envolve e inclui o subsistema Límbico e o Complexo-R, que estão claramente reciprocamente conectados aos subsistemas da interface periférica da pulsação.

A interface periférica envolve os subsistemas Neuroendócrino, Neurovegetativo e Muscular Estriado.

O subsistema psíquico é uma função do neocórtex com sua maior capacidade de expressividade, ou seja, o campo de consciência do Eu, e é também um elemento periférico. Embora o pensamento seja, de fato, uma função do traço de caráter dominante e do estado do indivíduo naquele dado momento, apesar disso, ele possui uma relativa autonomia na sua capacidade de metacomunicação. Metacomunicação é a capacidade de compreender que nossa expressão caracterial é definida pelo nosso traço dominante, e significa ser capaz de ser diferente de... daquele padrão dominante, e dessa forma ter uma possível variedade de interpretações, colocar-se a partir de diferentes perspectivas, ser outra coisa além de traço... Essa é uma qualidade extraordinária que aconteceu na evolução humana até hoje.

Terceira correlação: a prevalência funcional dos vários subsistemas na sequência do tempo de um Si

Após adotarmos a progressiva prevalência funcional dos três cérebros, numa perspectiva filogenética e ontogenética, bem como a sua relação com as fases evolutivas da flecha do tempo neguentrópico, propomos estender esse conceito aos níveis corporais relacionais, aos traços de caráter, aos campos de desenvolvimento evolutivos e, ainda, aos subsistemas periféricos. Resumimos essas correlações na Tabela 1:

Tabela 1

Terceira correlação: a prevalência dos vários subsistemas no devenir no tempo do Si

	FASI EVOLUTIVE	LIVELLI CORPOREI	TRATTI DI CARATTERE	CAMPI	SUB SISTEMI CENTRALI	SUB SISTEMI PERIFERICI
	G.O. 2ª	1° 7°	GENITALE	III	NEOPALLIUM	PSICHE
	G.O. 1ª	5° 3°	ISTERICO FALLICO	II	NEOPALLIUM LIMBICO	PSICHE MUSCOLARE STRIATO
	MUSCOLARE	4°	COATTO	II	LIMBICO	MUSCOLARE STRIATO
	OROLABIALE	2°	ORALE	I	LIMBICO	NEUROVEGETATIVO
	INTRAUTERINE	6°	INTRAUTERINO	I	LIMBICO RETTILIANO	NEUROVEGETATIVO NEUROENDOCRINO

FRECCIA DEL TEMPO

Fonte: elaborado pelos autores

Nota tradutória:

FLECHA DO TEMPO

Fases evolutivas	Níveis corporais	Traços de Caráter	Campos	Subsistemas centrais	Subsistemas periféricos
G.O.2º	1º 7º	GENITAL	III	NEOPÁLIO	PSIQUE
G.O.1º	5º 3º	HISTÉRICO FÁLICO	II	NEOPÁLIO LÍMBICO	PSIQUE
MUSCULAR	4º	COMPRIMIDO	II	LÍMBICO	MUSCULAR ESTRIADO
ORO-LABIAL	2º	ORAL	I	LÍMBICO	NEURO-VEGETATIVO
INTRAUTERINA	6º	INTRAUTERINO	I	LÍMBICO REPTILIANO	NEURO-VEGETATIVO NEURO-ENDÓCRINO

Quarta correlação: a fase evolutiva, os níveis corporais relacionais, os padrões de traço de caráter e as áreas cerebrais correspondentes.

Isso é o que define um novo complexo organizado: a mente de traço (Figura 4).

Nós acreditamos que seja possível correlacionar os estágios evolutivos com os níveis corporais relacionais que receberam diretamente os sinais gravados das relações, com os objetos parciais de fase, transmitindo-os às áreas centrais do cérebro. Por exemplo, durante o estágio evolutivo oro-labial, o segundo nível corporal, boca, é ativado pelo movimento de sucção dos lábios durante a amamentação no seio ou na mamadeira, e os sinais gravados são depositados tanto perifericamente, no segundo nível corporal, quanto centralmente no giro anterior do cíngulo, ajudando a definir os padrões de traço na mente daquele indivíduo e as suas correspondentes **impressões** dos neurotransmissores.

Em resumo, a mente do Si também pode ser lida, na sua auto-organização, como a somatória das mentes de traço. Em outra linguagem, podemos dizer que a mente do edifício da personalidade de um indivíduo se constrói a partir da combinação, da soma das mentes dos apartamentos do próprio edifício. Esses apartamentos se mostram e são reconhecíveis nos pensamentos de traço da subjetividade e dialogam nas relações intercorporais e intersubjetivas do "aqui e agora" e as determinam.

Quinta correlação: a mente de traço e os neurotransmissores

As palavras modificam as sinapses e o **como** das palavras as modificam ainda mais. Da mesma forma, as ativações corporais também modificam as sinapses e seu **como** o faz de forma ainda mais potente.

A palavra sinapse vem da língua grega *syn àptein*, que significa **com toque**, ou seja, **com** e **tocar**, isto é, conectar. Então, modificar as sinapses quer dizer modificar a comunicação entre os neurotransmissores.

Os neurotransmissores que podem ser considerados como mais importantes são a NA-Noradrenalina, a 5HT-Serotonina e a DA- Dopamina, mostrados na Figura 6:

Figura 6

Os três neurotransmissores

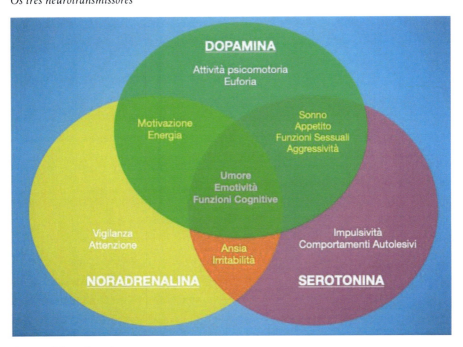

Fonte: elaborado pelos autores

Nota tradutória:

DOPAMINA – Atividade psicomotora – Euforia

Motivação – Energia

Sono – Apetite – Funções Sexuais – Agressividade

Humor – Emotividade – Funções Cognitiva

NORADRENALINA – Vigilância – Atenção

Ansiedade – Irritabilidade

SEROTONINA – Impulsividade – Comportamentos Autolesivos

Para sermos didáticos, podemos resumir os três neurotransmissores com três palavras que começam com a letra A, e que são facilmente compreendidas: **A**larme = noradrenalina, **A**fetividade = serotonina, **A**ção = dopamina. Todos estão presentes na filogênese na escala evolutiva da vida. E nos seres humanos atingem uma alta especialização. A serotonina, por exemplo, também está presente nos vegetais. A prolactina (um neuropeptídeo) no mundo dos pré-mamíferos tinha pouca importância, mas ao subir de posição na coluna neguentrópica da vida, nos mamíferos (nós, humanos, somos mamíferos ópticos: estereoscópicos-tridimensionais-neopaliais), a prolactina tornou-se especialista na gravidez e no aleitamento.

Os neurotransmissores estão em um diálogo contínuo entre si, isto é, são interdependentes. Um aumento de um deles pode causar uma resposta adaptativa dos outros dois, na busca de um equilíbrio do Si na relação com o Outro de Si.

Por exemplo, um aumento de noradrenalina e de dopamina devido à perda do objeto afetivo pode ser diminuído, equilibrado, por um aumento de serotonina, a qual aplaca o medo da perda. Em termos psicodinâmicos, a afetividade poderia diminuir o alarme da perda e diminuir também uma eventual ação dopaminérgica, tal como uma raiva reparadora, que muitas vezes vem associada a essa resposta, na situação de perda do objeto afetivo.

CARÁTER & PSICOPATOLOGIA

Tudo depende da história específica daquela pessoa, da fase evolutiva que esteja sendo reatualizada. Ou seja, tudo depende de qual **apartamento** do edifício de sua personalidade ela está morando e quais padrões de traços ela está expressando naquele momento.

Sob uma ótica neguentrópica-complexa, ***bottom-up* e corporal (do corpo para a mente)**, na verdade, esse diálogo deve ser examinado para cada um dos apartamentos do **edifício** que habitamos e, portanto, para cada uma das mentes de traços de cada fase evolutiva.

Uma cuidadosa anamnese dos sinais gravados, que foram impressos pelas relações objetais nos níveis corporais dominantes de cada fase evolutiva e nas áreas cerebrais associadas, permitirá obter também um diagnóstico de acordo com aquele diálogo, daquele neurotransmissor, para aquela mente de traço. Isto é, auxilia em um projeto de grande adequação terapêutica, com uma ativação psicocorporal para o apartamento disfuncional, para reequilibrar os três As, do Alarme, da Afetividade e da Ação.

Capítulo 11

ANSIEDADE, ANGÚSTIA, PÂNICO

O termo ansiedade não é propriedade exclusiva da linguagem especializada, mas, à semelhança de outros termos que designam estados psicopatológicos, a ansiedade também faz parte da experiência cotidiana. O que nem sempre fica claro é a distinção entre ansiedade **normal** experimentada, por exemplo na sensação de desconforto que experimentamos ao ouvir um toque de campainha no meio da noite, e outras formas de ansiedade caracterizadas por angústia e sofrimento certamente patológicos. Essa falta de clareza a respeito dessas duas condições leva à confusão sobre quais são de fato os limites entre essas duas posições, o que, por sua vez, leva a cenários clínicos confusos.

As definições trazidas nos trabalhos atuais dão atenção a uma angustiante sensação de espera ou de algo indefinível, a sentimentos de incerteza e impotência, ou de tensão interna, ou de indecisão ou mesmo de ameaça. E também à desorganização da totalidade do fenômeno primário e não reflexivo (Rossini, 1971; Giberti, 1968, 1986). Essas pesquisas atuais também atentam para a sensação de constrição, acompanhada de sintomas neurovegetativos (taquicardia, sudorese, alterações da pressão arterial, distúrbios nos aparelhos digestor e gênito-urinário etc.).

Tal estado de desconforto pode se derivar da antecipação de um perigo, que pode ser interno ou externo. Para alguns autores, esse estado de ansiedade é diferente do **medo**, o qual seria a resposta a uma ameaça ou a um perigo externo conscientemente reconhecido.

O estado de ansiedade pode estar associado a um objeto ou a uma situação que é evitada (fobia). Pode ter característica de continuidade, com pensamentos desorganizados, ou pode acontecer em intervalos bem delimitados, às vezes com manifestações agudas. Por fim, também pode se concentrar em sinais físicos, causando preocupação com doenças, denominada como hipocondria (Manual Diagnóstico, 1983-2001).

Emerge desse quadro um fenômeno que ocorre sobre o trinômio ansiedade/angústia/medo, e que envolve diferentes áreas semânticas, psicopatológico-clínica e epistemológica (Siciliani, 1979).

Vamos analisar esses termos.

O clássico binômio ansiedade/medo tem uma grande importância no campo da vida cotidiana.

Em uma visão evolucionista vertical, *bottom up* (do corpo para a mente), a distinção entre o medo e a ansiedade não é assim tão clara e podemos definir o medo como sendo a condição matriz da ansiedade. Na história do ser vivente, o medo precede a ansiedade, que é então entendido, nos organismos mais complexos, como uma capacidade de prever o perigo no tempo e no espaço.

Em uma leitura clínico-horizontal, o medo é pouco considerado, e na verdade, como já dissemos, seria apenas uma resposta a uma ameaça ou um perigo externo reconhecido conscientemente.

O problema que surge do binômio ansiedade/angústia é mais complicado.

De fato, na angústia dois fatores têm papel importante. Por um lado, temos a interpretação que a filosofia atribui à angústia (e isso complica um pouco as coisas para o psiquiatra e para o psicoterapeuta). Por outro lado, encontramos a questão da diferença qualitativa e quantitativa entre esses dois estados. A ansiedade e a angústia pertencem ao mesmo nível de experiência humana? Ou elas fundamentalmente representam (ou acompanham) situações completamente diferentes do ponto de vista semiológico e etiológico?

Geralmente, somos tentados a abordar a angústia de acordo com as coordenadas existencialistas. A partir de Kierkegaard em diante, a abordagem desse tema, de acordo com as perspectivas centralizadas no ser, tem levado aos mais consistentes resultados no campo da filosofia. Nessa perspectiva, a angústia seria intrínseca à vida do homem e estaria ligada à sua existência e à constatação do abismo do nada. E também pode ser a vertigem da liberdade quando o homem, diante das possibilidades da existência, sente-se perdido, como se estivesse à beira de um precipício.

A angústia poderia também ser vista, como em Heidegger (1953), como um fenômeno que deixa bem evidente o sentimento de falta de alternativas. Esse sentimento caracteriza a existência humana na sua perspectiva de "viver para morrer" e, portanto, expressa-se com um "sentimento de impossibilidade de todo projeto humano" (Garzanti, 1981).

O objeto da angústia é a própria existência, é um objeto que não pode ter conotações espaciais nem temporais, mas é indefinido, místico, numinoso e não histórico.

Esse objeto pode ser interpretado desse modo ou pode ser a quebra do modelo existencialista do *Mit-Dasein* (estar junto) (Binswanger, 1977) caso ele nasça de uma perversão do comportamento ou de uma escolha (Sartre, 1970), ou de ser colocado diante da certeza de não ser... Enfim, qualquer abordagem ontológica da angústia que se escolha, ela não resolve os nossos problemas.

A angústia que vemos nos nossos pacientes não é a expressão fenomenológica da imanência do nada. Não é a projeção ontológica das raízes da nossa obscuridade.

É o nada enraizado na carne e, embora sendo um sofrimento, não pode ser extirpado com um bisturi.

Então, tentaremos estabelecer um ponto fixo, um chão firme onde nos apoiaremos...

É possível simplificar esse argumento, assumindo que o termo medo expressa um conceito que não é relevante para situações clínicas, que a **ansiedade** indica uma situação exclusivamente patológica, enquanto para a **angústia** é reservado um lugar especial.

Se o medo pode ser considerado normal e tem um significado adaptativo, então, para a ansiedade, a distinção entre **ansiedade normal** e **ansiedade patológica** parece não ter significado. De fato, às vezes, lemos que a ansiedade normal não é outra coisa senão uma reação de alarme ou um **estado de tensão psíquica** que implica

> ... a ativação generalizada dos recursos individuais, dirigidos contra um estímulo bem conhecido e real. O leve estado de desconforto que esta reação de alarme envolve, não interfere na capacidade operativa do sujeito. E muito ao contrário, o critério para distinguir a reação de alarme do medo daquela da ansiedade patológica, é dado exatamente por suas consequências opostas na adaptação do sujeito, que é aumentada pela primeira e perturbada pela segunda. (Smeraldi & Bellodi, 1987).

Na ansiedade, uma vez perdido o seu objeto, a única situação que existe para ser enfrentada é a própria ansiedade — o mecanismo de excitação adaptativa perde sua função neguentrópica.

Existem diferentes tipos de **ansiedade**: a **ansiedade de estado**, que é intermitente e localizada no tempo; a **ansiedade do traço**, que pode estar ligada ao perfil da personalidade; a **ansiedade do ataque de pânico**; a **ansiedade generalizada**; a **ansiedade na obsessão**; e a **ansiedade na psicose**.

E depois, há a angústia, com seu lugar especial.

Não podemos limitar a angústia a uma conotação particular de ansiedade. Ela deve ser colocada em uma linha definida pelo *angor* (angústia profunda) com uma sensação de aperto-constrição no peito.

A angústia é qualitativamente diferente da ansiedade, não é um dos seus predicados, nem uma de suas conotações ou sua modalidade expressiva. A angústia é um movimento que aliena.

Lendo essa questão com o código neguentrópico-sistêmico, pode-se dizer que a ansiedade e a angústia têm em comum o fato de que ambas constituem uma condição de deficiência da pessoa no afirmar-se e confrontar-se com o Outro de Si ao longo da flecha do tempo. Na ansiedade a deficiência é mais do Eu, e na angústia a deficiência é mais do Si.

A ansiedade é mais qualitativa e horizontal, a angústia é mais quantitativa e vertical. Ambas aparecem quando a pessoa não consegue se afirmar na sua vida cotidiana e acaba substituindo essa afirmatividade no plano da realidade pelo plano fantasmático e imaginário.

Ambas são reações biológicas e bioenergéticas e representam um sinal. Elas são os sintomas de uma ameaça à homeostase do organismo.

Em outras palavras, tanto a ansiedade quanto a angústia indicam uma temporária redução-desordem-dispersão do Si, que poderá ser estável ou progressiva, envolvendo vários níveis corporais e várias profundidades neurofisiológicas (amígdala, giro anterior do cíngulo, e córtex pré-frontal). E elas definem diferentes direções de fluxos energéticos no Si.

A ansiedade é um fenômeno mais cinético e motor, que age sempre na **superfície** do Si. Tem uma prevalência neopalial e é mais um distúrbio qualitativo e horizontal, com apenas uma leve e irrelevante redução do campo energético do Si.

Portanto, falamos de um estado de ansiedade do Si como um campo energético agitado na periferia, que expressa a relevância do comportamento cinético-motor sobre o visceral.

Normalmente, a ansiedade é causada por um leve distúrbio na forma do Si observar o Outro de Si. Disso surge aquela confusão e estranheza, tipicamente subjetiva, não objetiva, e que envolve o campo de consciência do Eu (o primeiro nível corporal relacional, olhos), de onde emerge o alarme, com retro-contração do pescoço (terceiro nível corporal) e falta de ar no quarto e quinto níveis corporais (tórax, diafragma-plexo solar).

Figura 7

Ansiedade

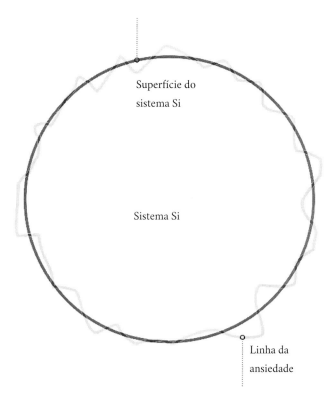

Fonte: elaborado pelos autores

Se formos além desse **normalmente**, o estado de ansiedade é um movimento energético agitado e age sempre na superfície do campo do sujeito. Assim, pode ocorrer também nos transtornos depressivos, *borderline* e psicóticos, os quais certamente estão distantes da prevalência neopalial (Figura 7).

De acordo com o grau de gravidade, a **ansiedade** pode atingir desde o córtex pré-frontal até a amígdala.

A angústia é um fenômeno mais quantitativo e vertical, definido por um movimento de aumento (expansão) ou de perda de energia (dispersão). O movimento excessivo da energia é interrompido pela contração e sempre resulta numa direção centrípeta, provocando uma retração do campo do Si (Figura 8).

Figura 8

Angústia

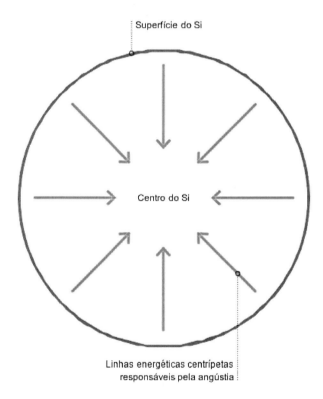

Fonte: elaborado pelos autores

Em um nível periférico, o estado de angústia envolve primariamente as fontes somáticas da boca (segundo nível corporal) e da primeira grande boca (sexto nível corporal). Para que isso aconteça, é necessária uma prevalência de estado e/ou de traço oral, com a presença de uma condição hipotônica no primeiro nível corporal (olhos – campo ocular de consciência do Eu), do terceiro nível corporal (pescoço), do quarto nível corporal (tórax), do quinto nível corporal (diafragma) e também o sofrimento no sexto nível — são necessários para que a angústia ocorra.

O estado de angústia envolve a visceralidade da relação objetal primária, da primeira e segunda separações, assim como a separação edipiana (quinto nível corporal), com seus grandes, míticos e mágicos investimentos transferenciais, e os sofrimentos de perdas objetais e abandonos. Lembramos que o quinto nível pode ser contaminado pela sua proximidade ao sexto nível.

Tudo isso, no entanto, são atratores que requerem energia para se moverem na direção para baixo e para o centro do Si, a partir dos níveis corporais estratificados superiores.

O denominador comum da angústia, seja ela temporária ou estável, é sempre uma oralidade prevalente, oralidade de excesso ou de deficiência, relacionada à biografia e ao momento histórico do **aqui e agora** da pessoa.

A angústia sempre se move com um aumento da entropia no organismo e, com isso, vem uma redução da capacidade de organização e de se mover, de ir em direção ao mundo exterior.

No momento em que acontece uma reestruturação, a angústia desaparece. E se os ponteiros energéticos forem redirecionados, por exemplo, no caso de uma angústia de estase, sendo movidos de centrípeta para centrífuga, através de ativações corporais assertivas da vegetoterapia, então a angústia desaparecerá. O sujeito voltará a subir, em termos de prevalência funcional, aos níveis corporais com maior neguentropia.

Anteriormente, comentamos que a angústia é um movimento vertical de aumento ou de perda de energia sobre a flecha do tempo.

Essa distinção nos leva a um diagnóstico diferencial da angústia.

A) Angústia de aumento de energia:

1) A angústia de estase, angústia reativa, do **aqui-e-agora**, é a impossibilidade do fluxo genital em direção ao sétimo nível corporal (pélvis-pernas). Há um acúmulo (estase da libido) e assim o fluxo da energia irá na direção contrária. A energia, que não for expressa genitalmente ou não for sublimada em outros investimentos, perde a sua luminosidade para assumir tons mais escuros, até atingir a sensação masoquista de explodir, ou se transformar em irritabilidade ou em crises pantoclásticas (destrutividade): a excitação pode se transformar em uma agitação.

2) A angústia neurótica pode acontecer se houver deficiência do segundo campo (terceiro e quarto níveis corporais) ou se houver um excesso de primeiro campo (sexto e segundo níveis corporais), com a posição do Si de fato fixada em um traço oral e um excesso de energia não canalizado, desorganizado e desestruturado.

A angústia de estase é uma angústia de estado, do aqui-e-agora, com a qual todos nós podemos em algum momento nos encontrar, enquanto a angústia neurótica está ligada à estrutura da personalidade.

A angústia neurótica pode se manifestar em uma pessoa que teve um excesso de mãe e uma deficiência de pai, um excesso de primeiro campo e uma insuficiência organizacional do segundo campo, que é totalmente evidente na falta de uma figura estruturante do segundo campo. É por esse motivo que esse tipo de personalidade não consegue expressar e nem canalizar sua energia objetivamente, encontrando frustração na relação com um Outro de Si mais organizado.

B) Angústias de perda energética:

1) A angústia psicótica de aniquilamento: nessa situação, fica clara a impossibilidade da contração do Si conseguir parar a dispersão energética, e o resultado é a desestruturação do Si. Na angústia psicótica de aniquilamento acontece um fenômeno desesperador e inquietante: há um Si que está se dissipando, e a barreira que se ergue para parar essa dispersão é ineficaz e produz angústia. Se não houvesse nenhuma barreira não haveria angústia. É o fracasso da contração malsucedida que gera a angústia!

A camisa de força psicofarmacológica ou couraça neuroléptica é capaz de deter a angústia psicótica de aniquilamento. Embora seja uma couraça mecânica, é uma contração bem-sucedida.

2) A angústia depressiva mostra claramente a impossibilidade dos recursos da contração de parar e interromper, não somente a sensação de perda e vazio como também a dispersão energética, e conseguir, dessa forma, **retroceder** o rebaixamento energético do organismo.

Trata-se do mesmo fenômeno da angústia psicótica, mas, nesse caso, encontra um Si com uma relação objetal primária de densidade energética mais alta. Enfim, a diferença entre uma angústia de aumento e uma angústia de perda energética pode ser, por exemplo, uma crise de choro que é liber-

PÂNICO

No âmbito dos fenômenos e movimentos energéticos disfuncionais, identificamos uma dimensão própria para o pânico.

O estado de pânico é um estado de crise e de colapso terrível da homeostase do Si.

Sob um céu claro, sua chegada é assustadora. Ele surge causado por uma súbita e profunda prevalência e emergência, que consideramos ser reptiliana. O pânico é devastador para as estruturas superiores, assim como para os níveis corporais correspondentes, porém por um tempo insuficiente para a sua total desorganização.

É uma incursão muito veloz nos estados e estratos inferiores do Si. O Si **cai** bruscamente dos níveis superiores em que habitualmente funciona. Esse processo provoca uma queda energética forte, uma grande liberação e dispersão energética, que é sentida como uma grande ameaça vital, de morte iminente. Há um alarme imprevisto e maciço dos estratos profundos do sexto nível corporal (abdome), os quais, até aquele momento, mantinham-se sempre silenciosos.

Interpretamos o pânico como sendo um terremoto central muito profundo no organismo, nos estratos profundos do sexto nível corporal (abdome) com possíveis linhas de falha que vão do centro para a periferia, correspondentes à ativação do *locus coeruleus* (Figura 9).

O *locus coeruleus* é um centro noradrenérgico situado no tronco encefálico. É fundamental para a função de vigilância, responsável pela mediação das reações de medo em situações mais extremas, nas quais são percebidas as sensações de um iminente perigo de vida.

A ativação do *locus coeruleus* pode ser estimulada tanto pelos aferentes periféricos externos que chegam até o Si (via amígdala), como pelos aferentes internos límbicos, onde são depositadas as dimensões afetivas-relacionais (via Giro Anterior do Cíngulo).

A razão etiológica do abalo deve ser procurada nos erros de processamento de informações no *locus coeruleus*? Deve ser pesquisado nos eventos no começo da vida? Na ansiedade das separações infantis? Ou na ansiedade de separação dos eventos atuais?

Pela nossa experiência, quando os ataques de pânico ocorrem, eles coincidem com estruturas de personalidade que são pré-patológicas, com fixações prevalentes de um traço comprimido muscular ou fálico. É provável que tenha havido uma forte remoção de um núcleo intrauterino claustrofóbico, ou de um núcleo agorafóbico pós-parto, ou pós desmame. O ataque de pânico reatualiza um desses núcleos, destruindo a prevalência do traço comprimido-fálico.

Figura 9

Pânico

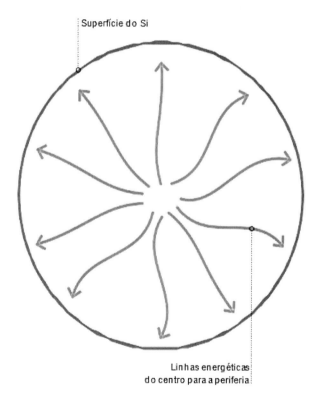

Fonte: elaborado pelos autores

Capítulo 12

DELÍRIO E ALUCINAÇÕES

O Delírio

Na história da psiquiatria, o papel desempenhado pelo delírio é de importância central, porque expressa a estranheza da razão. Ninguém é capaz de comunicar a alienação da realidade cotidiana e cultural de nosso mundo comum como a pessoa delirante. Embora a pessoa delirante conserve muitos aspectos da estrutura fundamental da realidade, ao mesmo tempo ela os interpreta através de conexões de sentidos absolutamente distorcidos, que podem fragmentá-la em estilhaços.

Através do delírio, a história da loucura é retratada desde os navios dos tolos (os *Narrenschiff*), que transportavam a sua carga sem sentido de uma cidade para a outra na Europa Central (Foucault, 1976), até as bruxas e as fogueiras, e também até a exclusão segregadora das estruturas dos manicômios. Na verdade, do ponto de vista etimológico, delírio quer dizer **sair da trilha** ou, em outras palavras, abandonar o modo correto de pensar. Expressa o descarrilamento da mente e da pessoa como um abismo catastrófico de existência.

O delírio expressa uma forte opinião pessoal sobre o mundo. É uma opinião que parece inverossímil e inaceitável ao senso comum, mas que serve de eixo em torno do qual giram algumas convicções ou, quem sabe, até o universo pessoal do paciente:

> Mais precisamente, falamos de delírio quando um sujeito expressa uma crença arraigada e de importância central na sua visão da realidade, mas que é inexplicável ao senso comum e à cultura à qual o sujeito pertence. As convicções e ideias delirantes são, portanto, expressões de uma separação da realidade social. (Garzanti, 1981).

Em uma leitura atenta para definir o delírio, a psiquiatria tradicional utiliza apenas os parâmetros objetivos que parecem explicar o seu significado em uma série de rótulos racionais. Agindo dessa forma, evita fatalmente as experiências subjetivas de vida da pessoa e limita o caminho da comunicação apenas ao aspecto cognitivo, ignorando as trocas emocionais mais profundas.

Há um preconceito bem radicado, conforme nos testemunha Foucault quando nos lembra que os nosógrafos do século XVIII tendiam a excluir do mundo da psicopatologia alguns distúrbios como, por exemplo, a histeria e distúrbios semelhantes. Apesar disso, incluíam a diplopia e a vertigem, que expressavam, ao contrário da convicção "racional" da imobilidade da terra, a afirmação "delirante" de que o mundo pudesse "realmente" girar (Foucault, 1976).

O delírio se expressa através de juízos, julgamentos:

> Todos os julgamentos errôneos são chamados, de uma forma totalmente vaga, de "ideias delirantes", as quais possuem, em grande medida, embora imprecisa, as seguintes características exteriores:
>
> 1. A extraordinária convicção com que são mantidas, com uma certeza subjetiva insuperável.
>
> 2. O fato de não serem influenciadas pela experiência concreta nem por uma confrontação séria
>
> 3. A impossibilidade do conteúdo. (Jaspers, 1964, p.347).

As ideias delirantes podem ser:

> . . . ideias que podem se originar, compreensivelmente, de experiências chocantes e humilhantes, que re-despertam o sentimento de culpa e outras experiências vividas. Também podem vir de falsas percepções, ou do estranhamento do mundo das percepções com uma consciência alterada etc. (Jaspers, 1964, p.348).

Além disso, essas ideias podem ser inquestionáveis psicologicamente, como se fossem mesmo algo definitivo. As primeiras são definidas por Jasper como sendo *"wahnhafte Idee"* – ideias deliroides; e as outras seriam as ideias delirantes *"echte Wahnideen"* (Jaspers, 1964).

Mesmo nas interpretações psicanalíticas, o delírio nasce de um conflito cujo resultado será uma alteração regressiva do exame da realidade, resultando em uma diminuição da capacidade do Eu para distinguir corretamente o que é verdadeiro do que é falso.

Um delírio pode ser sistematizado quando a produção de ideias for estável e as ideias anômalas, nele contidas, mantiverem uma ligação constante. E vice-versa, é claro, quando a fragmentação das experiências for a nota dominante.

Além disso, o delírio pode estar relacionado com um estado de consciência lúcido ou confuso.

O conteúdo do delírio manifesta-se com maior frequência com temas místicos ou religiosos, hipocondríacos, de perseguição, de culpa ou de autoacusação, de negação, de grandeza, de transformação, de ciúmes, entre outros.

O delírio é único nos seus aspectos nucleares, porém é polimorfo nas suas manifestações e configura alguns reagrupamentos de síndromes: a síndrome delirante primária processual paranoide, paranoica e parafrênica, as variantes deliroides, observadas na psicose maníaco-depressiva, e as reativas como variantes secundárias ao conceito da inteligibilidade de Jaspers (1964).

Encontramo-nos aqui diante de uma observação limitada entre dois polos, na qual um mamífero óptico observa apenas o aspecto óptico de um mamífero. Ou seja, detemo-nos somente no aspecto cognitivo, certamente muito importante, mas que também é, de certa forma, um aspecto superficial e periférico de uma pessoa.

Em outras palavras, o que falta para melhor compreendermos o fenômeno do delírio é que este não pode ser considerado apenas um produto da atividade psíquica do paciente, a qual tenha sido alterada, num maior ou menor grau, na sua composição de juízo da realidade.

De fato, se paradoxalmente utilizássemos as interpretações clássicas, psicopatológicas ou psicanalíticas, poderíamos estender o uso das categorias próprias do pensamento delirante a qualquer tipo de pensamento linear, seja este filosófico, religioso ou político, no qual não esteja presente nenhuma forma de metacomunicação. Do ponto de vista clínico, não podemos, portanto, falar de delírio, mas somente de **reduções observacionais no campo de consciência** nesse tipo de pensamento.

Definitivamente, os princípios fundamentais enunciados por Jaspers (1964) (e depois retomados por muitos) são importantes para uma abordagem objetiva do fenômeno, mas são pouco úteis no aspecto subjetivo.

Vamos então entrar no mundo do delírio introduzindo outros parâmetros e mais outras perspectivas: a clínica, a analítica e a energética.

Para além dos aspectos **racionais**, existe um terreno sobre o qual se desenvolve o aspecto psicológico delirante.

Na prática clínica, esse terreno é definido como *Wahnstimmung* pelos autores alemães. Essa palavra é muito difícil de traduzir em outras línguas[6], podendo ser entendida como **atmosfera** e também como **humor**, isto é, tem dois significados. O termo **atmosfera** faz uma clara referência ao ambiente, ao mundo exterior. O termo **humor,** ao contrário, tem mais relação com o mundo interior da pessoa.

Como disse Jaspers (1964) ". . . há alguma coisa no ar, mas o doente não sabe o que é, o ar é dominado por uma tensão desagradável, sinistra ... um estado de ânimo ... insuportável" (p.356).

Na percepção delirante, a atribuição sem motivo compreensível de um significado anormal para a realidade percebida gera uma alteração do significado do objeto, dando-lhe uma conotação de uma mutação assustadora do mundo, uma metáfora catastrófica projetada do Si. Esse estado

> . . . manifesta-se com um sentimento complexo e vago, com aspectos totalmente particulares e indescritíveis. É feito de pressentimentos estranhos, misteriosos e únicos. É um estado de confusão e de incerteza. É uma experiência como se o mundo estivesse adquirindo um significado novo, indefinível, caótico, de desastre iminente, muitas vezes uma ameaça permanente do fim do mundo (Bumke, Barison, Callieri, apud Muscatello, 1977).

Esse é o núcleo da experiência delirante primária!

É sobre esse terreno que se organiza o verdadeiro delírio, que é a expressão de um organismo que tenta limitar a tendência entrópica, que não é mais controlada através da canalização de uma quantidade de energia **em direção ao alto neguentrópico**, como direção organizativa. Caso contrário, essa energia se dispersaria, se perderia.

Nesse cenário, e com a dramática presença da terrível experiência da *"Wahnstimmung"*, colocam-se outros parâmetros subjetivos determinantes e essenciais para se chegar a um diagnóstico.

Esses parâmetros são definidos por:

- modo de viver o delírio.

---

[6] O termo ***Wahnstimmung*** não tem tradução em português. De acordo com o ***Campbell's Psychiatric Dictionary***, significa, em inglês, ***dellusional mood***; em português poderia ser "estado delirante" (N. da T.)

- significado anormal da percepção delirante no sentido da única visão da autorreferência.

- redução do horizonte existencial.

- transformação do estilo de existência induzida pelo fenômeno desestruturante (Muscatello, 1977).

Sob uma ótica analítica, a via de entrada no delírio é, sem dúvida, a angústia, que foi definida por Racamier & Nacht (1976) como *"angústia psicótica de destruição".*

Uma descrição muito significativa nos é dada por Follin:

> Em todas as minhas observações clínicas tenho sido muito impactado pelo caráter particular da angústia, nos episódios delirantes. Essa angústia é constante, móvel, variável, sempre ligada a uma projeção imaginária das lembranças e das afecções, pela fascinação alucinante dos temas delirantes fundamentais. A fascinação coexiste com o êxtase nos delírios místicos; ela está no terror persecutório; ela está presente, sobretudo, na própria perplexidade do sujeito, no início da experiência delirante ... e a angústia é a primeira que desaparece ao longo da terapia neuroléptica, desta forma anunciando a fase de recuperação e da reestruturação do Eu. (Follin, S., apud Muscatello, 1977).

A perspectiva energética da angústia indica que, na verdade, ela é uma contração contra uma expansão, que no caso do psicótico se traduz em uma impossibilidade de parar a dispersão e a desagregação entrópica. É, portanto, uma contração que procura parar uma expansão que aquele Si não conseguiria sustentar, uma expansão desenfreada, disfuncional.

O encontro-colisão dos *inputs* e *outputs* energéticos **importantes**, isto é, capazes de ter alguma ressonância para aquele Si, faz variar a sua taxa de energia, levando-o a uma discrepância entre **conteúdo e continente** no caráter do indivíduo. Por essa razão, quando existe uma condição de organização biográfica-biológica insuficiente, ocorre uma desagregação da personalidade e consequentemente também da arquitetura funcional do campo de consciência do Eu.

Tudo isso provoca uma dispersão/dissipação energética, reestabelecendo a baixa densidade da relação objetal primária daquele Si.

Isto é, objetivamente verifica-se um *reset* do nível de economia energética da pessoa, colocando-a em um nível energético menor, reduzido.

Então, se o pensamento é uma função do estado-ordem energético, essa condição de baixa densidade de energia no Complexo-R poderá, unicamente, produzir uma reorganização cuja expressão cognitiva é o delírio. O delírio é uma manifestação de fragilidade, devido não apenas à possível inverossimilhança de seu conteúdo, mas também, e principalmente, por causa da baixa densidade de energia do Si, que está clara na angústia psicótica localizada no sexto nível corporal relacional.

Isso é mais facilmente evidente nos delírios paranoides e parafrênicos, e muito menos evidente nos delírios paranoicos.

Os delírios paranoides são caracterizados por uma experiência delirante primária que se repete muitas vezes seguidamente, *a pousseès* (em episódios agudos), e o delírio se enriquece, se modifica, se estende e se complica incessantemente enquanto não consegue neutralizar a dispersão psicótica.

Os aspectos dissolutivos da personalidade estão em primeiro plano, o componente alucinatório é marcado, invasivo, com predominância do componente xenopático, seu tema é prevalentemente persecutório, a sua estrutura lógica é muito carente, pois é condicionada pelos aspectos dissolutivos personológicos.

A angústia de aniquilamento é mal controlada no sexto nível corporal pelo imponente bloco hipo-orgonômico.

Gostaríamos de inserir aqui uma possível leitura da ação psicofarmacológica. Pensamos que a atenção sobre a ação dos neurolépticos tenha sido excessivamente centralizada sobre os componentes mesolímbicos e mesocorticais das vias dopaminérgicas, e que a importância da atividade desses componentes sobre os núcleos da base tenha sido negligenciada.

Em nossa opinião, o que se verifica nessa área não tem importância apenas para os efeitos colaterais (parkinsonismo), mas é também de grande importância de uma forma mais ampla. Aqui nos referimos ao fato de que os neurolépticos constroem, instalam, da forma possível, um cinto de segurança, uma couraça medicamentosa, um limite para a dispersão energética que subjaz a toda essa dinâmica, a qual é devida a um bloco hipertônico do Complexo-R e da sua projeção somato-visceral no sexto nível corporal relacional.

A parada da dispersão energética estanca a desagregação, a angústia psicótica e o grande vazio da primeira grande boca. Isto é, com a psicofarmacoterapia colocamos uma couraça medicamentosa no terreno sobre o qual surgiram as soluções desesperadas e delirantes. Desse modo, reconquistamos os estados energéticos superiores, se as intervenções chegarem na hora correta e se forem apropriadas, de tal forma que nos permita alcançar o limite depressivo-límbico, e com ele alcançamos um novo contato diádico psicoterapêutico e um plano maior da realidade.

O contato analítico-terapêutico e o *setting* diádico pertencem ao sistema límbico, e sua ação é possível somente a partir desse limite para cima. O Complexo-R **não tem uma diade**, e por isso não é possível haver um verdadeiro contato relacional quando ele for dominante.

Dessa simples constatação nasce a validade do uso apropriado de psicofármacos, sempre dentro de um projeto funcional.

Os psicofármacos são úteis para fazer retornar aos limites normais aquela expressividade psicopatológica de **traço além do limite**, que ficou evidente em uma sintomatologia.

O ponto fundamental é prescrever o psicofármaco sempre dentro de uma relação com o Outro. Não podemos simplesmente prescrever um psicofármaco, pois dessa forma delegamos exclusivamente ao fármaco a solução dos problemas do paciente.

Cada um de nós é um sistema vivente complexo, e um psicofármaco pode auxiliar somente dentro de um projeto funcional que vê a pessoa na sua totalidade, respeitando os seus tempos, as suas emoções, a sua história e a sua dignidade.

É necessário compartilhar o projeto com o Outro, dando um sentido à sua existência e à sua sintomatologia, porque ela também representa uma fonte cheia de conhecimento. É necessário nos perguntarmos o que para nós significa o sofrimento do Outro: o que nos diz psicoemocionalmente e energeticamente, qual é a sua linguagem verbal e a sua linguagem corporal, qual é o tempo emocional que ele nos está apresentando?

Ao introduzirmos um psicofármaco, inserimos uma modificação neuroquímica de ordem mecânica. Lembremos que, com a relação analítica-terapêutica e as ativações psicocorporais, também modificamos as sinapses do Outro!

Portanto, nesse contexto, os três princípios ativos da psicoterapia estarão cuidadosamente articulados em uma funcionalidade neguentrópica para o Outro.

Os delírios parafrênicos coexistem com uma atividade social sensivelmente normal, os quais a atividade delirante e o componente alucinatório (sempre presente) estão subordinados a um processo defensivo de isolamento e de fechamento. Apesar da presença dos temas megalômanos e fantásticos, os delírios parafrênicos permitem um contato suficientemente em sintonia com a realidade.

Nesse quadro, o componente dissolutivo da personalidade é escasso. As alucinações estão amalgamadas no âmbito temático cósmico ou comunicação mística, cujo círculo o paciente se insere como protagonista ou como um interlocutor privilegiado. A estrutura lógica não se apresenta muito coerente. A angústia parece estar totalmente blindada.

Existem fixações de cobertura narcísica de segundo campo e fixações intrauterinas hipo-orgonóticas de primeiro campo, com mecanismos de defesa de deslocamento e sublimação, que buscam aumentar a neguentropia.

No **delírio paranoico** observamos diferentes espessores de relação objetal primária. Como não é possível alcançarmos e sabermos como aconteceu a experiência delirante primária, podemos até colocar a hipótese de sua possível ausência. Em outras palavras, o paranoico talvez nunca tenha chegado à desestruturação profunda do sexto nível. É como se ele permanecesse desesperadamente enroscado em circuitos fechados e coesos, anteriores ao abismo, os quais são capazes de enquadrar a angústia psicótica de aniquilamento.

No delírio paranoico há a predominância de uma organização pseudológica, urgente e quase irremovível. Não são evidenciados os fenômenos dissociativos da personalidade, nem fenômenos alucinatórios. As temáticas poliformes (persecutórias, de ciúmes, de grandeza) são evidenciadas, e todas estão unidas por um obstinado comportamento reivindicatório.

O componente prevalente comprimido-fálico do paranoico fica evidenciado e é, provavelmente, esse estágio estruturado que impede a dissolução-dispersão profunda.

Dessa forma, está presente uma estrutura lógica, coerente, lúcida, sistematizada, que assegura um controle suficiente da realidade (Rossini, 1971; Bini & Bazzi, 1971; Reich, 1973).

Os níveis prevalentes envolvidos com o bloqueio hiperorgonótico são os do segundo campo, isto é, do quarto, do terceiro e dos primeiros níveis corporais.

Mais uma vez faremos um comentário sobre a ação psicofarmacológica alinhada com a nossa leitura anterior.

Como os neurolépticos agem principalmente sobre o primeiro campo e seus bloqueios hipo-orgonóticos do sexto nível corporal, fica claro que eles não podem agir sobre os problemas localizados no segundo campo com bloqueios hiperorgonóticos do quarto, terceiro e primeiro níveis!

Dessa forma, a ausência da lise (desaparecimento lento e gradual dos sintomas da doença) do delírio paranoico submetido a uma terapia neuro-léptica é absolutamente lógica e reforça a nossa leitura.

Alucinações

> As alucinações são falsas percepções com caraterísticas de corporeidade que não surgem das transformações de percepções reais, mas de um modo completamente novo. Elas surgem juntas e simultaneamente com as percepções reais (Jaspers, 1950, p.348).

No mundo delirante da psicose, as alucinações não são percebidas como estranhas ou não são criticadas: elas se integram bem, em um quadro clínico muitas vezes terrível e angustiado.

As alucinações sempre denunciam uma profunda alteração da relação Si-Outro de Si e mais especificamente da relação Eu-Mundo.

Na verdade, é aqui, nessa relação, que a desestruturação psicótica se expressa na direção alterada e nos limites e distâncias alterados que individualizam e separam o Eu do mundo e o Si do Outro de Si.

O perto e o longe perdem o seu significado e não mais desempenham uma função de segurança. A própria esfera de liberdade está colapsada, assim como o espaço está colapsado: a cena se dispõe egocentricamente.

Com as alucinações estamos diante de um sintoma indicativo de um estado psicótico e, não apenas, diante de alterações dos níveis sensoriais estabelecidos pela percepção. As alucinações são, de fato, falsas percepções.

As alucinações podem ser auditivas, visuais, táteis, olfativas e gustativas.

Usando o código neguentrópico sistêmico, propomos uma hipótese de leitura das alucinações.

A atuação lenta e/ou aguda de um estado psicótico implica uma repentina ou progressiva **perda-dispersão-desagregação-descompensação** de energia por parte do Si.

Quando há uma estruturação de cobertura de segundo campo, o paciente faz tentativas de defesa através de negações e de projeções. Em outras palavras, o Si, alarmado, tenta parar a ameaça e impedir a dissolução através da contração e da remoção.

Numa condição em que um Si alarmado tenha uma baixa densidade da relação objetal primária, o estado energético que se produz é psicótico e faz com que uma parte do seu segundo campo não seja mais percebida como sendo algo próprio, e sim como algo externo e estranho.

Em outras palavras, as alucinações pertencem ao Si e ao seu Superego, mas existem estados e camadas anteriores à descompensação psicótica, neguentropicamente maiores, que impactam sensorialmente sobre o novo estado que se apresenta, o qual tem menor neguentropia (Figura 10).

A diferença entre os estados energéticos é indicativa da intensidade e da gravidade do fenômeno alucinatório.

Vamos a uma reflexão questionadora: a ameaça da experiência alucinatória pode ser devida ao DOR[7]? Colocando de uma outra maneira, perguntamo-nos se a condição DOR faz um assédio, um cerco ameaçador ao sistema?

E ainda, será que o estado psicótico que se instala, com prevalência reptiliana, sofre a ressonância emocional persecutória dos objetos parciais relacionais de origem límbica ou reptiliana e/ou neopalial?

---

[7] DOR literalmente "Deadly Orgone", em português Orgone Mortal, energia estagnada opressiva ou negativa. (N. da T.)

CARÁTER & PSICOPATOLOGIA

Figura 10

O fenômeno alucinatório no Si

Fonte: elaborado pelos autores

Capítulo 13

NEUROSES

Muitas vezes, aquele que vem até nós em busca de ajuda nos fala do seu mundo pontilhado pela presença da ansiedade, de um mal-estar vago e indefinido, pela astenia e pela preocupação com a própria saúde, pelo medo da morte. Uma condição que é caracterizada pela presença de ações e rituais que exprimem a pessoa em espaços vitais cada vez mais limitados. Alguns lugares e objetos particulares causam medo, acontecem grandes explosões emocionais, sentimentos de vazio, tédio e frustração cotidiana, e não saber mais se reconhecer na própria dimensão individual ou na dimensão do casal.

Esse é um cenário que não nos propõe uma imagem clássica da loucura com as suas impressionantes manifestações de desagregação da realidade. Nele não se respira o ar da alienação da psicose.

É uma condição que, embora por um lado possa parecer absolutamente compreensível e humana no tipo de sofrimento envolvido, por outro lado uma definição científica requer uma caracterização mais precisa, que viabilize uma maior organização dessa condição.

 Vamos então acompanhar o fenômeno do desenvolvimento do conceito de neurose através da multiplicidade das linguagens que surgem das diferentes posições de observação.

Se o código de referência for o do fenômeno, se houver uma perspectiva existencial e se a causa básica do sofrimento for colocada na experencia de vida que chamamos de ansiedade, então o neurótico é a pessoa que, sendo totalmente envolvido pela sua ansiedade e tendo recusado a responsabilidade por estar aqui neste mundo, não enxerga nenhuma possibilidade de resignação, de fuga do mundo, ou mesmo de heroísmo ou de espiritualidade.

A ideia de que o sofrimento tira do ser humano "toda a qualidade de vida" está implícita nesse conceito. "O sofrimento é concebido como um fato supremo, um limite ou um fato inevitável. O sofrimento não é mais uma singularidade e, ao contrário, pertence à totalidade" (Jaspers, 1950).

Então, o ser humano, dominado pela ansiedade, torna-se limitado em sua capacidade de planejamento e projetos de vida, essa capacidade fica reduzida à compressão da hipocondria, da compressão do contato fugaz e manipulador com o outro.

Essa definição da neurose tem um sabor mais ontológico do que psicopatológico, e pode acabar por se diluir em uma perspectiva que negligencia elementos importantes da história de vida da pessoa, perdendo assim o contato direto com o indivíduo real.

Na realidade, existe um vasto segmento da cultura psicológica que rejeita o conceito da neurose. A noção de uma reação psicogênica que implique consequentes desenvolvimentos da personalidade de um lado, e personalidade psicopática de outro, permite que a sintomatologia seja explicada nos limites de uma descrição ordenada, levando em conta exclusivamente as bases factuais da mente consciente. Essa visão está colocada principalmente na posição de K. Schneider (1959), em cuja obra não aparece o termo neurose, a não ser para ressaltar que existe uma "responsabilidade" que o "neurótico" deve assumir e da qual também poderia facilmente se livrar.

Entretanto, a neurose também pode ser uma condição de sofrimento pessoal causada por conflitos não resolvidos entre exigências contraditórias. Esses conflitos seriam um conjunto de mecanismos psicológicos particulares, nos quais a sociedade não apenas serve como pano de fundo para experiências pessoais de vida, mas tem um papel fundamental, com sua violência, com os seus desequilíbrios e com a complexidade de suas relações.

A raiz do conflito neurótico vai desde a presença de impulsos instintivos, que estão ancorados na esfera individual, até determinações históricas mais reais. A tomada de consciência política desempenha então um papel decisivo para desmascarar as falsas necessidades patogênicas induzidas pelo modelo de desenvolvimento capitalista (Jervis, 1976).

A psicanálise começa a se interessar pelas neuroses no final de um período histórico que considerava esse grupo de distúrbios como doenças que surgem na ausência de qualquer base anatomopatológica. Como diz Cullen (1772), "são lesões do **sentimento** e do **movimento,** sem inflamações nem lesões das estruturas".

A posição de Freud na história das neuroses passa pela sua própria história de vida naquela época e, na prática, reflete exatamente a posição da psiquiatria do seu tempo. Houve o reconhecimento da natureza funcional do distúrbio e foi possível diferenciá-lo das desordens mentais mais graves.

Mas, sendo o mecanismo psicogenético o principal interesse de Freud, a sistematização nosográfica que acabou emergindo vai das neuroses atuais às psiconeuroses (Laplanch & Pontalis, 1973).

A primeira categoria, neuroses atuais, era caracterizada etiologicamente por uma disfunção somática da sexualidade. Posteriormente, sua definição foi modificada como sendo uma insuficiência crônica do Eu. Essa categoria inclui as neuroses de angústia, a neurastenia e a hipocondria.

Na segunda categoria de neurose, onde predomina o conflito psíquico, com a presença de um Eu relativamente mais forte, incluem-se a histeria, a neurose fóbica e a neurose obsessiva.

A influência da dinâmica freudiana se faz sentir dentro da clínica: as neuroses são definidas como afecções funcionais,

> ... caracterizadas por sintomas psicológicos, comportamentais e vegetativos, sem nenhum substrato orgânico, determinadas por situações conflitantes intrapsíquicas ou ambientais e ancoradas em estruturas de personalidade biologicamente pré-determinadas ou predispostas a erros educacionais (Sarteschi & Maggini, 1982, p.371).

No entanto, a definição extremamente generalizada de neurose abre caminho para as mais variadas interpretações etiopatogênicas, todas parcialmente pertinentes. Tais interpretações vão desde conceitos comportamentais a conceitos biodinâmicos, passando por conceitos organodinâmicos, e por teorias culturais, até às mais estritamente biológicas.

O neurótico é aquela pessoa que vê sua capacidade de planejamento de seus projetos de vida como sendo ou estando limitada. Essa pessoa reduz a si mesma a experienciar uma coerção e uma compulsão a repetir suas próprias ações, que se vê limitada pelo desânimo devido a conflitos não resolvidos entre necessidades contraditórias. São pessoas dominadas por um conjunto de mecanismos psicológicos específicos e sugadas pela complexidade de seus relacionamentos inautênticos e manipuladores. Essa pessoa vive neste universo, quer que seus sintomas estejam organizados em um quadro sindrômico preciso, ou que estejam integrados na personalidade. Os problemas da área neurótica permanecem em boa parte egossintônicos, e, portanto, não são vistos ou reconhecidos pelo Ego (Migone, 2004).

Reich renunciou as distinções entre neuroses de caráter e neuroses sintomáticas, evidenciando o fato de que todos os neuróticos têm um caráter neurótico que pode se expressar em sintomas visíveis. A única diferença entre a neurose de caráter e a neurose acompanhada de sintomas está no fato de que nesta última o caráter neurótico dá origem aos sintomas: os sintomas são o cume da cadeia montanhosa constituída pelo caráter neurótico (Reich, 1973). As neuroses de caráter podem ser imediatamente reconhecidas porque o paciente não se sente claramente doente, enquanto que um sintoma neurótico é percebido pela pessoa como sendo um corpo estranho que pode envenenar sua vida.

Nas neuroses de caráter, o neurótico não apresenta sintomas, mas tem traços de caráter neurótico, dos quais ele pode não estar consciente. Quando ele é colocado de frente a um elemento bem preciso, o paciente se defende inventando todo tipo de racionalização. Ao contrário, uma pessoa que sofre de agorafobia ou impotência não tem esse tipo de escapatória à sua disposição. Com Reich, assistimos a um grande salto sistêmico: a passagem do sintoma para o traço de caráter, do conteúdo para o continente.

Reich afirma que:

> O complexo dos traços de caráter neuróticos, revela-se como um mecanismo de proteção, uma armadura que protege o sujeito contra os estímulos que provêm do mundo externo e do seu inconsciente. No caráter neurótico, dominam as negações, as proibições e as recusas. Removidas violentamente, as pulsões pré-genitais e incestuosas retornam na forma de fantasmas e de sintomas carregados de angústia, que invadem e pervertem a atividade cotidiana.

> O Ego, O Id e o Superego produzem um ciclo contínuo de conflitos que são fonte de culpas e inibições. Por trás das figuras dos parceiros, amantes, amigos ou inimigos, existem imagens parentais carregadas de sentimentos... Mais do que agir, o sujeito reage, sobrecarregado por formações reativas que criam uma atmosfera que não é autêntica. A impotência orgástica e o desequilíbrio da libido se traduzem em comportamentos frios, impulsivos ou estereotipados, que podem ser nervosos ou bem comportados, resignados ou reivindicatórios. (Reich, 1973).

Na nossa leitura pós-reichiana, mantemos o salto evolutivo na posição de observação, focando o **continente,** e não **o conteúdo,** ou seja, observamos o traço de caráter, e não o sintoma.

No código neguentrópico-sistêmico, o distúrbio neurótico é um distúrbio qualitativo. É uma situação de desequilíbrio e de conflitos psicoemocionais e energéticos. É um estado de disfuncionalidade de um ou mais níveis corporais relacionais envolvidos, ou de todo o campo do Si, cuja relação objetal primária tem uma densidade média-alta. Uma neurose pode se expressar com sintomas clinicamente aparentes, mas se for neurose de caráter, pode durar toda a vida. Pode acontecer de uma maneira silenciosa ou compensada, em um quadro de economia energética, mas que, inevitavelmente estaria numa posição inferior à potencialidade daquele Si.

A disfuncionalidade deve, portanto, ser atribuída ao encontro-confronto de um Si que tenha uma densidade de relação objetal primária média-alta, com impressões determinantes recebidas nos vários campos do Outro de Si, assim como a combinação caracterológica resultante.

A qualidade e a quantidade dessas impressões determinantes dos sinais gravados são fundamentais para uma organização excessiva ou deficiente do Si e dos níveis corporais da pessoa. No caso de excesso, essa condição leva a uma compressão. E no caso de deficiência, levará a uma dispersão do campo do Si. Em ambos os casos, entretanto, haverá sempre uma falta de afirmação do Si.

De modo geral, podemos distinguir os seguintes distúrbios:

1. Distúrbios neuróticos de caráter de excesso de primeiro e de segundo campo;

2. Distúrbios neuróticos de caráter de deficiência de segundo campo;

3. Distúrbios neuróticos reativos de caráter de terceiro campo.

1) Distúrbios neuróticos de caráter de excesso do primeiro e do segundo campo, com bloqueios hiperorgonóticos dos níveis corporais envolvidos

O grau de compressão que define uma neurose de excesso depende da quantidade e da qualidade das frustrações e castrações vividas, da fase de vida em que elas ocorreram e também de sua duração no tempo, de sua transitoriedade ou persistência no tempo. Outro fator que importa é a densidade da relação objetal primária do Si, que precisa ser média ou alta, assim como das fases, dos níveis corporais envolvidos e dos campos prevalentemente fixados. O **como** ocorreram os pontos de separação e os de aproximação nas passagens entre as fases evolutivas é outra variável a ser ponderada. Consideremos também a ordem de nascimento dos irmãos, o sexo da principal pessoa coercitiva, assim como as atmosferas de campo.

Nesse caso, as impressões determinantes do Outro de Si, com a compressão do campo do Si, provocaram a perda do seu movimento e da **expansão agressiva** (lembremos da origem da expressão *ad-gredior*, que quer dizer "ir em direção ao *Ser* – na sua conotação assertiva). Isso também produziu uma redução da pulsação, com compressão e imobilidade (estase) de um ou mais níveis corporais relacionais, ou no organismo inteiro.

Seguem alguns exemplos para esclarecimento.

Neurose de excesso na fase trofo-umbilical

Pode-se observar aqui um circuito relacional de primeiro campo, do tipo fóbico, com boa densidade, que transmite ao pequeno Si um bom espessor da relação objetal primária, mas que transmite também um alarme noradrenérgico, uma opressão e uma contração. Caso essa vivência produza uma fixação prevalente (sexto nível corporal, traço intrauterino fóbico), assistiremos a uma intolerância naquele Si, mais ou menos num nível clínico, a quaisquer situações de espaço fechados no **aqui e agora**.

Essa neurose poderia ser traduzida na forma sintomatológica pura como uma fobia situacional: claustrofobia na sua expressividade fractal do **interior, do dentro** e do estar **fechado**, mas também pode ser agorafobia na sua expressividade fractal do **exterior e do estar aberto**. Os níveis corporais envolvidos seriam o sexto na primeira forma claustrofóbica e o sexto ou segundo níveis corporais conforme a agorafobia se origine no **pós-parto** ou no **pós-desmame.**

O claustrofóbico experimenta o terror quando se encontra em um lugar fechado e apertado. Tem uma sensação de falta de ar e de opressão e "é tomado por uma sensação de imobilização total com intensas perturbações vegetativas, como se as paredes do lugar fossem se fechando sobre ele para o esmagar" (Porot, 1970).

O agorafóbico, ao contrário, é atacado pelo pânico ao se encontrar sozinho, fora de um lugar seguro, como ao entrar em uma loja, estar no meio de uma multidão ou andar por uma rua.

O seu corpo reage com sintomas de asfixia, de taquicardia, se comprime, não expande a sua vitalidade, a sua vida se recolhe para dentro das paredes domésticas, que são um refúgio seguro do mundo exterior, sobre o qual ele não tem nenhum controle.

As outras formas sintomatológicas, como as demais fobias de lugares, de objetos ou de animais, estão sempre no terreno do alarme (traço intrauterino fóbico), mas com cofixações prevalentes sucessivas, na fase muscular e na primeira fase gênito-ocular.

Por exemplo, uma cofixação na primeira parte da fase muscular (fase oral-sádica) poderia desencadear uma fobia social durante a passagem do primeiro para o segundo campo, com o comprometimento do segundo nível corporal para o quarto nível corporal relacional. Uma cofixação na segunda parte da fase muscular (fase anal-sádica) poderia desencadear uma fobia de objetos cortantes, possíveis vetores da forte agressividade do masoquismo primário, que estava reprimida na couraça muscular torácica de segundo campo (quarto nível corporal) (Figura 11).

Figura 11

A árvore dos medos

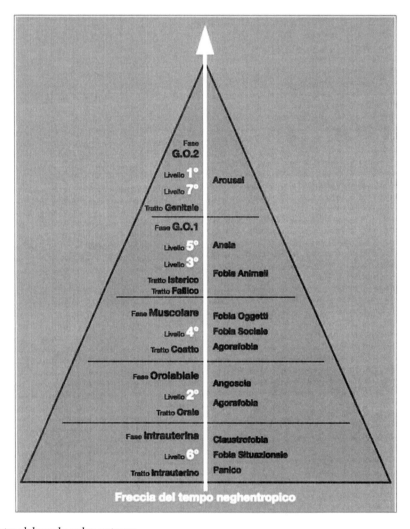

Fonte: elaborado pelos autores

Nota tradutória:

Fase G.O. 2

1º Nível Corporal

Excitação

7º Nível Corporal

Traço genital

Fase G.O. 1

5º Nível Corporal   Ansiedade

 Traço Histérico   Fobia de animal

3ºNível - Traço Fálico

Fase Muscular   l   Fobia de Objetos

4º Nível Corporal   Fobia Social

Traço Comprimido   Agorafobia

Fase Oro-labial

2º Nível Corporal   Angústia

Traço Oral   Agorafobia

Fase Intrauterina   Claustrofobia

6º Nível Corporal   Fobia Situacional

Traço Intrauterino   Pânico

Flecha do tempo neguentrópica

Neurose de excesso na fase oro-labial

Aqui consideramos uma mãe com boa densidade de energia, muito sedutora, protetora e envolvente, que age sobre um Si com boa densidade de relação objetal intrauterina. Essa condição não permite o desmame, retém a criança na segunda fase oro-labial do segundo nível corporal, impede a separação funcional e a aproximação da fase muscular, que é mais organizada. Isso gera uma idealização do primeiro campo-mãe e uma fixação prevalente no traço oral de excesso, por uma falta de afirmação e individuação, com um conflito neurótico de possíveis temáticas de castração, que é uma forma clara de neurose de angústia primária.

Neurose de excesso em fase muscular e na primeira fase gênito-ocular

Esses quadros são aqueles mais estudados e reconhecidos pela literatura das gerações de analistas que nos precederam, e podemos defini-los como exemplos clássicos em que reina o mecanismo da repressão.

Ocorre nas fases evolutivas do segundo campo, com figuras muito rígidas e encouraçadas, que atingem o Si com impressões que restringiram a organização dos níveis corporais relacionais envolvidos (terceiro e quarto), estruturando bloqueios. Se esses bloqueios forem prevalentes, então, de acordo com as fases envolvidas, conotariam os distúrbios neuróticos de caráter com sintomas clínicos da esfera comprimida ou pré-fálica.

Uma neurose obsessiva pura é uma forma emblemática de neurose de excesso de segundo campo. O movimento é totalmente bloqueado na armadura comprimida-muscular: o Si impactou e foi impactado por um Outro de Si superegoico opressor e coercitivo no segundo campo.

Na verdade, são os próprios níveis corporais hipertônicos, o terceiro e o quarto níveis corporais encouraçados, que determinam aquela particular estrutura **cilíndrica**, a qual direciona a energia para o alto. Isso também é favorecido pelo bloqueio do sétimo nível corporal devido à excessiva contração muscular dos esfíncteres anal-uretral. É precisamente essa estrutura **cilíndrica** que move a energia para o alto e é a responsável pela ruminação e pela obsessividade clínica do primeiro nível corporal (olhos), que é claramente afetado por um **bloqueio hiperorgonótico**.

Outro exemplo de neurose de excesso de segundo campo (mencionamos esse exemplo para esclarecer alguns abusos semânticos) é representado pela neurose histérica, que na realidade nunca é pura, mas articula-se em cofixações, conforme já mencionamos no Capítulo 8. Obviamente, estamos aqui falando de um específico excesso de segundo campo, que é o campo da figura parental do outro sexo, na primeira fase gênito-ocular e em particular do excesso de proximidade incestuosa no período edipiano. O quinto nível corporal está prevalentemente e hiperorgonoticamente envolvido.

Nesse caso, então, estamos fazendo uma distinção entre um **distúrbio** neurótico histérico de um **traço** histérico de personalidade. O distúrbio neurótico histérico é um aspecto além do limite, que configura um sintoma. E no traço histérico identificamos a **histeria de cobertura** e a chamada **reação histérica**.

A histeria de cobertura é uma **modalidade de superfície**, com uma fixação genital incestuosa não prevalente, em sujeitos com baixa densidade de relação objetal primária.

Ao contrário, a reação histérica é uma explosão energética causada pelo aumento de energia, que muitas vezes vem em resposta ao alarme. É reativa, não contida, avassaladora e temporária, com ausência de desestruturação da organização da pessoa. Pode pertencer a todos os traços de caráter, mesmo que tenha limites diferentes.

A reação histérica, na verdade, significa uma **explosão visceral**.

2) Distúrbios neuróticos de caráter com deficiência do segundo campo

São distúrbios exclusivos do segundo campo, porque uma deficiência de primeiro campo, seja na fase intrauterina ou na fase oro-labial, definiria uma patologia da esfera psicótica, *borderline* ou depressiva. Esses distúrbios são devido à ausência de **impressões determinantes** por parte das figuras estruturadoras do segundo campo.

Ficam evidentes os aspectos que destacam uma insuficiente organização dos níveis corporais correspondentes, no segundo campo (terceiro e quarto níveis), com bloqueios hipo-orgonóticos e dinâmicas intuitivas conflitantes. Portanto, observamos uma falta de estruturação dos limites do campo do Si, uma real possibilidade de dispersão e uma redução da economia energética total.

Neurose de deficiência na fase muscular e na primeira fase gênito--ocular: configura-se, nesse caso, a chamada **ausência** do pai (quantos pais são uterinos!). Essa ausência, essa deficiência de segundo campo, pode, paradoxalmente, dar origem a uma fixação prevalente de primeiro campo. Nesse caso, a posição oral da pessoa, caracterizada pelo excesso de primeiro campo, pode facilmente se descompensar e surgir então uma neurose de angústia, que, no entanto, será uma formação secundária. Essa forma de neurose secundária de angústia é mais conhecida, impropriamente, como neurose depressiva (quarto nível hipotônico).

3) Distúrbios neuróticos reativos de terceiro campo

São distúrbios reativos temporários causados por impressões do **aqui-e-agora** provenientes do terceiro campo do Outro de Si. Esses distúrbios são neurotizantes e, portanto, portadores de linhas energéticas e psicoemocionais discordantes, contraditórias, ambivalentes, frustrantes ou castradoras. Podem, sim, trazer uma disfuncionalidade para o Si no **aqui-e-agora**. Caso esses distúrbios encontrem um terreno personológico disfuncional, nos níveis corporais do primeiro e segundo campo, podem se enraizar e se estabelecerem na dinâmica do caráter daquela pessoa.

Capítulo 14

PARANOIA

A origem da palavra **paranoia** vem da antiguidade clássica. É uma expressão que significa perda da razão no uso do cotidiano linguístico, tanto quanto é usada para designar uma doença específica. A paranoia oscila entre os dois significados, um deles é um jargão próprio da linguagem popular, o outro apareceu primeiramente na literatura e no teatro e foi posteriormente apropriado pela psicopatologia.

O uso clínico dessa expressão tende a ser restrito à área semântica e nosológica à qual se refere. O que é então extrapolado, de dentro da paranoia, é o seu sintoma fundamental mais marcante: o delírio.

O termo paranoia vem do grego *paranoeo,* que significa "compreendo mal", e se compõe de dois termos, *para* (que significa ao lado de, próximo à...) e *nous* (que significa mente): a paranoia é algo que se coloca **ao lado,** e o delírio (*de-lyra,* que vem do latim, *de* = fora e *lyra* = trilho), do qual a paranoia é a expressão paradigmática, indica a saída do sulco do arado. É uma metáfora da incapacidade de seguir um rumo reto.

Conforme Kraepelin (1984), a paranoia é uma

> ... psicose caracterizada pelo lento desenvolvimento de um sistema delirante crônico, imutável, produzido por causas internas, cuja evolução é acompanhada pela perfeita conservação da lucidez sensorial e da ordem do pensamento, na vontade e na ação.

A característica fundamental dessa definição é que ela converge no delírio e na perfeita conservação dos aspectos personológicos. O delírio sistematizado, crônico e indestrutível aparece como uma "cunha que se insere na personalidade" (Ey et al., 1978). A personalidade é encorajada por seu próprio ser não autêntico no mundo, que é a Suspeita. Há um comportamento hipervigilante da realidade, caracterizado pela preocupação e pela apreensão. Há uma contínua expectativa de engano e tensão ansiosa rigidamente direcional que visa buscar provas para o que já era uma suspeita preconcebida. A memória está preparada para recombinar as experiências nunca vividas em produções fantásticas de memórias, e construir as bases para a criação de temas delirantes.

O paranoico pode também apresentar vivências hipocondríacas, inclusive apontadas por Freud no caso Schreber, às vezes baseadas no pano de fundo da sua existência, e outras vezes permeando a temática delirante. No entanto, essas vivências são a expressão de uma agressão à segurança existencial que se experimenta primariamente no corpo. Aquilo que se vive através do corpo é

> ... a experiência de si mesmo como uma coisa viva, real, inteira. No corpo experimentamos os limites que nos separam da realidade que nos circunda e que ao mesmo tempo garantem a nossa própria identidade e autonomia. Uma autonomia que continua ao longo do tempo, dotada de coerência interna, de autenticidade e de valores (Laing, 1961).

A paranoia é uma forma patológica na qual estão presentes, ao mesmo tempo, uma grande firmeza egoica e uma fragmentação da consciência da realidade que, em alguns momentos, aproxima-se à experiência do esquizofrênico (Glover, 1955). Existe um debate na psicopatologia a respeito de em qual extensão os fatores psicogênicos, endógenos ou processuais seriam os responsáveis pela condição da paranoia.

Essa condição um problema que sempre despertou grande interesse, talvez por ser uma amplificação, de forma grotesca e distorcida, de nossa necessidade inata de explicar os fatos e fenômenos através de suas relações causais (Niederland, 1974).

A paranoia se caracteriza por experiências delirantes primárias, que certamente fraturam a continuidade biográfica do sujeito. Parece estar estreitamente ligada à esquizofrenia, embora mantenha a integração da personalidade graças à capacidade de reduzir-se e de encapsular a alteração do julgamento da realidade. Entretanto, também podemos pensar a paranoia como o desenvolvimento inevitável do caráter, quando os fatores externos atingem e influenciam uma certa estrutura de personalidade. Alternativamente, a paranoia pode assumir uma forma de natureza cíclica que mimetiza uma condição afetiva em que as fases são caracterizadas por aspectos delirantes sucessivos a aspectos do tipo maníaco ou depressivo.

O paranoico tem um modo de estar no mundo que permeia todas as suas expressões. Mesmo na aparente distorção setorial da realidade, esse padrão leva a uma verdadeira *Weltanschauung* (filosofia de vida) que Binswanger explica com as seguintes palavras:

> A paranóia é uma experiência humana tematizada pela emergência que inunda e dilacera as estruturas psicopatológicas que nós chamamos de delirante, mas que são nada além de modos radicalmente diferentes de estar no mundo. (Binswanger, 1977).

Segue uma reflexão:

É interessante notar, e é por isso que a paranoia parece ser uma espécie de ginásio de esportes onde se testam modelos e convicções, como a patologia das relações interpessoais que aflige o paranoico pode ser rastreada até a posição que eu assumo de imediato, diante da presença do Outro (ver *O Ser e o Nada,* de J.P. Sartre, 1943). É interessante ver como a minha visão do mundo pode ser modificada pela expressão do Outro, ameaçando a minha posição de centralidade absoluta, e como provoca uma mudança radical na relação com o meu universo em que se introduziu um elemento de desagregação. A partir do olhar do Outro, o paranoico percebe a imagem da sua própria **morte**.

Portanto, se a condição natural é viver sob um ataque que tenta dissolver e fragmentar o Eu e a sua segurança ontológica, estamos condenados a nos proteger dessa situação dramática através de mecanismos de defesa e de controle da realidade. Isso é suficiente para levar a uma operação delirante apenas para fugir da angústia de morte? O único modo possível de superar essa angústia seria ter a certeza de ser perseguido, recuperando um centro gravitacional e um sentimento de segurança para fechar o rombo que está se abrindo?

Será esse talvez o motivo pelo qual a sociedade é caracterizada por uma má comunicação, falsa metacomunicação e violência explosiva? Estamos sendo dominados pela Suspeita? Estamos diante de uma forma sutil da peste emocional?

Vamos então tentar individuar, a partir de uma ótica neguentrópica sistémica, as estruturas fundamentais sobre as quais o mundo delirante é construído e tornado absoluto pelo paranoico.

Reich afirmou que a paranoia pertencia ao caráter fálico-narcisista. Talvez seja mais exato afirmar que a paranoia pertence aos caráteres comprimidos e/ou fálicos, ou seja, aquele caráter que estruturou a musculatura estriada sobre um eixo narcisista.

A paranoia é sempre um padrão específico de reação ao alarme. Mas qual alarme? E em qual estágio evolutivo?

Estamos aqui considerando fixações não prevalentes as quais certamente trazem experiências de fase intrauterina, simbióticas e de alarme, o que implica fortes e ambivalentes problemáticas de separação da figura materna.

O encontro-impacto do Si com a figura-líder estruturante do mesmo sexo e do segundo campo é específico e tipifica a paranoia — consideramos essa situação como determinante do quadro clínico. Nesse caso, essa figura líder se apresenta com padrões relacionais de personalidade caracterizados pelo exercício do autoritarismo, da repressão, da castração, da ameaça e da onipotência, com proposição narcisista do Si. Ao lado dessa figura líder, estaria uma pessoa melancólica, depressiva, e juntos o casal induziria os possíveis fundamentos caracterológicos de uma paranoia.

Mas tudo isso não basta.

Outra variável determinante é a alta densidade da relação objetal primária do Si, que envolve um forte elemento estênico e a presença de fixações prevalentes comprimidas e/ou fálicas. Essas fixações vão colidir e se fragmentar, dobrando-se e comprimindo-se contra o campo rígido do líder autoritário que não permite que o Eu da pessoa seja alcançado.

Como consequência, a pessoa paranoica tenderá à consolidação de posições fechadas depressivas-removidas. As experiências de vida incorporadas a essa constante ameaça de segundo campo se tornarão as impressões determinantes. Induzirão no Si uma forte repressão da agressividade e uma presença fantasmática, mais ou menos subliminar, de identificação com a passividade do parceiro do líder (do qual estarão sempre presentes temas de medo da homossexualidade).

Em termos neguentrópicos-sistêmicos, na paranoia realmente existe uma couraça fortíssima, isto é, um campo hermeticamente fechado, compacto, impenetrável e alarmado. É **um cinturão protetor** de couraça inquebrável, sem brechas, que impede os circuitos relacionais e reforça a imobilidade nessa posição.

Os olhos e o campo de consciência do Eu são condicionados por essa posição e, embora sejam lógicos, precisos e lúcidos, não têm agilidade. Eles só podem ver a partir desse estado e estrutura energética, ou seja, a partir de uma posição de **verdade**, única, ou melhor, de uma posição pré-delirante.

Se estressores significativos deixarem sua marca nesse terreno, haverá maior aperto do **parafuso** para interromper a entropia do Si, com a hipertonia do quarto, terceiro e primeiro níveis corporais (tórax, pescoço e olhos).

CARÁTER & PSICOPATOLOGIA

O elemento estênico, de uma relação objetal primária de boa densidade, e o bloqueio dos níveis corporais do segundo campo não permitem as alucinações. Esses dois fatores, juntamente aos mecanismos de negação e projeção típicos de um rebaixamento energético dessas personalidades, **permitem que o inimigo entre**. Isso funciona como um enorme gancho para se segurar e não permitir uma queda maior, mas também representa uma construção persecutória delirante, que parte da percepção delirante, das conexões gratuitas e autorreferências, para encontrar a **solução-verdade** e conter a angústia de aniquilação.

O bloqueio hipertônico tórax-pescoço-olhos representa o terreno sobre o qual se edificará o delírio sistematizado, pseudológico e muitas vezes verossímil. E aqui, para concluirmos, é preciso fazer um diagnóstico diferencial.

A presença de uma baixa densidade da relação objetal primária do Si distingue uma psicose paranoide da paranoia. Na verdade, a psicose paranoide implica uma sintomatologia claramente mais grave por causa da presença das alucinações: a contração e a retração do campo, ocorre, de fato, no tempo intrauterino do Si, de tal forma que torna o segundo campo estranho. Dessa forma, a ressonância das impressões determinantes daquelas fases não é mais sentida como sendo deles próprios.

O verdadeiro paranoico jamais será um esquizofrênico paranoide: a diferente localização do dano na flecha do tempo evolutivo o impede de ser!

Capítulo 15

DISTÚRBIOS DEPRESSIVOS E DISTÚRBIO *BORDERLINE*

Os distúrbios depressivos

Na tradição ocidental, o conceito do distúrbio da depressão é um dos que menos sofreu mudanças ao longo do tempo. A sua sintomatologia é representada por ansiedade, cansaço, mudanças de humor condicionados pela angústia ou nostalgia impregnados de tristeza. No passado, esses sintomas eram a tal grau associados com a melancolia, que eram considerados um sinal da sabedoria simbolizada por Saturno. O conceito de depressão não sofreu metamorfoses, e as velhas formas de compreender a melancolia não desapareceram e convivem com as novas formas definidas pela ciência.

Mas, o que é a depressão?

A depressão é uma constelação de sintomas relativos a um distúrbio do humor considerado decisivo para determinar o aparecimento dos seus sintomas. A pessoa deprimida sente-se desanimada, desiludida, entediada, abatida, pessimista, descontente, mal-humorada e irritável. Às vezes, a pessoa sente medo, sem nenhum objeto que possa facilmente ser identificado. Ela não se sente segura no seu ambiente e também experimenta o seu corpo como estranho, sendo atingida por sensações desagradáveis e por dores localizadas ou difusas. Frequentemente, vive um isolamento social angustiado, oprimido pela solidão e pelo abandono. Não demonstra autoestima, está sempre preocupada e reclama com frequência. Essa pessoa não vê um futuro para si mesma ou acha que o futuro não lhe reserva nada de positivo, assim como o mundo em que vive.

Todos os seus pensamentos contribuem para manter a situação depressiva — a pessoa deprimida tira conclusões precipitadas mesmo na presença de evidências contraditórias. Ela se concentra em detalhes especificamente selecionados, tendendo, ao contrário, a exagerar ou minimizar as coisas de maneira absoluta e dicotômica. Vive os acontecimentos na sua dimensão de totalidade e irreversibilidade. A pessoa deprimida está sempre endividada, no sentido mais amplo da palavra. O seu lema é **eu devo, eu tenho que**, e não há a opção de repensar ou voltar atrás na posição assumida.

Frequentemente ela perde o apetite, os alimentos perdem o sabor, a sexualidade não lhe interessa. Existe uma persistente insônia e lhe falta energia. Sua existência é constantemente cinza e sombria. A dor soma-se a um esvaziamento dos afetos e à incapacidade de encontrar ressonância emocional mesmo entre aqueles com quem tem laços familiares ou de amizade.

O mundo da pessoa deprimida é realmente difícil. É como se o tempo parasse em um presente eterno que é carregado pelos fantasmas do passado.

Obviamente, o corpo também participa dessa síncope temporal. A pobreza, a monotonia, a rigidez, a imobilidade são algumas das variações melancólicas que atingem o seu ápice quando a mente está convencida de uma culpa que não existe, de uma doença irreal, de uma pobreza iminente, de uma indignidade cometida no passado sobre o qual desenrola o desejo de autoacusação e de punição.

O subsistema límbico baixa a sua dominância progressiva e entramos na área da fronteira com o subsistema do complexo reptiliano.

O ponto alto dos temas delirantes é, de acordo com Schneider,

> ... atingir a angústia existencial primordial. Os delírios de miséria são o produto natural da consciência da própria nulidade pragmática. A matrix dos delírios de indignidade e de auto-acusação é a consciência do esvaziamento afetivo que os torna maus e indignos e, portanto, merecem ser condenados. (Schneider, 1959).

Essas depressões são marcadas, distintamente, por essa grande tristeza vital, pelo esvaziamento afetivo, pela inibição psicomotora e pelo congelamento do tempo interior, pelas alterações nas experiências corporais e pelas ideias delirantes. Tais depressões normalmente são chamadas de depressões **endógenas** ou **depressões maiores**. São as depressões enraizadas no biológico, naquilo que é incompreensível no homem, naquela área obscura cujos limites a inteligibilidade cessa e onde a loucura começa.

Entretanto, raramente a depressão se mostra completamente em toda a sua possível expressividade.

CARÁTER & PSICOPATOLOGIA

A frequência em que ocorrem algumas combinações de sintomas, a idade das suas primeiras manifestações, o início e a progressão e os seus efeitos, a incidência familiar e as peculiaridades bioquímicas deram origem a inúmeras tentativas de classificar e organizar os vários quadros de tristeza em esquemas quantitativos e dimensionais ou qualitativos e tipológicos, com o objetivo de "reduzir a sua heterogeneidade" (Klerman, et al., 1990). Embora a fenomenologia da depressão seja bem conhecida desde os tempos de Hipócrates, a sua organização em um sistema nosográfico é difícil.

Entretanto, é possível reconhecer uma dicotomia fundamental: o deprimido queixa-se de que os seus sintomas possam ser atribuídos a um esgotamento do Sistema Nervoso Central e expressa isso da forma que sua condição cultural lhe permite. Essa ancoragem no somático, atribuindo a responsabilidade pelo seu mal-estar ao esgotamento, à objetificação e ao distanciamento do Eu (Ballerini & Pazzagli, 1989) conduz à atribuição desse fenômeno ao grupo de conflito neurótico e a uma patogênese psicogênica.

Por outro lado, se os limites entre o "**Eu**" e o "**Ego**", entre o soma e a psiquê se confundem e fluem para a área representada por Endon (Ballerini & Pazzagli, 1989), onde é a **imanência da culpa** que dá a cor das experiências de vida, onde o espaço e o tempo ganham vida para eliminar o presente, onde a síncope do tempo é o único significado do fluxo dos acontecimentos, então é certa a presença da doença depressiva, isto é, da depressão como um evento absolutamente patológico.

De certo modo, paramos por aqui. Existem vários distúrbios depressivos, alguns dos quais apresentam emoções disfóricas qualitativamente diferentes daquilo que normalmente pode ser experimentado como sendo desagradável na nossa vida cotidiana. São distúrbios condicionados pela história do Si e pelas suas relações objetais nas várias fases e campos do Outro de Si.

A seguir, propomos a nossa leitura pós-reichiana.

O distúrbio depressivo, em um corte clínico horizontal, apresenta-se como um distúrbio altamente quantitativo — "rebaixamento do nível de energia do organismo", como diria Baker (1973) —, o que se evidencia nos aspectos qualitativos em um Si com um precedente quantum energético maior.

São estabelecidos como insuficiência temporária ou estável de um nível corporal, ou em mais níveis corporais, ou em todo campo do Si. A relação objetal primária pode ser de densidade baixa, média ou alta. Ou seja, não há um problema de resiliência intrauterina, mas é sobretudo uma vulnerabilidade temporal nas passagens de fase evolutiva e de campo.

As diferentes densidades de relação objetal primária expressam depressões de maneiras diferentes, de acordo com as experiências de vida impressas sucessivamente. O rebaixamento energético pode atingir principalmente o sexto, o segundo e o quarto níveis corporais, conforme mencionamos anteriormente. Ou seja, o corpo no seu **onde** e no seu **como** de nível envolvido nos permite fazer o diagnóstico clínico de qual tipo de depressão estamos tratando.

O distúrbio depressivo é acompanhado por vivências de perda, de separação ou de abandono, com uma consequente redução de energia decorrente da atenuação ou pelo fim dos circuitos relacionais com um Outro de Si significativo.

A depressão é uma resposta reativa do Si, em relação ao **aqui e agora**, ou ao **lá e então**, quando é um traço caracterológico.

A partir desse ponto de vista, podemos interpretar a chamada origem endógena como um **tempo intrauterino** e assim confirmamos a natureza reativa da depressão.

Num recorte analítico, o distúrbio depressivo é visto como um traço de caráter. Esse traço surge pela separação prematura do Outro de Si (parto ou desmame) ou pela deficiência de períodos significativos durante a fase oro-labial, constituindo assim as impressões determinantes dos sinais gravados.

Podemos, então, resumir e fazer as seguintes distinções:

1) **Distúrbios depressivos reativos do aqui-e-agora,** nos quais a estrutura da personalidade determina o **como** da vivência depressiva, mas não determina o distúrbio depressivo. Os distúrbios depressivos são reações aos acontecimentos, ou melhor, são distúrbios de adaptação. Podem se complicar se atingirem uma estrutura de personalidade com vulnerabilidades temporárias às passagens de um estágio para outro, principalmente do sexto e do segundo níveis corporais, porque essa circunstância desencadeará um traço de caráter deficiente e insuficiente.

2) **Distúrbios depressivos atuais que são na verdade reativos ao lá e então**, nos quais a estrutura da personalidade determina não apenas o **como** da experiência, mas também o distúrbio.

Esses distúrbios são os seguintes:

- **distúrbio depressivo na fase oro-labial;**

- **distúrbio depressivo da primeira grande boca na fase intrauterina.**

Distúrbio depressivo na fase oro-labial

O distúrbio depressivo oro-labial se expressa mais como um traço de caráter na estrutura da personalidade dominado pela **demanda implícita** no bloqueio oral reprimido e **demanda explícita** no bloqueio oral insatisfeito. E na verdade o traço de caráter é mais característico desse distúrbio do que uma sintomatologia clínica bem definida.

Portanto, nesse distúrbio existe uma deficiência de primeiro campo, criada durante a fase oro-labial, e que constitui uma impressão significativa dessa fase. Essa deficiência se estabelece na relação objetal primária de um Si de média densidade energética ou até mesmo nos circuitos intrauterinos de alta densidade energética (em um terreno intrauterino de baixa densidade energética, somente será possível a configuração de um distúrbio *borderline*).

O traço oral de deficiência surge na personalidade, como já mostramos, de duas formas principais que levam a expressões diferentes: a primeira forma é o de bloqueio oral reprimido, a segunda forma é o bloqueio oral insatisfeito. Obviamente, o nível corporal envolvido é o segundo nível relacional e falamos de bloqueios hipo-orgonóticos.

O bloqueio oral reprimido vem de um desmame muito precoce: o medo e a raiva vividos pelo pequeno Si induzem precisamente uma repressão e uma agressividade peculiar do tipo mordaz-reivindicativa-opositora.

São pessoas que utilizam a primeira parte da fase muscular, que pode muito bem ser uma fixação coprevalente, para poder realizar a repressão (sadismo oral), por meio de uma contração muscular do segundo nível corporal. Isto é, empregam um ritmo de energia mais evoluído em organização em comparação com as posições orais insatisfeitas, tornando-se também mais estênicos (força física), criando um aparente paradoxo: um segundo nível hipotônico que tem hipertonia estratificada sobre ele.

Caso os sucessivos encontros de fase e de campo facilitem, este Si também poderá acrescentar à repressão uma fixação fálica de cobertura.

Deve-se reiterar que as posições do oral reprimido, mesmo para um observador atento, são muitas vezes confundidas com posições fálicas. Na realidade, são orais reativos, com uma personalidade menos **imponente**, sobretudo na específica **dinâmica de poder**. isso significa o **poder** numa função compensatória como resposta à **necessidade de ter** na posição oral reprimida, e o **poder** como celebração narcísica do Eu no traço fálico.

O bloqueio oral insatisfeito decorre de um circuito Si-Outro de Si insuficiente-insatisfeito (boca/seio primariamente) durante a amamentação: são "pessoas que passaram fome de leite seja pela pouca quantidade ou porque demorava muito a chegar". (Raknes, 1967).

Essa insuficiência revela-se muitas vezes como compensação, em condutas abusivas, bem como em outras patologias da área oral.

Em um traço oral insatisfeito, podem ser acrescentadas fixações não prevalentes da fase gênito-ocular.

A seguir, vamos esclarecer alguns aspectos metodológicos:

A aplicação coerente dos conceitos de **bloqueio reprimido/bloqueio insatisfeito** foi um tema muito importante para Baker (1973), retomado posteriormente por Navarro (1988, 1991) e aplicado à fase oro-labial. Nesse contexto, fica aberto o caminho para aplicarmos esse conceito também ao tempo intrauterino e criar e adaptar novas lentes de observação etiopatogênicas e nosográficas mais precisas e apropriadas.

Utilizaremos o conceito de bloqueio reprimido para a leitura do distúrbio depressivo da primeira grande boca e o conceito de bloqueio insatisfeito para a leitura do distúrbio *borderline*.

Distúrbio depressivo da primeira grande boca na fase intrauterina

Esse é o mais grave dos distúrbios depressivos. É um distúrbio fortemente quantitativo, que atinge o sexto nível corporal, ou seja, a primeira grande boca.

Hipócrates fixou o termo **melancolia**, que significa bile negra, e sustentou que a doença se devia a um excesso de humor negro e frio, que invadia o sangue, o corpo e a alma (ao contrário, o excesso de humor negro e quente induziria à mania).

Essa localização topográfica etiológica do humor biliar negro é surpreendente. De fato, com a leitura analítica reichiana, mantemos o interesse no sexto nível, área que é exatamente a zona que contém os órgãos hipocondríacos.

CARÁTER & PSICOPATOLOGIA

O distúrbio depressivo pode se expressar em uma polaridade baixa, em uma polaridade alta ou em uma bipolaridade.

Cada uma dessas polaridades se evidencia com seus aspectos sintomatológicos próprios, da seguinte maneira:

a. a polaridade baixa (depressão maior) se expressa principalmente com uma "aflição sem limites" (Galeno, In Grant 2005), uma tristeza vital, ideação olotímica (pensamentos ligados ao estado de ânimo) uma inibição psicomotora, um esvaziamento afetivo, parada do tempo interior e incapacidade de projeção no futuro;

b. a polaridade alta (mania) se expressa, principalmente, com exaltação do humor, hiperpraxia e excitação frenética com a aceleração do pensamento;

c. a bipolaridade se expressa com todos os aspectos sintomatológicos das duas formas anteriores, em sua maioria misturados ou com sequências alternadas.

Um bloqueio reprimido no nível intrauterino é devido a um parto excessivamente precoce, não do ponto de vista cronológico externo, mas no sentido de que os tempos internos funcionais e emocionais necessários para esse Si, durante seu estágio intrauterino, deveriam ter sido mais longos (quer dizer, é análogo ao desmame muito precoce durante a fase oral).

Isso induz a uma forte contração no nível visceral-umbilical que é uma impressão básica. Há uma forte repressão do medo-dor- furor- protesto vital que são provocados pelo parto prematuro, ou uma primeira separação muito precoce. É como se essa pessoa vivesse seu nascimento fora do seu tempo interno.

A contração na zona visceral umbilical exige um deslocamento de outras energias para consolidar a separação muito precoce. Se os sucessivos encontros de fase e de campo o facilitarem, este Si fará, sobre essa contração, uma repressão com uma forte compensação muscular comprimida, fálica ou histérica, porque tem uma boa densidade de relação objetal primária e porque está no bloqueio reprimido (e o bloqueio reprimido é mais altamente energético do que o bloqueio insatisfeito, porque é hipertônico).

Uma pessoa desse tipo tenderá a ir rapidamente para o alto evolutivo para distanciar-se de uma área psicoemocional-corporal na qual foi terrivelmente ferida. Portanto, a sua história específica determinará a sua cofixação prevalente, isto é, a fixação comprimida muscular, e/ou fálica, e/ou histérica.

O desmoronamento das cofixações, causado pelos mais diversos fatores do **aqui e agora**, irá desencadear e tipificar o distúrbio depressivo da primeira grande boca, e suas possíveis articulações das polaridades. A dissolução (lise) da compensação comprimida, e/ou fálica, e/ou histérica, acompanhada pela dissolução da repressão do bloqueio visceral-umbilical, libera enormes quantidades de energia, induzindo a um rebaixamento do nível de energia do organismo (também nos casos de mania), esclarecendo, dessa forma, o medo ancestral, a dor, a fúria e o protesto do sexto nível corporal.

Consequentemente:

- uma prévia fixação comprimida-fálica direcionará a enorme quantidade de energia, liberada pela dissolução, para a implosão depressiva maior, na forma de baixa polaridade (e aqui está uma verdadeira possibilidade de suicídio);

- uma prévia fixação fálica-histérica direcionará para uma explosão maniacal, na forma de alta polaridade;

- uma prévia copresença das três fixações, na flecha do tempo evolutivo, articulará o mecanismo sequencial da bipolaridade como resposta à cofixação prevalente daquele tempo das dissoluções.

Distúrbio *borderline*

O bloqueio insatisfeito intrauterino nos leva a considerar o distúrbio *borderline*, que diz respeito a uma deficiência da relação objetal primária (primeiro campo).

O distúrbio *borderline* faz parte daqueles distúrbios que estavam reagrupados sob o nome de síndrome marginal, na terminologia de Kernberg et al. (1997), que era usada para indicar todos os transtornos psicopatológicos situados entre a neurose e a psicose. Todas as doenças que não tinham sido caracterizadas com clareza suficiente para serem incluídas em outras categorias bem definidas foram agrupadas nesse grupo um tanto incerto.

Entretanto, parece-nos correto considerar que essa síndrome clínica tenha um certo grau de autonomia nosográfica, na medida em que apresenta um padrão sintomatológico com sinais consistentes, verificáveis e relativamente estáveis.

As características fundamentais deste quadro completo são representadas por expressões do tipo neurótico, tendo em primeiro plano uma ansiedade de certa consistência, que muitas vezes obscurece os outros sintomas, como por exemplo os distúrbios dissociativos, atitude ambivalente, com sua consequente compressão afetiva. Episódios psicóticos também são característicos e geralmente não têm efeitos desestruturantes da personalidade. (Kernberg et al., 1997).

Callieri indica

... as características que hoje são comumente aceitas como sendo um meio racionalmente válido para direcionar o diagnóstico de um distúrbio *borderline* de personalidade:

1) a presença de intensa afetividade, principalmente depressiva, disfórica e hostil;

2) uma história de comportamento impulsivo;

3) uma certa adaptabilidade social;

4) breves experiências psicóticas;

5) pensamento fragmentado e incoerente em situações pouco estruturadas;

6) relações que oscilam entre superficialidade casual e intensa dependência. (Callieri, 1997).

Uma das características típicas do distúrbio *borderline* é um padrão expressivo de depressão, que é anedônico (perda da capacidade de sentir prazer), caracterizado pelo isolamento, até o ponto de configurar um retraimento dereístico (pensamento mágico).

O início da doença pode ser lento ou manifestar-se com uma crise aguda de angústia e complicar-se pela associação de sintomas neuróticos como as obsessões e as fobias, os comportamentos hipocondríacos e astênicos, crises de raiva, às vezes em uma mistura difícil de se distinguir (Bini & Bazzi, 1971). Há dificuldade em controlar os instintos, muitas vezes levando à atuação ou ao abuso de substâncias.

Interessantes, pela relevância, também são as manifestações de curto-circuito, autodirigido, que podem chegar ao suicídio.

É precisamente a raiva que Grinker considera o caráter distintivo, e o estado passional fundamental (ou o único) que o *borderline* experimenta (Grinker & Spiegel, 1945).

Os episódios psicóticos são caracterizados pela curta duração e podem ser desencadeados pela via psicogênica, em relação com as suas vivências estressantes.

A personalidade pré-patológica é descrita por Sarteschi e Maggini como sendo caracterizada por uma "vivência de docilidade, fragilidade e sensibilidade nas relações interpessoais... conformismo, e obediência no âmbito familiar..." (Sarteschi & Maggini, 1982).

Os futuros sujeitos *borderline* têm como característica não ter uma diferenciação sexual clara durante aquela fase extremamente crítica, em que é constituída a adolescência.

Enfim, lembremos os critérios de diagnóstico do DSM 5 para a personalidade *borderline*:

Um padrão generalizado de instabilidade nas relações interpessoais, na autoimagem e no humor, com uma impulsividade acentuada, aparece no início da idade adulta e está presente em uma variedade de contextos, conforme indicado pelos cinco (ou mais) dos seguintes elementos:

1. Esforços desesperados para evitar o abandono real ou imaginário[8];

2. Um padrão de relações interpessoais instáveis e intensas, caracterizadas pela alternância entre os extremos da hiper-idealização e da desvalorização;

3. Alteração de identidade: autoimagem e percepções de si marcadamente e persistentemente instáveis;

4. Impulsividade em pelo menos duas áreas que são potencialmente autodestrutivas (por exemplo, gastos exagerados, sexo, abuso de substâncias, direção imprudente, compulsão alimentar)[9];

5. Comportamentos recorrentes de gestos ou ameaças suicidas, ou comportamento automutilante;

---

[8] Não inclui os comportamentos suicidas ou automutilantes mencionados no critério 5.

[9] Não inclui os comportamentos suicidas ou automutilantes mencionados no critério 5.

CARÁTER & PSICOPATOLOGIA

6. Instabilidade afetiva devido a uma marcada reatividade do humor (por exemplo, episódios de disforia intensa, irritabilidade ou ansiedade, que geralmente duram poucas horas e raramente não mais do que alguns dias);

7. Sentimentos crônicos de vazio;

8. Raiva inapropriada, intensa ou dificuldade de controlar a raiva (por exemplo, frequentes acessos de ira, recorrentes confrontos físicos);

9. Ideação paranoide transitória, associada ao estresse ou graves sintomas dissociativos.

Para nós, o distúrbio *borderline* é definido etiologicamente por um circuito Si-Outro de Si insuficiente e insatisfatório, por intervalos significativos de tempo durante a relação materno-fetal.

A densidade da relação objetal intrauterina impressa pelo Si é, dessa forma, necessariamente baixa. Sobre essa resiliência, desenvolver-se-á, no futuro, uma relação dinâmica, ambivalente e *borderline* com os objetos que recolhem as projeções maternas. Nunca há uma separação, mas sim tentativas de separação, com uma sequência contínua de aproximações e afastamentos, muitas vezes de forma explosiva, por causa da insustentabilidade das interações com o Outro de Si. A pessoa *borderline*, de fato, caminha sempre numa relação limítrofe, em uma distância energética segura: aproximando-se, mas não muito, porque o outro se torna ameaçador e aniquilador, por causa da maior densidade atrativa do Outro de Si. Nesse momento, a pessoa *borderline* se distancia, mas não muito, por medo de ser abandonada, de não conseguir sobreviver e sustentar os sentimentos crônicos de vazio do próprio Si.

A primeira dinâmica da relação objetal primária ancestral é constituída por uma demanda implícita e pela impossibilidade de suficiência e satisfação relacional esperada. É sobre essa dinâmica que se estratifica o segundo campo, entre as fixações de cobertura e os objetos relacionais dessa fase, o que também traz impulsividade de curto-circuito: existe a necessidade de a pessoa *borderline* ser reconhecida como fálico-narcisista pela mãe, a qual é uma pessoa angustiada. Essa expectativa torna-se insuportavelmente frustrante à medida que esta mãe só consegue expressar o seu desapontamento, o qual é lido nas suas linguagens expressivas.

O distúrbio *borderline* é uma estrutura de personalidade com baixa densidade, representada em uma estrutura fraca, leve, muito permeável, instável e variável, profundamente assustada, que pode se perder facilmente.

É uma estrutura na margem, na borda, é uma estrutura na fronteira, e também no limite entre a densidade média e a densidade baixíssima e entre neurose e psicose.

O distúrbio *borderline* transparece em uma sintomatologia francamente psicótica no momento em que o Si sofre um rebaixamento energético, com uma consequente descompensação. Em outras palavras, no *borderline* há uma leve compensação das fixações sucessivas de cobertura gênito-ocular não prevalentes.

É chamada de **cobertura** por não poder oferecer a mesma estrutura de proteção da verdadeira couraça muscular.

Quando as circunstâncias do **aqui e agora** levam aquele sistema Si a um rebaixamento energético, a **cobertura** não se sustenta, é eliminada, e acontece então uma descompensação. Clinicamente, seria mais exato definir o distúrbio *borderline* como **uma depressão disfarçada de psicose**.

Capítulo 16

PSICOSES ESQUIZOFRÊNICAS

Na literatura contemporânea, nota-se um progressivo abandono do termo psicose. De fato, essa expressão é vista por muitos autores como um termo sem uma correspondência nosográfica precisa e de valor limitado como definição, de modo que não poderia ser utilizada em sistemáticas baseadas em princípios operacionalistas como, por exemplo, o DSM-5.

Por outro lado, o termo psicose tem uma riqueza descritiva peculiar. Expressa a desestruturação, o distanciamento interpretativo da realidade. Expressa aquilo que aliena e tira do ser humano a disponibilidade dos seus sentimentos e das suas ações. Tira a capacidade de perceber e de interpretar, de comunicar e de metacomunicar, de exercer um controle sobre os estados emocionais, de modular os comportamentos e balancear as próprias exigências com as convenções da sociedade. Na psicose há uma intrusão de atividades mentais e da percepção, sendo que nenhuma delas é sintônica ao Ego. Há um agravamento progressivo de distanciamento, que leva ao enfraquecimento das capacidades cognitivas e relacionais.

Se sob a indeterminação do termo psicose, reagrupamos os fenômenos aparentemente diferentes na sua patogênese, gravidade e prognóstico, mas todos estão incluídos no fenômeno da perda do *insight*. Dessa forma, podemos colocar a ênfase nos fenômenos e nos sintomas e a partir disso estabelecermos uma gramática. E isso nos permitirá também individualizá-los no sentido global de uma forma-estrutura, associar casos considerados clinicamente diferentes e incluí-los em um *continuum* psicopatológico e tentar obter uma explicação para eles.

Indeterminação em que sentido?

Existe apenas um tipo de esquizofrenia ou existem diferentes tipos de esquizofrenias? Quais são os sintomas que definem a esquizofrenia com clareza e certeza diagnóstica? Existem critérios confiáveis para se estabelecer um diagnóstico? A qual etiologia poderíamos nos referir?

Devemos, então, perguntar-nos o que leva a "perder o contato com a realidade concreta na qual o homem vive e produz" (Valzelli, 1976). É uma perda que se manifesta numa atmosfera ameaçadora ou na retirada para um isolamento inconclusivo que é quase letárgico. Há um comportamento anormal, que não está em sintonia com o espaço e o tempo real, mas que é vivido de acordo com critérios incompreensíveis, porque não pertencem ao **campo de consciência** compartilhado pela humanidade. Estamos procurando entender qual é o caminho que a energia segue na psicose. Essa é uma história que pode nos dar uma visão da organização mental e do consequente comportamento **normal** e do comportamento psicopatológico do ser vivente mais altamente refinado em nosso universo conhecido.

Retornando à estruturação/estratificação evolutiva do nosso cérebro, podemos dizer que a base da personalidade vai se estruturando a partir do complexo reptiliano e do sistema límbico, com uma prevalência funcional derivada da maior antiguidade filogenética dessas estruturas. O elemento neocortical entra em jogo como fator modulador e como função estrutural, pela possibilidade de atingir a linguagem e a palavra, completando-nos como mamíferos ópticos.

Nesse caminho de pesquisa, devemos considerar, de um lado, a hipótese de uma **continuidade** na psicose, em termos de gravidade, e de outro lado, a responsabilidade do complexo reptiliano e das modulações dos centros superiores na determinação da expressão da psicose. Esses conceitos, que estão ligados às relações objetais, às fases evolutivas e aos níveis corporais relacionais, juntamente aos campos e com as separações-aproximações, irá nos permitir reconhecer a patologia psicótica.

Uma observação que chamou a nossa atenção é como os distúrbios psicóticos na infância, que, resumidamente, chamaremos de esquizofrenia infantil, podem ser classificados em uma escala de acordo com a gravidade (Anthony, 1958).

Podemos identificar um primeiro distúrbio de início precoce e evolução lenta, que inclui a síndrome de Kanner. O segundo distúrbio identificado tem uma progressão aguda seguida de regressão (psicose simbiótica de Mahler) e o terceiro distúrbio identificado tem um início tardio e um desenvolvimento flutuante sub-agudo (Ajuriaguerra, 1979).

As crianças autistas descritas por Kanner (Kahan), desde a primeira infância, não desenvolvem nenhuma capacidade de se relacionar com o seu ambiente, digamos, de forma lógica e coerente, permanecendo em uma posição de isolamento.

Desde então, o termo **autismo infantil**, cunhado pelo próprio autor, tornou-se sintomático de uma patologia que tinha como característica marcante justamente a ausência de relações harmoniosas e adaptativas com as pessoas e situações.

A característica diferencial, que está presente em todas as crianças afetadas por esse distúrbio, é representada por um desejo extremo de "manter a sua própria identidade frente aos estímulos do ambiente", às vezes "tem uma boa relação com certos objetos", e ficam "fascinados por atividades tais como dobrar, torcer, girar e chacoalhar pedaços de fita ou outros objetos semelhantes".

Estamos lidando com o complexo reptiliano.

Esse tipo de "influxo mínimo de percepções novas" (McReynolds, apud Jackson, 1964) é uma das características fundamentais da doença. De acordo com esse autor, esse distanciamento é uma espécie de privação sensorial funcional, e a redução da tendência à busca da novidade deveria ser, de acordo com essa hipótese, especialmente evidente em psicóticos com uma grande quantidade de material não assimilado.

Ou seja, esses sujeitos não estão em condições de aguentar a menor novidade no mundo que os circunda, na medida em que a segurança do seu Eu depende da constância do mundo ao seu redor e da homeostase desse mundo.

Portanto, podemos pensar que o distanciamento esquizofrênico aparece como uma patologia de campo, mas, ao mesmo tempo, também podemos pensar que o seu aparecimento esteja ligado à dotação energética embrionária. Esse fato nos explica o motivo pelo qual a pessoa faz um esforço para manter constante uma baixa densidade energética do fluxo de informação, pois, se fosse maior, inevitavelmente conduziria a um aumento da desordem.

As estruturas cognitivas e emocionais da criança permitem uma expressão sintomática mais limitada e relativamente estereotipada. Permitem observar o distúrbio psicótico e as suas manifestações de forma mais transparente.

Esse discurso permanece substancialmente semelhante se for movido ao longo do eixo da existência, para o adolescente e para o adulto.

Prosseguindo com a nossa hipótese, podemos notar que uma aparição mais tardia dos sintomas é acompanhada de uma maior preservação da capacidade global de relação com a realidade.

Quase parece que do caos primordial da psicose autista passamos para uma caricatura dessa realidade, que é a psicose paranoide. Ou seja, é uma passagem da falta de coordenação dos parâmetros do espaço-tempo para uma superior corticalização.

Portanto, em uma escala de gravidade do evento psicótico, colocaríamos em primeiro lugar as síndromes que são caracterizadas por um grave distanciamento autista, o qual fica bem evidente nas crianças e em adultos marcados pelos sintomas negativos associados a esse quadro.

Nesses sujeitos existe uma série de aberrações perceptivas, usando-se um termo de Goldfarb (1955), nas quais parece que os telerreceptores ópticos e acústicos não são usados. Os telerreceptores utilizados são os táteis e gustativos.

É como se houvesse a paralização de todas as percepções e como se o mundo externo não tivesse mais sentido, pois a informação percebida não é decodificada e simbolizada devido à baixíssima densidade da relação objetal primária e isso levasse a um congestionamento de excesso de informações que o Si psicótico não consegue controlar. O influxo de informação não pode ser integrado e não pode levar a uma neguentropia no sistema, e, pelo contrário, aumenta a entropia do Si!

Parece mesmo que uma parte do comportamento mostrado é realmente dominado por padrões arcaicos, que, filtrados pelas redes neurais superiores, e fortemente imbricadas em processos psíquicos, detêm o Si psicótico em um plano adaptativo de não existência perceptiva.

Esse aspecto, que denominamos de **distanciamento**, em outras linguagens de diagnóstico é chamado de autismo.

Segundo Bleuler, o termo autismo é usado dentro do significado de

> ... **fuga da realidade**, e, ao mesmo tempo, uma relativa e absoluta predominância da vida interior... O mundo autista é, para o paciente, tão real quanto a realidade. E esta sua realidade pode ser mais real do que a do mundo externo. Os esquizofrênicos mais graves, que perderam todas as relações com o seu meio ambiente, vivem num mundo que é só deles. Estão trancados com os desejos que imaginam estar sendo realizados, com as perseguições das quais acreditam serem as vítimas, limitando o contato com o mundo externo ao mínimo indispensável... Este modo de pensar, é semelhante ao sonho e ao pensamento primitivo das crianças... Portanto, o autista é, um indivíduo que, tendo fugido da realidade, vive

CARÁTER & PSICOPATOLOGIA

como se os seus sonhos fossem tão reais como a experiência com os olhos abertos. (Bleuler, 1911).

Porém, transitando por esse mundo em que o paradoxo parece ser a regra, talvez haja um caminho inevitável na origem do isolamento e, voltando ao paradoxo, perguntamos: então, que outra maneira existe para o esquizofrênico escapar de uma existência tão dolorosa?

Em termos científicos, Hemsley sugeriu aumentar o limiar de resposta aos estímulos, evitando situações sobrecarregadas de informações. Ele considerava que essas circunstâncias eram as responsáveis pelo achatamento afetivo e pelo afastamento social (Hemsley, 1977). Strauss et al. (1989) levantaram a hipótese de um papel ativo da função do retraimento e isolamento, como um meio de sobrevivência em um ambiente especialmente desconfortável.

As explosões de raiva, às vezes cegas e destrutivas, tornam-se claras, considerando-se que os padrões reptilianos ainda estão presentes e não são mais ou nunca foram programados para um comportamento comunicativo. Isso acontece quando o reptiliano está numa relação objetal primária de baixíssima densidade, pois somente um subsistema reptiliano com uma densidade média ou alta da relação objetal primária consegue desenvolver um comportamento isopráxico comunicativo (a linguagem corporal dos neurônios espelhos).

O cérebro reptiliano defende o espaço-tempo alterados pela psicose e determina assim os comportamentos desconexos. Nesse sentido, o sintoma indica e é um sinal, mas não substitui, não dá conta de manter o funcionamento adequado, pois não tem uma relação simbólica baseada em uma significância. A psicose, em sua aparência paradigmática, tem um aspecto do nada, do vazio, de uma história muda e obscura.

Uma observação:

Não estamos sugerindo uma condição de separação ou de prevalência de um dos três cérebros para todos os quadros psicopatológicos. Não estamos afirmando que as desordens psíquicas possam ser determinadas pela soma dos comportamentos controlados por um cérebro, ou pelos três cérebros. Absolutamente não! A complexidade do ser humano escapa de uma determinação mecânica desse tipo.

E, no entanto, podemos sim nos considerar um pouco reptilianos e um pouco límbicos e, quem sabe, então sejamos verdadeiramente neopaliais!

O cerne psicopatológico da esquizofrenia pode ser definido, numa primeira instância, como uma grave distorção da experiência que o Ego tem de si, do mundo e do sentido de identidade e de atividade, o que, de acordo com Conrad, definimos como uma grave distorção do campo da consciência (olhos, primeiro nível corporal relacional).

Essa desordem, que pode surgir em sua forma devastadoramente aguda ou insidiosamente progressiva, expressa-se como barreiras do Eu, que se tornam patologicamente cada vez mais permeáveis com a perda dos limites entre o espaço intrapsíquico e o espaço extrapsíquico.

O que distingue a psicose esquizofrênica é uma condição sintomatológica constituída por percepções delirantes e alucinações auditivas, que chegam a tomar conta da personalidade, a tal ponto que o doente não se sente mais como aquele que escolhe a direção das suas próprias ações e seus próprios pensamentos, mas acredita que eles são espalhados, dispersos e impostos por perseguidores externos.

O diagnóstico transversal é possível de ser feito por causa da presença de um ou mais desses sinais, que geralmente estão correlacionados e presentes ao mesmo tempo. Esses sinais podem ser acompanhados por intuições delirantes, perplexidade, alterações de humor, pelo empobrecimento da vida afetiva e embotamento da emotividade.

Uma definição preliminar indica duas polaridades clínicas essenciais da síndrome: a polaridade paranoide e a polaridade não paranoide.

No âmbito da polaridade não paranoide, devem ser colocadas as variedades clínicas nas quais se evidencia a falha completa das defesas do Eu: isso incluiria a clássica variedade hebefrênica, a esquizofrenia simples e a esquizofrenia catatônica.

No âmbito da polaridade paranoide, encontramos, na sua maioria, casos paranoides-alucinatórios. Nesses casos, em que as defesas do Eu falham apenas parcialmente, trata-se de um delírio crônico, pouco sistematizado, mas que ainda representa uma tentativa de defesa contra a dissolução da personalidade.

Na definição preliminar de polaridade **não paranoide/paranoide,** está implícito o conceito de síndromes caracterizadas principalmente por aspectos negativos (não paranoides) ou positivos (paranoides). É natural que não possa existir uma linha divisória clara que diferencie totalmente as duas síndromes, uma vez que elementos de uma ou de outra se misturam.

Entretanto, é certamente possível construir dois agrupamentos. No primeiro grupo, o achatamento afetivo, a desaceleração da velocidade do pensamento, a diminuição da atividade, a falta de relações sociais e de gratificação são bem evidentes. No segundo grupo estão as alucinações, os delírios, a agitação e os distúrbios formais do pensamento.

Respeitando-se a hipótese de que o campo psíquico seja mais estreito do que o campo do funcionamento biofísico, e que as funções psicológicas sejam funções de consciência sobre funções de autopercepção, Reich trata a psicose em termos não psicológicos e a define como uma "doença biofísica que também envolve o aparelho psíquico" (Reich, 1973).

Se as funções psíquicas da autopercepção e da consciência estão diretamente ligadas a estados bioenergéticos do organismo, é óbvio que "as disfunções da consciência estão diretamente ligadas às disfunções emocionais, e às disfunções da mobilidade plasmática" (Reich, 1973).

Portanto, na desintegração psicótica, as "funções superiores do organismo se desmoronam na mesma medida em que se desintegram seus fundamentos emocionais e bioenergéticos" (Reich, 1973).

Reich destaca o motivo pelo qual a dissociação esquizofrênica está tão regularmente enraizada no desenvolvimento pré-natal e imediatamente pós-natal (não estamos de acordo em estender essas etiopatologia até o período pós-parto). Todo distúrbio grave, que ocorre durante o processo de coordenação do organismo, constitui uma vulnerabilidade da personalidade na qual, após certas condições emocionais, será dado início à desagregação psicótica (Reich, 1973).

O centro do colapso psicótico é determinado pelas correntes plasmáticas avassaladoras que inundam um Si incapaz de resistir a essa tempestade emocional. Dessa forma, as funções da consciência do Eu se desintegram.

O cérebro é perturbado funcionalmente e não estruturalmente: mudanças mecânicas e estruturais aparecem mais tarde. A deterioração geral do organismo nas fases seguintes do processo é causada pela retração crônica do sistema vital e, acrescentamos, à consequente perda da rede relacional, psicoemocional e energética com o Outro de Si.

Na clínica constitui um resultado deficiente.

Reich acrescenta que há um bloqueio na região da base do cérebro no psicótico. Essa esplêndida intuição deve, no entanto, ser interpretada hoje como disfuncionalidade dos núcleos da base, com projeções periféricas na primeira grande boca (sexto nível corporal relacional).

Algumas das afirmações de Reich são realmente claras, outras nem tanto, e outras ainda são incrivelmente estimulantes para uma maior compreensão profunda no sentido sistêmico neguentrópico das psicoses.

Portanto, a eclosão repentina ou a lenta atuação de um estado psicótico depende do encontro-confronto dos *input-output* energéticos, que rompem o equilíbrio homeostático de um Si e o conduzem, temporariamente ou de forma estável, a se estabelecer em estados energéticos **paradoxalmente** mais bem acoplados ao Outro de Si.

Em um recorte analítico, o estado psicótico ocorre em uma fase precedente de sua história, que é reatualizada no aqui e agora. Não é uma regressão, mas uma reatualização da relação objetal primária de **insuficiência quase absoluta ou relativa**, evidenciada por uma organização energética vulnerável.

Na verdade, as impressões sucessivas da biografia da pessoa não desempenharam um papel determinante, suficiente, na estruturação da sua fragilidade básica.

O distúrbio psicótico ocorre, fundamentalmente, em um Si de baixíssima densidade energética, que é, por isso, extraordinariamente **sensível e permeável** às impressões energéticas do Outro de Si, que facilmente podem fazer variar o seu estado. Estamos, portanto, em uma condição em que não existe, de fato, uma couraça muscular!

A releitura, nessa perspectiva, torna mais compreensível os aspectos clínicos e agudos do colapso psicótico. Perguntamos então: como poderia um Si organizado numa condição de densidade baixíssima na relação objetal primária, que é inundado por uma **tempestade emocional** que provoca grandes variações em seus níveis de energia, deixar de experimentar esse limiar energético, que vai além dos limites, como algo estranho e, portanto, fazer projeções? Tal como, por exemplo, numa cena persecutória com alucinações auditivas...

A produção de sintomas psicóticos atesta a incapacidade de conter as variações de energia.

Em outras palavras, há uma discrepância dinâmica entre continente e conteúdo: o conteúdo transborda, sobrecarrega o frágil continente, e consequentemente também desintegra a arquitetura funcional do campo de consciência do Eu (primeiro nível corporal relacional dos olhos).

Ou seja, toma forma uma desordem altamente qualitativa-quantitativa, que é um estado de energia no **aqui-e-agora** com prevalência reptiliana, com o colapso do neopalial, do límbico e de suas dominâncias. De tudo isso origina-se uma disfuncionalidade geral do Sistema Nervoso Central e uma redução dos níveis do potencial energético dessa pessoa.

CARÁTER & PSICOPATOLOGIA

Acrescentamos que é justamente por causa de uma baixíssima densidade da relação objetal intrauterina que nunca poderemos falar em **caráter** no caso de um Si psicótico. Podemos apenas falar de possíveis fixações, não prevalentes, de segundo campo e, associado a isso, uma dificuldade na transferência de traços, viabilizando apenas uma transferência parcial de traço.

Na verdade, a transferência de traço é um movimento energético direcionado de um Si para um objeto Outro de Si-Mundo. É uma transferência de fluxos psicoemocionais, e é indicador de uma densidade energética média ou alta do Si, com um padrão específico de cada fase evolutiva.

Tudo isso que descrevemos é particularmente válido para o surto psicótico. Em uma descompensação lenta, assistimos a uma progressiva perda de energia por parte do Si. Ou seja, ocorre uma dispersão, um empobrecimento devido a um esgotamento progressivo, que leva a uma estado depressivo pré-psicótico.

Em outras palavras, mesmo nessa condição clínica, está clara a fragilidade fundamental do Si e do circuito mais arcaico relacional Si-Outro de Si, com organização insuficiente dos conteúdos biográficos do segundo campo.

O intervalo em que ocorre a descompensação é mais longo devido à rarefação, à destruição progressiva do campo do Si e da presença insustentável deste Si no mundo. Isso torna **necessária** uma economia de isolamento, que abaixa o nível de energia do organismo (passagem depressiva pré-psicótica), até o surgimento da **anorgonia básica**.

Destacamos a relativa ou a **quase absoluta** insuficiência, a fim de introduzir um diagnóstico diferencial na etiopatogenia das duas polaridades das psicoses (paranoide e não paranoide).

Considerando essas premissas, examinaremos primeiramente a polaridade não paranoide da psicose.

Nessa forma, na polaridade não paranoide, há um campo relacional embrião/feto-útero com uma insuficiência quase absoluta de energia, o qual é produzido por um útero que gera uma relação objetal primária **anorgonótica**. A **impressão** ocorrida corresponde ao nível da primeira grande boca (sexto nível corporal relacional), e a polaridade não paranoide destaca a baixíssima densidade de energia desse nível. A dinâmica relacional é predominantemente intrauterina, com ausência de impressões determinantes de outros níveis corporais pós-parto sucessivamente envolvidos.

Ao contrário, na forma da polaridade paranoide há um campo relacional embrião/feto-útero com **relativa insuficiência energética**, de um útero que gera uma relação objetal primária que é anorgonótica, porém menor do que no caso anterior. Com base nisso, estamos diante de uma tentativa malsucedida de separação-individuação do Si, ocasionada tanto pela presença de uma figura materna com forte oralidade insatisfeita, reprimida e reativa, que fagocita o Si com o seu próprio campo, e também pela presença de um parceiro distante, encouraçado, rígido, que é incapaz de fazer o movimento de separar, diferenciar e estruturar o pequeno Si.

A polaridade paranoide torna evidente a **anorgonia** relativa da primeira grande boca (sexto nível corporal relacional) e a hiporgonia (por fixações tênues, não prevalentes) do tórax-pescoço-olhos (quarto, terceiro e primeiro níveis corporais) da pessoa psicótica. Estamos, portanto, diante de formas intrauterinas com tênues fixações de cobertura no segundo campo.

A clínica nos ensina que a anorgonia e o vazio, metáforas da angústia psicótica de aniquilação, manifestam-se exatamente na área da primeira grande boca, nos seus estratos mais profundos, determinando progressivamente a estrutura postural particular do psicótico. É um campo energético que se torna retraído ao ser sugado pelo vazio atrator da primeira grande boca, onde se deposita a relação objetal primária.

A desorganização do campo da consciência do Eu-olhos (primeiro nível corporal relacional), espelha-se nessa matriz, que é lida como efeito--sintoma, e não como causa patogenética de uma psicose.

CARÁTER & PSICOPATOLOGIA

Tabela 2

Esquemas de Psicopatologias Funcionais

I 10 DISTURBI PSICOPATOLOGICI PRINCIPALI	CERVELLI E PREVALENZA FUNZIONALE			ALLARME - MINACCIA - OPPRESSIONE	CONTENENTE RELAZIONALE	PROGETTUALITA' FUNZIONALE	
	R-emisfer	S-Limbico	Neo-cortex		P= posizione; C= corne; E.U.= effetto utero	VGT T.A. = Vegetoterapia Tonico-Affumativa; D.E.S. = Dinamiche Essenziali Sistemiche	
1) Psicosi non paranoidea	++++	+	+	Allarme di I Campo +++	P: il campo; C: E.U. parola destabilcante	VGT T.A. e D.E.S.	Psicofarmaci
2) Psicosi paranoidee	+++	++	+/++	Allarme di I Campo +++; Minaccia di II Campo +++	C: E.U. ambientale destificante; P: figura di II campo; C: strutturante non minacciosa	VGT T.A. e D.E.S.	Psicofarmaci
3) Disturbo Neurotico Fobico	+	+++	+++	Allarme Minaccia di I Campo ++++++	C: E.U. parola calda stabile non minacciosa; P: il campo; P: figura di II campo; C: strutturante	VGT T.A. e D.E.S.	Talora psicofarmaci (attacchi di panico)
4) Disturbo Neurotico D'Angoscia	+	++++	+++	Allarme Oppressione di I Campo ++/+++	P: figura di II campo; C: strutturante	VGT T.A. e D.E.S.	
5) Disturbo Neurotico Ossessivo	+/++	+++	+++	Oppressione di II Campo ++++	P: figura di II campo; C: non oppressiva e strutturante	VGT T.A. e D.E.S.	Talora psicofarmaci
6) Disturbo Neurotico Paranoico	++	+++	++	Oppressione di I Campo +++; Allarme Minaccia di II Campo ++++	P: figura di II campo; C: non seduttiva e strutturante	VGT T.A. e D.E.S.	Talora psicofarmaci
7) Disturbo Neurotico Isterico	+	+++	+++	Allarme Minaccia Oppressione in relazione ad altre Fasi non prev.	P: figura di II campo; C: non minacciosa e strutturante	VGT T.A. e D.E.S.	
8) Disturbo Depressivo I grande bocca	++	++++	+++	Allarme Minaccia Oppressione di I e II campo ++/+++	P: figura di II campo; C: ristrutturante	VGT T.A. e D.E.S.	Psicofarmaci
9) Disturbo Depressivo Orale	+	+++	++/+++	Allarme di I Campo ++/+++	P: il campo; C: affetto sano	VGT T.A. e D.E.S.	Talora psicofarmaci
10) Disturbo Borderline	++	++	+++ /+++	Allarme di II Campo +++	P: il campo; C: E.U. ambientale; P: figura di II campo; C: strutturante	VGT T.A. e D.E.S.	Psicofarmaci

I 10 DISTURBI PSICOPATOLOGICI PRINCIPALI	CERVELLI E PREVALENZA FUNZIONALE			ALLARME - MINACCIA - OPPRESSIONE	CONTENENTE RELAZIONALE P= posizione; C = come; E.U. = effetto utero	PROGETTUALITA' FUNZIONALE VGT.T.A. = Vegetoterapia Tonico Alternativa D.E.S. = Dinamiche Essenziali Sistemiche	
	R-complex	S. Limbico	Neo-cortex				
1) Psicosi non paranoidea	++++	+	+	Allarme di I Campo +++	P: I campo C: E.U. parete densificante	VGT T.A. e D.E.S.	Psicofarmaci
2) Psicosi paranoidee	+++	++	+/++	Allarme di I Campo +++ Minaccia di II Campo +++	P: di I campo C: E.U. ombelicale densificante e P: figura di II campo C: strutturante non minacciosa	VGT T.A. e D.E.S.	Psicofarmaci
3) Disturbo Neurotico Fobico	+	+++	+++	Allarme Minaccia di I Campo ++++/++++	P: I campo C: E.U. parete calda stabile non minacciosa e P: figura di II campo C: strutturante	VGT T.A. e D.E.S.	Talora psicofarmaci (attacchi di panico)
4) Disturbo Neurotico D'Angoscia	+	++++	+++	Allarme Oppressione di I Campo ++/+++	P: figura di II campo C: strutturante	VGT T.A. e D.E.S.	
5) Disturbo Neurotico Ossessivo	+/++	+++	+++	Oppressione di II Campo ++++	P: figura di II campo C: non oppressiva e strutturante	VGT T.A. e D.E.S.	Talora psicofarmaci
6) Disturbo Neurotico Paranoico	++	+++	++	Oppressione di I Campo +++ Allarme Minaccia di II Campo ++++	P: figura di II campo C: non minacciosa e strutturante	VGT T.A. e D.E.S.	Talora psicofarmaci
7) Disturbo Neurotico Isterico	+	+++	+++	Allarme Minaccia Oppressione in relazione ad altre Fasi non prev.	P: figura parentale II campo C: non seduttiva e strutturante	VGT T.A. e D.E.S.	
8) Disturbo Depressivo I grande bocca	++	++++	+++	Allarme Minaccia Oppressione di I e II campo ++/+++	P: figura di II campo C: ristrutturante	VGT T.A. e D.E.S.	Psicofarmaci
9) Disturbo Depressivo Orale	+	+++	++/+++	Allarme di I Campo ++/+++	P: I campo. C: effetto seno P: figura di II campo; C: strutturante	VGT T.A. e D.E.S.	Talora psicofarmaci
10) Disturbo Borderline	++	++	++/+++	Allarme di I Campo +++	P: I campo C: E.U. ombelicale e P: figura di II campo C: strutturante	VGT T.A. e D.E.S.	Psicofarmaci

Fonte: elaborado pelos autores

Capítulo 17

A ANÁLISE REICHIANA CONTEMPORÂNEA

O QUE É UMA ANÁLISE?

Faremos algumas considerações didáticas sobre a análise porque, em sua essência, ela é indefinível: é sempre **algo mais** do que qualquer definição possível.

Uma análise é começar a entender, ver e compreender algo. É sentir e sentir-se melhor consigo mesmo e com a própria vida.

É uma experiência intensa e forte. É trazer de volta tantas experiências de vida e as reatualizar, entrar nelas e mergulhar dentro de si, no mundo das emoções e do profundo. Mas também é sair dele e ficar na superfície.

É querer tocar e contatar, e é a busca da consciência profunda. É uma consciência de si mesmo. É a possibilidade de uma presença permanente de si mesmo, é desafiar a sua própria autenticidade. É a capacidade de se regenerar continuamente e respirar seu próprio ar.

A análise é experimentar viajar com a sua própria fluidez, nas próprias frequências, nos próprios tons e movimentos. Isto é, informar-se sobre a sua própria energia vital e sobre a sua expansão e contração.

A análise é **agregadora**, ou seja, no sentido de **caminhar na direção de** e um **ir para**. É uma ferramenta para possibilitar a satisfação dos desejos vitais.

É uma crise, um abandono de antigos equilíbrios, mas também é o encontro com outras cenas de homeostase mais sintônicas.

É estar do lado da vida e da vitalidade.

Análise é tentar tirar a crosta do imobilismo que torna o homem rígido e ansioso por causa da sua estase energética (o movimento expressivo é cansativo em condições de rigidez). É tentar reproduzir a capacidade de se mover **para dentro, para fora** e **para frente**.

É uma evolução neguentrópica, é um recordar o **aqui-e-agora** e o **lá e então**, mas também é juntar o **lá e então** ao **aqui e agora**, indo fundo, mas evitando os pântanos de uma reatualização relevante de um tempo passado de desestruturação.

Mover-se para dentro é adquirir a habilidade de contatar e sentir os próprios traços de caráter e as suas combinações de traços, isto é, as suas fixações prevalentes e não prevalentes, intrauterina, oral, muscular, fálica, histérica, masoquista, sádica, narcisista e genital. É reconhecer o estado e a estrutura energética que sustenta os próprios traços, com os níveis corporais relacionais correlatos e os seus respectivos pensamentos.

É aprender a mover-se entre essas posições de traço, é articulá-las, mas também objetivá-las. É entrar e sair da couraça, desenvolvendo um padrão de relação mais equilibrado, mesmo com os seus próprios objetos parciais, sendo capaz de uma maior metacomunicação, que será mais elevada se for acompanhada de um silêncio harmonioso na corporeidade.

Mover-se para fora é expressar-se e contatar com outros campos e movimentos expressivos do seu próprio campo energético. É sentir e distinguir a fluidez e o enrijecimento, objetos unitários e multifacetados, os afastamentos e as aproximações, tanto próprias quanto alheias. É viver a complexidade e a simplicidade do que existe e do que é real. É caminhar junto e sozinho, contato e distância.

Mover-se para fora é também sentir que os sistemas viventes, complexos e abertos têm uma constância na expansão-contração e na interação dos seus campos energéticos.

É se relacionar com o Outro de Si com mensagens claras e diretas de como você é, e não de como você pensa que é ou como gostaria de ser, ou ainda, como deveria ser.

Mover-se para frente é crescimento e desenvolvimento, nasce dos dois movimentos anteriores e os contém. É ir em direção a horizontes cada vez mais amplos e mais altos, mas, também por isso, é viver funcionalmente e profundamente o **aqui e agora**, deixando o futuro nascer do fluxo contínuo do presente.

A MOTIVAÇÃO

Uma análise torna-se provável quando estiver presente uma condição fundamental: a motivação.

Em uma óptica neguentrópica-sistêmica, a pesquisa é por espaços e relações mais funcionais, mais proporcionais e vitais ao próprio Si, para um desconforto que pode ou não ser clínico. Olhar somente a sintomatologia não é condição suficiente.

Na verdade, análise e terapia não são sinônimos — a primeira pode incluir a segunda, mas a segunda não pode incluir a primeira. A análise é um *setting* altamente diádico e intersubjetivo, em que a pessoa é um sujeito que é cuidado pelo analista. A terapia é a face monádica e clínica de um *setting* no qual a pessoa é um paciente que é objeto de cuidados.

Portanto, a motivação é a expressão de um modo de ser, da busca de consciência, de conhecimentos e de maior sabedoria.

Tudo isso já é a expressão de um forte impulso vital, com uma carga energética correspondente, expressão de muitas variáveis casuais e também biológicas e biográficas.

Tudo isso que já foi dito representa o limite de uma análise e faz com que ela seja uma experiência muito especial.

Do ponto de vista relacional, a motivação é um elemento importante para a posição meta do analista no *setting*. De fato, na relação analista-analisado, o analista está, e deve ser reconhecido, em uma posição meta para que possa influenciar significativamente na forma de desenvolvimento do processo analítico, sem perder o encontro intersubjetivo pessoa a pessoa.

Interessante citarmos mais um aspecto:

A escolha e a motivação de uma pessoa para uma análise reichiana contemporânea são às vezes casual, às vezes transferencial, às vezes cultural e às vezes caraterológica. Neste último caso, temos evidenciado que, muitas vezes, trata-se de estruturas personológicas (com tons estênicos) em vários estágios evolutivos.

Destacamos essa evidência porque acreditamos que é importante a conexão entre os possíveis tipos caraterológicos e os possíveis tipos de *setting*.

O PROJETO ANALÍTICO-TERAPÊUTICO

Façamos uma distinção entre um projeto geral e um projeto focado no distúrbio de uma ou mais mentes de traço.

O projeto geral tende a realizar em um Si-pessoa, um momento dinâmico e autêntico de encontro-contato-equilíbrio entre as estratificações dos sete níveis corporais relacionais, dos olhos à genitalidade, e também da pré-frontalidade ao reptiliano.

No projeto geral, iniciamos uma análise com ativações corporais desde o primeiro nível corporal-olhos, e a partir daí caminhamos progressivamente e sequencialmente até as ativações do sétimo nível corporal. Dessa forma, a consciência é trazida para uma maior percepção, sensação e sabedoria, porque é ver e sentir, é conhecer espaços e tempos internos, traços de caráter e fases, é levar o Eu-Sujeito para exploração do Si, em vivências cada vez mais profundas no **lá e então**, com a possibilidade de voltar sempre ao **aqui-e-agora**, no mundo real.

Dessa forma, criam-se vínculos e conexões entre estados de energia e dinamismos profundos relacionados que favorecem a integração e o crescimento evolutivo, funcional e neguentrópico.

Existe uma possibilidade cada vez maior de equilíbrio, porque é mais amplo, desde o traço intrauterino até o traço genital, atravessando e coordenando frequências, ritmos e tempos evolutivos diferentes.

O projeto geral é atingir estados e condições energéticas para que o Eu-sujeito se torne cada vez mais inteligente, no sentido de ler e compreender melhor o próprio Si, e uma harmonia natural substituirá os bloqueios psicoemocionais e corporais disfuncionais.

O projeto focado, projeto funcional, é um projeto específico para o distúrbio de uma ou mais mentes de traço — seja ele um sintoma ou uma síndrome.

Nesse projeto, é necessário conhecer e reconhecer os distúrbios, com os seus estados peculiares de energia e as posições específicas que os expressam, levando em consideração o fato de que cada distúrbio tem características precisamente codificadas: tem a sua própria densidade de relação objetal primária, seus campos prevalentes, suas fases prevalentes, seus cérebros prevalentes, suas próprias reações específicas ao alarme, à ameaça e à opressão, seus níveis corporais relacionais disfuncionais e sua projetualidade com ativações corporais da Vegetoterapia Caracteroanalítica (vide Tabela 2).

CARÁTER & PSICOPATOLOGIA

O que chamamos de projeto funcional, como se vê, só pode surgir após um diagnóstico clínico, de traço analítico e de nível corporal disfuncional. Aqui, porém, chegamos a um ponto focal, um quarto diagnóstico. O diagnóstico relacional com a presença dos traços de caráter do analista na sua contratransferência, que é um "fator determinante durante o tratamento" (Reich, 1973).

Somente a possibilidade de contratransferência baseada na consciência dos próprios traços de caráter abre a possibilidade de uma análise reichiana contemporânea.

A seguir, daremos alguns exemplos para esclarecermos o que estamos afirmando.

- Quando encontramos uma pessoa no *Setting* Terapêutico, qual tipo de nível corporal ressoa em nós e qual traço de caráter nos chama a atenção?

- Ela toca nosso tórax, diafragma, pélvis ou nossos olhos?

- Ela nos faz esticar o pescoço, fechar a boca com força ou curvar as costas?

- Nós estamos na relação com um traço fálico-narcisista, um traço oral, anal, histérico, intrauterino ou um traço genital?

- O que é mais **terapêutico** no acoplamento estrutural da relação com essa pessoa?

- E especificamente, quando nos encontramos com um estado psicótico, qual traço e qual nível corporal ressoam em nós?

- Onde está o vazio do psicótico? Não está também na visceralidade profunda?

- E com qual contratransferência de traço e de nível corporal estamos interagindo? É o mais terapêutico para a relação?

- Quando encontramos com um estado depressivo, qual nível corporal e qual traço nos ressoa?

- A retirada do depressivo maior não está também no esmagamento do tórax por um insustentável complexo de Atlas?

- O alarme persecutório da paranoia não está também no terror persecutório dos ombros?

- A fixação do obsessivo também não está no olhar fixo dos seus olhos?

- A raiva do *borderline* não está também no queixo provocativo projetado para a frente a desafiar constantemente o outro?

- Como a angústia da insustentabilidade estrutural de um tórax, que traz a agonia da vida, afeta a nossa respiração?

- Como a palidez do rosto e a terrível mímica do terror fóbico nos surpreende?

- Com quais contratransferências de traço e níveis corporais nos movemos diante dessas patologias específicas?

- Elas são as mais apropriadas na relação com tais distúrbios?

- Mesmo quando simplesmente encontramos um traço fálico-narcisista, o endurecimento e a elevação do seu pescoço, qual traço-nível corporal nos ativa?

- E a teatralidade da sedução histérica?

- Com qual contratransferências de traço e nível corporal nós nos movemos?

- Qual é a dimensão mais terapêutica no acoplamento estrutural dessas relações?

- Com quais ativações corporais nos movemos nessas patologias específicas?

- Com qual psicofarmacoterapia nos movemos nessas patologias específicas?

A EVOLUÇÃO HISTÓRICA E CULTURAL

A **Análise Reichiana Contemporânea** pode ser interpretada como sendo um sistema estratificado, com alta coerência epistemológica, com *settings* funcionais que correspondem a quatro posições de observação do Objeto, para poder realizar os projetos que são funcionalmente apropriados para aquela pessoa.

A Análise Reichiana se baseia sobre um fractal-guia, a Análise do Caráter, que se divide em:

- **Análise do Caráter da Linguagem Verbal** e da arquitetura de pensamento que os expressam;

- **Análise do Caráter da Linguagem do Corpo** e dos movimentos expressivos que os sustentam (através da Vegetoterapia Caracteroanalítica);

- **Análise do Caráter da Relação com a Linguagem dos Traços**, ou seja, da transferência e da contratransferência dos traços que a compõe.

- **Análise do Caráter da Relação**, entendida como sendo um Sistema Vivente Complexo em um campo-*setting*, que por sua vez seria comparável a uma pequena biosfera neguentrópica.

1) Análise do Caráter da Linguagem Verbal

A Análise Reichiana nasceu quando, nos horizontes de Wilhelm Reich, em seu progressivo distanciamento de Freud, ficava cada vez mais claro que o tornar consciente o inconsciente e eliminar as resistências, que haviam sido erguidas pela repressão, não era o suficiente para efetuar a cura.

Entre a várias resistências encontradas nos tratamentos analíticos, Reich havia notado que um determinado grupo desses tratamentos não se distinguia pelo seu conteúdo específico, mas sim pelo modo específico de como a pessoa analisada agia e reagia: tratava-se das resistências do caráter.

O caráter transparece no modo de ser específico de uma pessoa, revela-se como um mecanismo de proteção compacto, uma couraça que protege o sujeito dos estímulos vindos do mundo externo e do mundo interno: o caráter exerce uma função econômica.

A consequência dessas informações foi a introdução do primeiro conceito teórico reichiano, a Análise do Caráter em 1933 (Reich, 1973).

O analista procura despertar o interesse do paciente para os seus traços de caráter, para poder explorar suas origens e analisar seus significados, mostrando ao paciente as ligações entre o caráter e os sintomas. Na prática, a princípio, esse modo de agir não é diferente da análise de um sintoma. O que a Análise do Caráter acrescenta é o conseguir isolar, discriminar e fazer conhecer o traço de caráter, por meio de um confronto contínuo do paciente com o próprio traço, até que ele, o paciente, consiga vê-lo objetivamente, desvendá-lo e transformá-lo em um sintoma egodistônico do qual ele mesmo deseja libertar-se.

Na Análise do Caráter, o analista parte das resistências que podem ser detectadas a partir da atitude e do comportamento geral do analisado, onde reaparecem as experiências infantis esquecidas e, quando estas são reveladas, torna-se possível a compreensão da gênese dos fenômenos do caráter e do seu tratamento, exatamente como se fossem sintomas.

A Análise do Caráter é um *turning point* (ponto de virada) que combina a análise do conteúdo com a análise do continente. É um salto neguentrópico-sistêmico que circunda e **vê** um conjunto de modos e padrões de comportamento, que pertencem à história de uma determinada fase evolutiva de desenvolvimento, ao traço de personalidade correspondente e ao nível corporal relacional relativo.

De fato, Reich expressa uma posição propedêutica em relação à abertura natural à corporeidade e às representações inteligentes de sua linguagem no *setting*, que representam um rico material para a análise, e de onde se extraem orientações terapêuticas inovadoras e eficazes.

2) Análise do Caráter da Linguagem do Corpo: A Vegetoterapia Caracteroanalítica

A Vegetoterapia Caracteroanalítica marcou o segundo período do pensamento Reichiano e entrou no horizonte psicoterapêutico em 1935, quando o reflexo orgástico foi descoberto e a ênfase do tratamento foi deslocado do caráter para o corpo. "O termo Vegetoterapia foi pensado para levar em conta essa mudança" (Strauss et al., 1989, p.438). Falamos de uma Vegetoterapia Caracteroanalítica "...para compreender o trabalho analítico sobre o aparelho psíquico e somático como uma coisa única" (Strauss et al., 1989, p.438).

CARÁTER & PSICOPATOLOGIA

Com foco nesse **segundo período**, abrimo-nos para novos desenvolvimentos neguentrópicos e evolutivos da Vegetoterapia e do seu papel na complexidade da Análise Reichiana Contemporânea. A Vegetoterapia, desde 1939, permaneceu intacta, indiscutível por quatro décadas. Até 1974, a Vegetoterapia Caracteroanalítica permaneceu assistemática, ou seja, **de estado**, uma experiência significativa sobre o pano de fundo, quase propedêutica à Orgonoterapia.

Wilhelm Reich individualizou os sete níveis corporais e fez um mapa desses níveis. Ele descobriu que havia uma corporeidade que sustentava a psicodinâmica e que poderia ser tratada com ativações corporais, mas não foi muito além disso. "Wilhelm Reich definiu o nível corporal como sendo um conjunto de órgãos e de grupos de músculos que estão em um contato funcional entre si e são reciprocamente capazes de induzir um movimento de expressão emocional" (Strauss et al., 1989, p.453), e os identificou do primeiro ao sétimo nível em uma posição *top down,* de cima para baixo.

Partindo do fato de que a corporeidade já estava implícita na Análise do Caráter, passamos a ler o sinal gravado das relações em um **onde** periférico (níveis corporais) e central (áreas cerebrais). Introduzimos assim a flecha do tempo neguentrópico também para a Vegetoterapia Caracteroanalítica. Dessa forma, na flecha do tempo neguentrópico, podemos dizer que o valioso diamante bruto que já era a Vegetoterapia é lapidado, por quatro gerações sucessivas de analistas-terapeutas reichianos, e se torna finalmente um diamante esplendoroso.

É sob essa perspectiva que a figura de Federico Navarro assume uma importância extraordinária, juntamente de Ola Raknes, ao se moverem em uma nova direção, realizando um salto evolutivo neguentrópico da metodologia da Vegetoterapia Caracteroanalítica.

De fato, a Vegetoterapia Caracteroanalítica evoluiu, depois de permanecer por quarenta anos estacionada, graças ao trabalho de sistematização clínica feito por F. Navarro (aprovado por O. Raknes em 1974). Esse trabalho estruturou, de modo muito especial, essa preciosa metodologia de W. Reich e determinou assim a sua importante evolução: de uma Vegetoterapia de estado e assistemática passa a ser uma **Vegetoterapia de nível corporal**, portanto, linear e *top down,* com ativações corporais apropriadas para cada um dos sete níveis corporais.

O treinamento pessoal de G. Ferri, de Vegetoterapia de nível corporal, foi com F. Navarro, que foi a plataforma indispensável do que pode ser considerada uma coerente continuidade à passagem evolutiva sucessiva: a **Vegetoterapia de fase, traço e nível corporal**, derivada de uma leitura *bottom up* e complexa da ontogênese e das suas fases, que também inclui a completa leitura *top down* anterior.

Em uma retrospectiva, em 1983, destacamos o início desse último desenvolvimento, que nos levou até o conceito de **mente de traço** e da Análise Reichiana Contemporânea. É de fato no ano de 1983 que assistimos ao *primum movens* (o movimento inicial), gerado pelo próprio G. Ferri, de forma ainda inconsciente, no sentido de que naquele momento ainda não se dava conta, plenamente, da consequência do que ali acontecia, a descoberta do novo conceito que surgia e de seus desenvolvimentos posteriores.

Em Valência, na Espanha, realizava-se um congresso da SEOr (Escola Europeia de Orgonoterapia). Em um acalorado debate entre Federico Navarro e Gino Ferri, discutia-se sobre quais seriam os níveis corporais envolvidos na psicose. No final, Navarro acabou concordando com Ferri que o local periférico mais envolvido na psicose é realmente o 6º nível corporal, e que o 1º nível corporal estava certamente envolvido, porém de modo secundário, após o terremoto se iniciar no 6º nível corporal.

Com o tempo, aquela definição compartilhada sobre a psicose revelou-se ser uma extraordinária chave mestra, que abriu a entrada dos níveis corporais em uma sequência *bottom up*, a partir do início da vida, na fase intrauterina, na concepção. Dessa forma, foram introduzidos os níveis corporais numa sequência de **funcionamento relacional** evolutivo (6º, 2º, 4º, 3º, 5º, 7º e 1º) e a flecha do tempo neguentrópico.

As fases foram redefinidas em 3D (tridimensionalmente), enquanto que os níveis corporais se coligaram às relações com os objetos parciais de fase, e os seus sinais gravados esclareceram os padrões dos traços de caráter que são ali depositados: a verdadeira história da pessoa transportada da aferência periférica para o sistema nervoso central.

A Vegetoterapia, com os seus *Actings,* reentrou no âmbito da psicoterapia analítica e, em especial, esse momento sinaliza o surgimento da **Análise Reichiana Contemporânea**.

Na prática, a função da Vegetoterapia Caracteroanalítica é investigar o corpo nos seus significados psíquicos, através de uma série de ativações corporais (*actings*) que atuam sobre os sete níveis corporais.

Na contemporaneidade, os *actings* são progressivos e específicos para cada fase evolutiva do desenvolvimento, cada nível corporal e traço de caráter, e percorrem novamente a experiência vivida ao longo do desenvolvimento e do amadurecimento psicoafetivo da pessoa, propondo novamente os movimentos ontogenéticos de cada fase.

Os *actings* são **os elevadores fractais do tempo interno** e não apenas reproduzem o **como** intacto das relações objetais parciais, de como foram gravadas no nível corporal do Si naquele tempo de fase, mas também são os *insights* energéticos-emocionais e psicodinâmicos fundamentais.

Os *actings* propõem uma possibilidade de novos padrões de relações com o objeto no **aqui-e-agora**. Eles conectam o **lá-e-então** com o **aqui--e-agora**, o profundo com a superfície, o inconsciente com o consciente, a memória implícita com a memória explícita. Eles criam novos canais sensoriais, desenham novos mapas cerebrais, liberando o tempo interno que havia sido sequestrado nos bloqueios corporais, informando, formando e reformando a mente. Eles aumentam a cognição e o sentir, resultando em uma maior inteligência da mente.

Nessa metodologia, ao privilegiar temporalmente o sentir sobre o compreender, respeita-se a organização fisiológica e evolutiva da pessoa.

Um projeto analítico terapêutico visa sempre conduzir a pessoa para a capacidade de gerir funcionalmente a própria couraça e a própria combinação caracterológica.

E, no entanto, embora a Análise do Caráter e a Vegetoterapia Caracteroanalítica sejam fundamentais, elas ainda não são suficientes para a realização de um projeto analítico terapêutico apropriado, focado, a menos que sejam combinados e integrados com a relação específica no *setting*.

3) Análise do Caráter da Relação com a Linguagem dos Traços

Que tipo de relação acontece no *setting*?

W. Reich prestou pouca atenção à reciprocidade da relação, como Semi (1989) nos lembra. Portanto, o uso da Análise do Caráter como guia-fractal aplicado à relação no *setting* constitui um desenvolvimento e um aprofundamento posterior da pesquisa na nossa área.

Os traços de caráter, as fases evolutivas, a flecha do tempo neguentrópica, os níveis corporais, a história da pessoa, a Análise do Caráter e a Vegetoterapia Caracteroanalítica nos oferecem um fio condutor, para nos movermos dentro de um mundo infinitamente complexo com mil representações possíveis. A contratransferência, como esse fio condutor, só pode ser a contratransferência de traço de caráter e de nível corporal correspondente!

Lemos e ordenamos a ontogênese em termos de traços de caráter e perguntarmos:

a. Qual é o estado e qual é a Intercorporeidade e Intersubjetividade de traço que existem no **aqui-e-agora** do *setting* terapêutico?

b. Essas são as mais apropriadas do que aquelas que poderiam emergir?

c. No tempo presente, qual o tempo do passado que está se apresentando e interagindo?

Essas questões nos permitem propor a introdução de uma terceira linguagem, que é extraordinariamente rica, inteligente e é fundamental no *setting* e na vida: a linguagem dos traços e entre os traços.

A linguagem dos traços é uma **linguagem-meta-meta** sobre a linguagem verbal e sobre a linguagem corporal, e também inclui essas duas anteriores. A linguagem de traço nos permite decodificar os pensamentos de traço, a inteligência de traço, o nível corporal correspondente do traço e a arquitetura da mente de traço.

A linguagem dos traços pressupõe a capacidade do Si de ler os dois subtipos, o verbal e o corporal, ao mesmo tempo, coisa que o nosso Si faz continuamente, mas que o nosso Eu não faz, pois está atraído pelos conteúdos e não está habituado a se conectar com o sentir.

A linguagem dos traços é uma linguagem do sistema Si, enquanto que a linguagem corporal e a verbal são linguagens de subsistemas desse Si. A história filo-ontogenética, de fato, conta-nos a sua sucessão no tempo e a sua atual contemporaneidade.

Se entrarmos no tema das Relações Intercorporais-Intersubjetivas, que são feitas de tempo, através da senha da terceira linguagem, veremos que os traços dialogam profundamente entre eles.

O diálogo é expresso pelas questões implícitas que foram depositadas pela própria história de vida da pessoa. Isto é, uma demanda implícita de traço facilita pontualmente no Outro a resposta da demanda que está implícita na sua bagagem histórica.

É nesse diálogo, entre esses inconscientes, entre essas mentes de traço, que as pessoas constroem as comunicações e as relações nas suas expressividades verbais e corporais, e ainda, nas sensações de sustentabilidade, de aliança, de simpatias, de prazer; ou pelo contrário, é na incompatibilidade

CARÁTER & PSICOPATOLOGIA

de diálogo entre as demandas implícitas das mentes de traço que as pessoas percebem as sensações de ausência de comunicação, de antipatias, de insustentabilidade e de simetrias psicodinâmicas.

Com a Análise do Caráter da Relação (1992), que representa a terceira dimensão da Análise Reichiana, foi possível definir o Continente Relacional (Ferri & Cimini, 1999), ou seja, a organização altamente específica da relação analítica-terapêutica. É poder articular o continente com o conteúdo em dupla direção, mas considerando a arquitetura da relação como uma parceira privilegiada.

É a arquitetura **que contém** qualquer ato terapêutico, desde a escuta até a elaboração transferencial de um traço, desde a interpretação de um sonho, de um gesto ou de uma fantasia liberadora até a proposta de um *acting* de Vegetoterapia Caracteroanalítica, mas também de uma simples prescrição de um psicofármaco.

Definimos o Continente Relacional como sendo a **Posição** apropriada e o **Como** apropriado do analista-terapeuta, que são necessários para o estabelecimento de uma contratransferência de traço-nível corporal funcional ao distúrbio e/ou à estrutura específica de traço e de nível corporal da pessoa analisada.

Mesmo quando um analista se propõe a ser um espelho neutro, ele sempre expressa uma posição e um **como**.

A posição apropriada é a posição empática, dinâmica e funcional sobre o traço da própria personalidade e seu nível corporal correspondente, onde se pode encontrar e contactar a pessoa analisada, ajudando-a a se afastar da sua **posição** de traço e de nível corporal ou, pelo menos, vê-lo e lê-lo em uma evolução sustentável.

O **como** é a expressão analógica da posição e cria a atmosfera certa para a realização de *insights* evolutivos para a pessoa analisada.

A consciência, *dià-gnosis* (através do conhecimento, em grego), da própria posição e do próprio **como**, por parte do analista, é a consciência da sua própria contratransferência de traço, é o substrato dos seus próprios conteúdos contra-transferenciais e é **o movimento inicial** do projeto analítico terapêutico focado.

A Análise do Caráter e a Vegetoterapia Caracteroanalítica se localizam e são articuladas no interior da moldura da Análise do Caráter da Relação.

Se a Análise do Caráter e a Vegetoterapia Caracteroanalítica agem diretamente sobre os portais periféricos do Si, que se manifestam nos subsistemas neurovegetativo, muscular neuroendócrino e psíquico, então a Análise do Caráter da Relação age diretamente na interface central desses subsistemas, ou seja, principalmente sobre o cérebro límbico, que é o responsável por tudo o que um indivíduo sente ou experimenta (Figura 12).

ANÁLISE REICHIANA CONTEMPORÂNEA

Figura 12

A Análise Reichiana Contemporânea

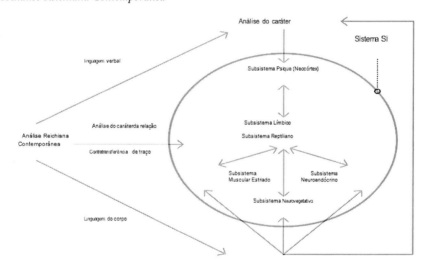

Fonte: elaborado pelos autores

A consciência do analista de sua própria estrutura de estado, das suas fases evolutivas especificas, dos seus traços de caráter, dos seus níveis corporais e dos acoplamentos estruturais mais terapêuticos na relação com a pessoa analisada pode permitir que o analista faça um **metamovimento** para um projeto analítico terapêutico apropriado.

Desse modo, o analista pode se colocar no lugar apropriado com a mente de traço funcional e determinante para o contato com a pessoa analisada, para uma aliança terapêutica, para sua transferência de traço, para uma relação com o seu distúrbio, para ter uma relação com a sua arquitetura de personalidade e para movê-lo das suas posições para uma evolução sustentável e um aumento da neguentropia da relação.

A consciência entendida desse modo lembra uma das observações de W. Reich, que para nós é um desafio em nossa pesquisa: "Uma determinada situação analítica tem uma única possibilidade de solução ideal e no caso específico tem apenas um único modo de empregar a técnica, o modo correto" (Reich, 1933). Tal afirmação tem acompanhado quatro gerações de analistas em um debate apaixonante sobre o desenvolvimento mais adequado do *setting*, para um projeto voltado para a história da pessoa e para o seu distúrbio.

A consciência dessa complexidade nos leva também a refletir sobre a palavra **diagnóstico** e o seu significado etimológico literal: **através do conhecimento, da cognição, do saber**. A etimologia da palavra **saber**, que, por sua vez, indica um percurso que vai desde o sentir-sabor da boca ao sentir-odor do nariz, para então confiar ao cérebro o sentido **ter um significado**.

O **sentir** paira no percurso do **saber-gnose**, o sentir paira com sua indispensável expressividade corporal: não se pode saber sem sentir, e não se pode sentir sem o corpo!

4) Análise do Caráter da Relação como um Sistema Vivente Complexo

Nessa definição de contratransferência de traço, que pode ser até também corporal, está presente uma dimensão de projeto de flexibilidade na posição analítica. Significantemente, chegamos ao conceito de coevolução na Complexidade. Estamos na quarta dimensão da Análise Reichiana Contemporânea e, historicamente, na introdução do *setting* à complexidade.

Esse ponto de vista coloca a hipótese de que o *setting* analítico-terapêutico representa uma forma vivente, um sistema complexo, um sistema autopoiético, um campo neguentrópico (uma pequena biosfera) em que é fundamental o contato entre o analista e o analisado (Ferri, 2016).

Esse sistema, com várias fases evolutivas e níveis de organização, nasce do encontro de traços carateriais entre o analista e o analisado.

O *setting* analítico-terapêutico é um sistema vivente e expressa a capacidade de um gradiente neguentrópico.

A variação de entropia no *setting* e das relações se move na aquisição de uma maior ordem, que se manifestará quanto maior for a evolução e quanto mais longe estiver do zero entrópico.

Há uma forte associação com a afirmação de Prigogine (1997) de que "...longe do equilíbrio, a matéria começa a ver".

Estamos afirmando que o *setting* desenvolverá um caráter próprio e será o encontro entre os traços carateriais do analista e do analisado, para permitir a possibilidade de um novo sistema vivente complexo: a relação.

Um contato empático e funcional poderá levar até a consequências significativas sobre a neguentropia do Si do analisado, do Si do analista e do Sistema Complexo analista-analisado.

A capacidade de contato do analista é a sua capacidade de perceber as próprias posições e as posições dos níveis organizadores de sua própria história, e de ocupar a mente de traço capaz de entrar em ressonância com a mente de traço do analisado.

Sublinhamos o conceito de coevolução e o validamos de três formas: a evolução neguentrópica do analisado, do analista e da relação analista-analisado.

Está implícita tanto a interdependência quanto a conservação da diversidade das partes.

Uma análise da cena do *setting*, conforme a descrevemos, requer uma releitura da transferência e da contratransferência.

Podemos imaginá-los como fluxos que se originam das estruturas de personalidade, dos traços do analista e do analisado: fluxos de estado, de traço, de nível corporal, que se encontram em interação, que respondem e se posicionam também nas fases específicas da nova forma-relação.

A interação entre muitas transferências e contratransferências de traço, dentro de uma mesma relação, lembra o conceito de acoplamento estrutural (Maturana & Varela, 1987), definido pelas interações recorrentes que desencadeiam as modificações estruturais no sistema.

Se um **sistema de acoplamento estrutural** é um sistema inteligente que aprende, também um *setting* analítico terá a capacidade de desenvolvimento neguentrópico inteligente, terá uma potencialidade de um acoplamento estrutural inteligente, reforçada pelo fato de o *setting* ser um espaço/tempo operativo privilegiado, protegido e focado.

CARÁTER & PSICOPATOLOGIA

Devemos sublinhar a extraordinária responsabilidade do analista com essa relação, que não representa uma simples relação, mas é uma relação analítico-terapêutica, cujo objetivo fundamental é permitir uma vitalidade maior para o Si do analisado.

Pede-se para o analista, que é uma parte fundamental da nova forma vivente, uma qualidade e um requisito claro na **metacomunicação**: uma consciência tríplice, que inclui a consciência do próprio Si, do Outro de Si e da Relação Si-Outro de Si.

A metacomunicação é um luxo energético e é um indicador de uma organização neguentrópica muito distante do equilíbrio, um salto criativo que circunda a forma e a garante continuamente.

Figura 13

Evolução histórico-cultural da Análise Reichiana Contemporânea

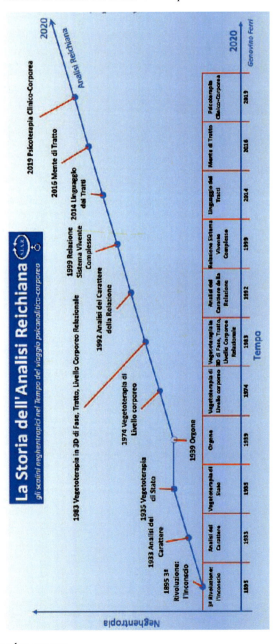

Fonte: elaborado pelos autores

APÊNDICE

A peste Emocional na Modernidade Líquida

Propomos uma releitura da Peste Emocional, de W. Reich. Ao longo deste capítulo, citaremos alguns trechos do texto de Reich (Capítulo 12 da *Análise do Caráter*), destacados em negrito, e revisitaremos suas colocações feitas há noventa anos. Ao fazê-lo, estamos fotografando o que acreditamos ser uma mutação adaptativa dessa síndrome psicopatológica específica, na sua etiopatogênese e no decurso da doença, identificando algumas orientações como remédios iniciais e como uma tentativa terapêutica.

A) A Peste Emocional de Ontem.

O funcionamento do caráter neurótico em uma ação destrutiva na cena social

A Peste: termo escolhido provavelmente pelo imaginário coletivo da época, é um sinal gravado da história da humanidade por suas recorrentes propagações epidêmicas e pela sua periculosidade.

Emocional: esclarece a área afetada pela patologia: o Mundo Emocional.

Neurótico: é a primeira grande diferença significativa entre a peste de ontem e a de hoje. Ainda existe algum neurótico hoje? Certamente sim, mas não é mais um indicador do nosso tempo (mesmo o DSM 5 não o apresenta mais!). E não é mais o ícone dominante nas estatísticas.

O distúrbio *borderline* é o verdadeiro emblema do nosso tempo, e é o resultado sintomático mais evidente da peste, como veremos. Os mecanismos de defesa da repressão e da remoção do conflito, representados pela couraça, não são mais emblemáticos, porque são muito custosos energeticamente e não são mais sustentáveis pela estrutura da forma vivente-homem de hoje.

A peste emocional se expressa em explosões de sadismo e de criminalidade.

Ontem eram explosões da compressão neurótica e hoje são expressões da falta de sustentabilidade *borderline*-depressiva: etiopatologicamente são muito diferentes!

"É uma doença no sentido estrito da palavra, e é de fundamental importância que seja reconhecida como tal, para não corrermos o risco de mobilizar preconceitos e reações contra ela, ao invés de buscar a educação e a medicina no combate a ela."

Aqui Reich nos fala sobre o **como** de uma relação objetal e sobre a posição da contratransferência correta e adequada para uma possível terapia.

"A ganância financeira é um traço de caráter típico da peste emocional, assim como a astúcia desonesta ... A ação em si e a motivação para a ação nunca coincidem ... a dissimulação é uma parte essencial da peste ... a conclusão de um pensamento já está pronta antes mesmo que o raciocínio tenha se concluído: o preconceito é inacessível a qualquer forma de argumentação."

Diríamos, ao fazer à Análise do Caráter dessa peste emocional de ontem, do tempo de Reich, que se trata de um **"Traço oral insatisfeito e removido, da co-fixação comprimida-fálica"**, com um eixo narcisista controlado pela fixação oral deficiente e insuficiente (é um verdadeiro atrator entropizante dos Objetos Externos).

A desconfiança e a suspeita, quando não são uma verdadeira paranoia, são expressões de uma couraça aprisionadora, que impede a possibilidade do "tornar-se autêntico nas relações", assim como o preconceito aprisiona e impede "o tornar-se autêntico no pensamento".

Essas expressões testemunham a necessidade de se proteger, mas sobretudo de usar o Outro e de tirar do Outro.

CARÁTER & PSICOPATOLOGIA

"O empesteado emocional espera que a realização das suas necessidades na vida seja satisfeita pelo mundo ao seu redor. Procura transformar o ambiente à sua volta para que não perturbem seu modo de viver e de pensar ... odeia o trabalho porque o sente como um peso e procura evitar qualquer responsabilidade. Querem sempre trabalhar menos do que os outros, e esperam impor aos outros como o trabalho deve ser feito, recorrendo até à violência."

Falamos em tirar do Outro, mas acrescentaríamos, após o trecho anterior, que também é um "**exigir do Outro uma reparação-compensação, pelo que não teve**", ampliando sadicamente a Formação Reativa Narcisista, até chegar ao presumido direito de recorrer à violência para "**escravizar o Outro**" às suas próprias necessidades, e ditar "**como deve ser servido**".

"**A energia que alimenta as reações pestíferas é provocada pela fome de satisfazer desejos insatisfeitos, e manifesta-se caracteristicamente num padrão recorrente e organizado nas relações interpessoais, sociais e nas instituições correspondentes.**"

Foi essa definição que nos ajudou a reconhecer a peste emocional na sua mutação. Concordamos com o diagnóstico da fome como indutora das reações pestíferas, mas na expressão atual da peste, essa fome moveu-se na flecha do tempo: "da insatisfação da relação de prazer com o Objeto Parcial Seio, para uma condição de insatisfação com a relação de prazer com Objeto Parcial Útero". O resultado, nessa versão atual da peste emocional, é uma fragilização dos espessores da cofixação narcisista comprimida-fálica, o que configura uma posição de cobertura instável, que não é mais capaz de assegurar a remoção do traço oral insatisfeito subjacente.

"**A peste se espalha nas áreas vitais mais importantes da vida: a mania de autoridade, o moralismo, a politicagem, nas medidas educativas sádicas, na forma destrutiva do misticismo, na submissão masoquista, fofoca, difamação, na burocracia mesquinha, no imperialismo, na pornografia, na usura, nas trapaças, na sede de poder e no ódio racial.**"

A perturbação do Corpo Vivente individual reaparece no Corpo Vivente Social como um fractal maior **"com centros de potência do Ser escravizados pela fome e pela sede de poder do Ter".**

"O aspecto biofisiológico comum a todas as formas de peste emocional é o bloqueio sexual-biológico. Um segundo denominador é a perda da capacidade de atingir a satisfação sexual natural que leva ao desenvolvimento de impulsos sádicos secundários. A sexualidade do empesteado é tipicamente sádica e pornográfica, decorrente da rígida couraça muscular e caraterológica produzida por uma educação opressora e autoritária."

Do ponto de vista da Análise Reichiana Contemporânea, diríamos que o bloqueio certamente deve ser interpretado como uma perturbação do livre fluxo da energia vital e da pulsação vital, impossibilitada de se deslocar até os estados da genitalidade. Na condição da peste emocional de 90 anos atrás, a energia vital está aprisionada na couraça muscular-comprimida-fálica **"pela educação opressora e autoritária, que gera estase e compressões. As brechas que se abrem em cenas especiais só podem expressar "expulsões sádicas e violentas, pestíferas-destrutivas".**

Era assim nos tempos de W. Reich

B) A Peste Emocional Hoje

Hoje o tempo mudou, não é mais desse jeito, o limite neguentrópico que organiza as pulsões está ausente, ou melhor, o próprio limite está ausente, não há nem o limite entrópico. Estamos em uma cena oposta àquela descrita há noventa anos.

Hoje o tempo é *borderline*-limítrofe. A violência é *borderline*, mas com uma reatividade pulsional imediata, que traz o reflexo subcortical, com baixíssimo limite à frustração, conhece a primazia pré-muscular e reptiliana e traz a solidão desesperadora.

Assim, é a sexualidade, que é sempre de estado, sendo imediata, de fácil excitação, bulímica-consumista, violenta e objetal (no sentido não analítico). É indiferenciada e dissociada do sentimento, queimada pela velocidade dos tempos. A sexualidade também é *borderline*!

CARÁTER & PSICOPATOLOGIA

A couraça não é mais a corresponsável pela peste, embora sua ausência o seja. A ausência da couraça é responsável por uma nova forma de expressão de peste emocional.

No decorrer do tempo de quatro gerações de analistas, assistimos à dissolução das fixações comprimidas-fálicas, à queda da estrutura, principalmente no quarto nível (tórax) e no terceiro nível (pescoço). Assistimos à dissolução da paternidade com o colapso do casal de genitores **sobre a maternidade conciliadora e culpada**, à modificação-deslocamento do Super Ego, à transformação alarmante do Corpo Vivente Social, com a perda de muitas diferenciações, e o aumento de muitas formas de indiferenciações.

Assistimos à liquefação da couraça hipertônica, e também do tônus adequado, aproximando-se, portanto, de uma hipotonia muscular. Isto é, escorregamos sobre a flecha do tempo, em direção à liquidez (estágio oral depressivo de sucção), e depois ainda mais para baixo com a Volatilidade das Relações, aproximando-nos perigosamente da rarefação *borderline*.

Zigmunt Bauman (2003), com o seu feliz e afortunado vocábulo, fotografou a modernidade e a chamou de líquida: ". . . o deslizar ao longo do tempo como líquido, sem forma, porque não existe o tempo nem espaço para a forma que se liquefaz pela velocidade".

Modernidade líquida, assim descrita como "espalhada", é vista somente sobre um tempo horizontal e linear, e não sobre o tempo vertical, analítico--complexo, o qual "não é visível sem o sentir".

Estamos em um tempo *borderline*, cada vez mais rarefeito e menos líquido, com mais instantes e menos raízes, mais emoções e menos sentimentos, pois que estes, os sentimentos, são feitos de tempo. Há mais excitação e menos consciência, mais comunicações e menos relações, pois estas também são feitas de tempo. Dessa forma, com mais informações e menos saber, estamos mais sobre o tempo (superficialmente) do que (imersos) no tempo.

A violência nasce do desrespeito do devenir do tempo interno na nossa flecha neguentrópica e vertical, devido à aceleração do tempo externo, horizontal, que é o fator desencadeador da nova forma de peste emocional.

Não há pausa, recuperação ou restituição, e isso gera esforço, espasmo, DOR (*Deadly Orgone*) e **castração-compressão** da necessidade da pulsação vital, de modo que, sem um limite de contenção, emerge hoje a impulsividade, a violência, o imediatismo, uma forma mais primária, sempre mais distante da consciência **ocular**.

O tempo marca o nosso corpo!

Mas consideremos também o quanto o nosso corpo marca o tempo! A peste emocional é sempre o produto de um desencontro entre o Id e o Super Ego, para falarmos nos termos de Freud, mas o ponto chave para centralizar a sua forma expressiva é o **onde** o choque ocorre no corpo: é esse lugar geométrico que nos permitirá fazer o diagnóstico!

Já destacamos como o **onde primário** se rebaixou na flecha do tempo interno. Na peste emocional de ontem, nós o percebemos como uma insatisfação do segundo nível corporal (boca), fase oro-labial. Hoje vemos acontecer uma insatisfação da oralidade umbilical do sexto nível corporal (abdome), fase intrauterina...

Sem o corpo, não há uma verticalidade profunda, visível e real, ao passo que com o sentir, no corpo, ela existe e nos permite fazer um diagnóstico tridimensional.

Hoje em dia, o Super Ego é midiático, sem afeição. Não é recíproco, é persecutório, demandante, excludente, superficial, narcisista e analfabeto emocional.

A família (pais, avós, tios e tias) não é mais a sede do Super Ego. Então, para a geração mais jovem, estamos em uma Sociedade de Tribo onde se salta do relacional dois (dual) para a tribo (10 e mais) e pulamos as relações do 3, 4, 5, 6, 7, 8, 9... níveis relacionais que teriam a tarefa de organizar as pulsões. A referência é a tribo, que é uma referência poliédrica, fragmentada, instável e com uma série de interlocutores que não podem ser identificados.

Vivemos um tempo *borderline* vazio de relações afetivas-límbicas, em uma deficiência oral primária que funde o reptiliano com a cognição. Vivemos um processo de transformação na nossa modernidade complexa e multifatorial, na qual encontramos pais deslocados, deprimidos, resignados e impotentes, com filhos perdidos, impulsivos, sozinhos, assustados e narcisistas. É a modernidade líquida-rarefeita em que aplicamos cada vez mais os **conceitos de negócios e economia comercial** com os valores do Ter, Possuir, os quais passam, então, a definir o Ser.

Estamos vivendo um vazio nas relações, vazio este que é causado pelo roubo do tempo feito pelo Superego midiático, que dita a velocidade do tempo de fora e rarefaz o tempo de dentro, definindo qual é o Objeto Luminoso a ser seguido.

Há um corpo vivente social na modernidade líquida-rarefeita, que caminha para uma redução da 5HT (serotonina) e um aumento da DA (dopamina), ou seja, para uma depressão mascarada pela aceleração.

O que estamos pedindo para os antidepressivos, e também talvez para a categoria de remédios mais usadas no mundo hoje, os antipsicóticos atípicos, ou mesmo para o Cialis, Viagra, Levitra etc.? Será que tudo isso é uma tentativa de parar a violência e preencher o Vazio das Relações ou nos restituir à Estruturação pré-líquida, mais organizada, para aguentarmos os ritmos insustentáveis? Ou até mesmo, será que estamos querendo uma potência genital, mas pensando nela apenas como potência de ereção? Ou pedimos todas essas coisas?

Essas soluções geram **pacientes** sem tempo e sobretudo sem o **sentir**. Para nós, esse é um indicador muito preocupante da conexão entre o estado de modernidade líquida-rarefeita e o aparecimento dos sintomas causados pela mutação pestilenta.

C) Primeiros Remédios para a Nova Peste Emocional: Predisposições para o Amor

Na clínica é fazer um Diagnóstico, e na análise é Sentir, Ver e Ler o Objeto. Compartilhar tudo isso já é um estar junto e um **ir além**... É definir um *primum movens*, um *insight* para um projeto direcionado e neguentrópico.

É Restituir-se a si mesmo e Restituir o Tempo, o Tempo Límbico, o Tempo do Tórax, o Tempo da Respiração, o Tempo dos Sentimentos, o Tempo do Estar Com, o Tempo de Escutar-se e de Escutar, Tempo de Contar-se e de Contar, tempo da História e do seu Sentido, Tempo da **Corporeidade e do seu Sentido.**

O Tempo das Relações: Restituir o tempo para as Mães... e para os Pais e para a Sustentabilidade, para que esse tempo se desdobre ao longo da flecha do tempo neguentrópico, para o sentir e o ver.

É estabelecer Fronteiras e Limites, para si e para os outros, incluindo, certamente, o **Não neguentrópico**, o limite neguentrópico.

Para os romanos, os Limites eram marcados por pedras sagradas, cuja remoção era um crime, e que estavam sob a proteção da divindade Limite.

Nós consideramos os limites como um fractal de uma mudança, entrópica ou neguentrópica. São pontos e passagens que ressoam com os receptores psicodinâmicos da divisão-separação, mas que são ao mesmo tempo fundamentais e inevitáveis para se elevar a maiores alturas, mais humanas, nossa vivência das diferenças e nossa capacidade de partilhar.

Trata-se de Restituir o Sentido Inteligente das Coisas aos nossos filhos e jovens e não oferecer a eles Objetos com função de compensação por nossa presumida culpa por nossas deficiências.

Restituir o **Nós** aos nossos filhos e aos nossos jovens.

Retomar a Responsabilidade pelo Poder Superegoico como Adultos e Pais e educar a raiva-vazio para o desafio razoável. Isso é feito com afetividade, justa distância, tom, objetivos e restituição do respeito. É desafiar o jovem a ousar a exclusão, ser excluído, e o sair do instantâneo, para nascer e se desmamar da dependência. E ter coragem de assumir o *adgredior* (agressividade no sentido de agir, mover-se para...), ousar serem **jogadores proativos em suas próprias cenas**, e **enxergando, olhando o céu além da cena**. É retomar a dimensão neguentrópica do próprio devenir, criando raízes inclusive no tempo interno. E tudo isso **juntos.**

Portanto, estamos falando de compartilhar e irradiar conhecimento e consciência e Contar a História, Educar sobre a afetividade, ensinando-os a reconhecer sentimentos, Ler e Escrever emoções, Alfabetizar as Emoções, Fazer um investimento-lucro sobre o Ser, e não apenas sobre o Ter. Lembrar sempre que não existe Saber sem Sentir, e não existe Sentir sem o Corpo.

Falamos de aprender a conhecer a Demanda Implícita que fazemos ao Outro com a nossa história analógica, e a ler o pedido implícito que o Outro nos faz com a sua própria história.

E tentar sair da gaiola oral do **é meu** e entrar na respiração torácica do **de mim**...

W. Reich: "...**a peste emocional está condenada a perecer sempre que se encontrar de frente com o sentido natural da vida.**"

Para nós, o sentido natural da vida é ser Pessoa e ser Humildade. Humildade, Humanidade e Humor, "os três H", como dizia F. Navarro.

Ser Pessoa e Ser Humildade é ter uma carga de energia neguentrópica **simplesmente** extraordinária. Estamos falando, portanto, de dimensões do Ser, e não do Ter, da pulsão neguentrópica e da indivisibilidade do Si.

Isso, na verdade, significa ser Pessoa, e não Personagem-Máscara na cena. Ser Pessoa na sua própria ressonância na corporeidade, no sentir-se parte de sua própria história biológica-biográfica, no encontrar as pessoas que estão por trás das máscaras das personagens no teatro da vida.

É um sentir que modifica as Sinapses e as Relações. Estamos propondo um sentir que faz o Outro parecer e ser uma Pessoa na relação conosco.

E então temos a Humildade.

Como o nosso corpo funciona quando somos humildes, visto que nem sempre nos sentimos humildes?

Nossa proposta é considerar a humildade uma evolução do narcisismo fálico. O narcisista tem um pescoço contraído, imóvel, rígido. No seu pescoço está gravado o traço que o distingue, ali está aprisionado o seu tempo evolutivo, o tempo das suas Relações Objetais. Se o nosso pescoço se tornar mais flexível e menos tenso, então a cabeça e o coração se comunicarão mais e poderemos pulsar na flecha do nosso tempo interno, até aos respectivos estágios corporais analíticos, até a nossa barriga, nosso húmus fértil, mãe terra, e fincar as nossas raízes para atrair energia de volta para nós e atingir novamente alturas importantes, dando-nos assim um respiro, **uma extraordinária espiritualidade vertica**l, uma continuidade da fotossíntese para a nossa consciência.

Um outro sentido natural da vida é o Ser Inteligente.

A chamada sabedoria da vida, gostamos de vê-la como uma recombinação neguentrópica das milhares de inteligências estratificadas e difusas sobre a sua história filo-ontogenética, a partir da Inteligência do Planeta Vivente **Terra**.

A Inteligência Cognitiva é a última em ordem temporal, é a mais elevada e aguda, mas deve estar conectada e reconectada com as outras precedentes, fazendo-a escapar dos riscos de cisão e isolamento perigosíssimo nos quais ela pode cair.

Está conectada e reconectada à Inteligência do Corpo Vivente Pessoa, do Corpo Vivente Sociedade, do Corpo Vivente Planeta, ao seu húmus fértil, educando-a a criar Redes Inteligentes entre elas para tornar-se Inteligência-Meta.

"A tomada de consciência de uma Comunidade Terrestre", disse Edgar Morin (2003), é o elemento-chave que pode permitir a saída da era da barbárie e da era da Peste Emocional.

POSFÁCIO

Caráter e Psicopatologia

"A psicanálise no corpo e o corpo na psicanálise"

Este livro é fundamental para uma melhor compreensão da psicopatologia, do inconsciente e do seu reflexo nas mudanças rápidas e intensas impostas pelo nosso mundo contemporâneo. Traz uma quebra de paradigma no que diz respeito às direções das leituras *bottom-up* e *top-down*. É um modelo que lê o corpo na psicanálise e a psicanálise no corpo, traz a biologia para a psicanálise e colabora com a neurociência com uma gramática psicanalítica corporal.

Vamos lá, no desenvolvimento da flecha do tempo evolutiva, dentro do modelo da Análise Reichiana Contemporânea, nasceu a 2ª edição do livro *Psicopatologia e Caráter*, **mas** com o título invertido: *Caráter e Psicopatologia - a psicanálise no corpo e o corpo na psicanálise*.

Essa inversão do título representa uma revolução: a de ler a psicopatologia e o inconsciente **em direções** *bottom-up* **e** *top-down,* **com** o corpo integrado na cena.

Dessa forma, inclui-se a visão tridimensional evolutiva neguentrópica ao olhar-se o caráter. A partir disso a psicopatologia se define, especialmente quando se ultrapassa o limite do traço de caráter e o limite da passagem entre as fases evolutivas, que têm como raiz a história biológica e biográfica da pessoa.

Trata-se de uma leitura complexa *bottom-up* dos sistemas viventes que mostra primeiro o aparecimento do corpo e depois segue em direção à formação da mente da subjetividade. Uma leitura que implica colocar-se em outra posição de observação, a do ponto de vista dos processos biológicos de desenvolvimento da vida.

Assim, e com a inclusão da corporeidade, aparece uma leitura sistêmica complexa na observação do fenômeno da vida e de seus sistemas viventes complexos. Durante um debate científico no ano de 1992, em Valência, Espanha, o Prof. Dr. G. Ferri, considerando essa leitura criada por ele, afirmou que a psicose estava no 6º nível abdominal-umbilical e se refletia nos olhos (1º nível corporal), área pré-frontal, através da descompensação psicótica.

> Não é possível compreender a psicose sem considerar a baixa reciprocidade relacional primária durante o tempo intrauterino, marcado na área abdominal umbilical, no 6º nível corporal, que é a mesma área onde estão conectados os núcleos da base do encéfalo, o terreno sobre o qual o campo da consciência do ego pode desabar (Ferri, 2014).

Com Ferri, a inteligência do corpo foi estratificada em muitas recombinações adaptativas através do período da filogênese, recapitulada no período da ontogênese, até atingir a consciência de si mesmo. O corpo existe antes da formação da mente. Portanto, a vida surge primeiro corporalmente, num movimento evolutivo neguentrópico, a partir da concepção.

Ao introduzir a flecha do tempo filo-ontogenética e o fator tempo, Ferri pôde observar a vida na direção evolutiva *bottom-up* e obter uma visão tridimensional para se ler a psicopatologia, o inconsciente e a profundidade da história das relações de toda a vida daquela pessoa, desde a vida intrauterina até o aqui e agora.

A Ontogênese, por exemplo, é lida e ordenada em termos de traços de caráter, sinais que foram gravados pelas relações objetais, e espalhados por toda flecha do tempo, trazendo seus padrões de estilos relacionais.

Nessa nova abordagem, o corpo é como uma bússola fundamental para não nos perdermos na complexidade de vida, possuindo um código bem preciso para entrarmos no **edifício** de uma determinada personalidade. Olhamos a personalidade de uma pessoa comparando-a com um edifício inteiro, e podemos dizer que habitamos preferencialmente alguns dos vários apartamentos.

Para Ferri, a flecha do tempo filontogenética evolutiva identifica as fases evolutivas ontogenéticas do desenvolvimento desse edifício da nossa personalidade, que possui sete andares, que são representações dos sete níveis corporais relacionais. Esses níveis corporais constituem os nossos aferentes periféricos, os quais levam informações para o nosso sistema nervoso central.

Esses **apartamentos**, um em cada nível corporal, podem se apresentar funcionais ou disfuncionais. É importante olhar e entender como habitamos e como nos movemos em cada andar do nosso edifício. Isto é, temos que ver quais foram os sinais gravados pelas relações no nosso corpo. E localizar o **Quando** (fase evolutiva), o **Como** (traços de caráter) e o **Onde** (nível corporal relacional). Dessa forma, teremos condições de olhar com maior precisão e adequação para a psicopatologia ou para o sintoma que está se reatualizando.

Ao olharmos a psicopatologia através desse novo paradigma, veremos também sua raiz no corpo, afinal, o cérebro também é corpo.

Ferri contribui e evidencia a importância central do *Setting* Terapêutico com a introdução da Análise do Caráter da Relação.

Essa posição de observação alcança os aspectos da pré-subjetividade e da subjetividade da pessoa, que existe no aqui e agora entre o analisado e o analista. Consegue-se captar o significado inteligente da sua narração psicocorporal e a memória implícita e explícita da sua história relacional analítica, clínica e corporal.

A importância de rever a psicopatologia e o inconsciente, seus sintomas clínicos, sua história analítica com seu código corporal e o papel central relacional do *Setting* Terapêutico trouxe uma grande colaboração para a neurociência, e destaca a intensa busca do autor por uma melhor adequação da psicoterapia à psicopatologia. Evidencia ainda uma melhor compreensão das implicações da contratransferência e transferência de traços e da ativação corporal terapêutica.

A psicopatologia vista desse lugar se torna mais compreensiva, mais humana e descomplicada ao incluir o Corpo, o Sentir e a Relação. Ao fazer o seu diagnóstico diferencial, do **Quando**, do **Como** e do **Onde** daquela psicopatologia ou sintoma, que está sendo reatualizado, poderemos olhar os sinais gravados da história biológica e biográfica daquela pessoa e os níveis corporais relacionais correspondentes envolvidos.

Compreendemos, assim, que ao acrescentarmos esse modelo sistêmico complexo caracteroanalítico na psicoterapia, na psiquiatria e na psicofarmacoterapia, teremos mais clareza, precisão e personalização de uma determinada psicopatologia. Portanto, teremos melhores condições para realizar um diagnóstico mais adequado, contribuindo, dessa forma, com a prevenção e a manutenção da saúde mental, tarefa tão necessária nos tempos atuais da nossa modernidade líquida.

Aquiles A. M. Paiva

Mary Jane A. Paiva

Analistas Reichianos Contemporâneos e Psicoterapeutas

Diretores e fundadores do Instituto Brasileiro de Análise Reichiana (IBAR)

BIBLIOGRAFIA GERAL RECOMENDADA

Obras de W. Reich

Passioni di gioventù: un'autobiografia 1897-1922 (1919-1925), tr. Barbara Bergonzi, Milano, SugarCo, 1990.

Conflitti libidici e fantasie deliranti: il «Peer Gynt» di Ibsen (1920), tr. Ettore Zelioli, Milano, SugarCo, 1975, ISBN 88-7198-299-1).

Il coito e i sessi (1922), tr. Ettore Zelioli, Milano, SugarCo, 1981 ISBN 88-7198-300-9.

Scritti giovanili volume I (1920-1925), tr. Ettore Zelioli, Milano, SugarCo, 1977 ISBN 88-7198-296-7. *Scritti giovanili volume II* (1920-1925), tr. Ettore Zelioli, Milano, SugarCo, 1977 ISBN 88-7198-297-5. *Il carattere pulsionale* (1925), tr. Ettore Zelioli, SugarCo, Milano, 1982 ISBN 88-7198-302-5.

Il tic come equivalente della masturbazione (1925), tr. Milano, SugarCo, 1981 ISBN 88-7198-301-7. *Genitalità (o Scritti giovanili vol. III)*, tr. Giovanna Agabio, Milano, SugarCo, 1980 ISBN 88-7198-167-7.

Analisi del carattere (1933), tr. Furio Belfiore e Anneliese Wolf, Milano, SugarCo, 1973 ISBN 88-7198-209-6. *Psicologia di massa del fascismo* (1933), tr. Furio Belfiore e Anneliese Wolf, Milano, SugarCo, 1971; Mondadori, Milano, 1974 ISBN 88-06-16376-0 ISBN 88-7198-148-0); Einaudi, settembre 2002 (ultima ristampa Settembre 2009).

La rivoluzione sessuale (1930-1934), tr. Vittorio Di Giuro, Feltrinelli, Milano, 1963; tr. Enrica Albites-Coen e Roberto Massari, Roma, Emme emme, 1992 ISBN 88-07-80440-9 ISBN 888537835.

L'irruzione della morale sessuale coercitiva (1934-1935), tr. Maria Luraschi, Milano, SugarCo, 1972 ISBN 88-7198-228-2.

Sessualità e angoscia: un'indagine bioelettrica (1935-1936), tr. Milano, SugarCo, 1983 ISBN 88-7198-213-4.

Esperimenti bionici sull'origine della vita (1936), tr. Giovanna Agabio, Milano, SugarCo, 1981 ISBN 88-7198- 176-6.

La scoperta dell'orgone, volume n. I – La funzione dell'orgasmo (1942), tr. Furio Belfiore, Milano, SugarCo, 1975 ISBN 88-515-2222-7.

La scoperta dell'orgone, volume n. II – La biopatia del cancro (1948), tr. Adriano Caiani, Milano, SugarCo, 1976 ISBN 88-7198-317-3.

Ascolta, piccolo uomo (1948), tr. Maria Luraschi, Milano, SugarCo, 1973 ISBN 88-7198-298-3.

Etere, Dio e diavolo (1949), tr. Maria Luraschi e Maria Agrati, Milano, SugarCo, 1974 ISBN 88-7198¬287-8.

Bambini del futuro: sulla prevenzione delle patologie sessuali (1950), tr. Annelise Wolf e Sibilla Belfiore, Mi¬lano, SugarCo, 1987 ISBN 88-7198-286-X.

L'assassinio di Cristo: la peste emozionale dell'umanità (1951), tr. Marco Amante, Milano, SugarCo, 1972 ISBN 88-7198-107-3.

Superimposizione cosmica (1951), tr. Maria Gallone e Maria Luraschi, Milano, SugarCo, 1975 ISBN 88- 7198-219-3.

Reich parla di Freud (1952), a cura di Mary Higgins e Chester M. Raphael, tr. Furio Belfiore e Anneliese Wolf, Milano, SugarCo, 1970 ISBN 88-7198-194-4.

Individuo e Stato (1953), tr. Alberto Tessore e Silvana Ziviani, SugarCo, Milano, 1978 ISBN 88-7198-232-0.

La teoria dell'orgasmo e altri scritti, tr. Luigi De Marchi e Mary Boyd Higgins, Lerici, Milano, 1961; tr. Furio Belfiore, Milano, SugarCo, 1969.

La lotta sessuale dei giovani (1972), tr. Nicola Paoli, Roma, Samonà e Savelli.

Obras de S. Freud (OSF Bollati Boringhieri)

Studi sull'isteria e altri scritti 1886-1895 (2003), Torino, Bollati Boringhieri, ISBN 9788833904719. *Progetto di una psicologia e altri scritti 1892-1899* (2002), Torino, Bollati Boringhieri, ISBN 9788833904726. *L'interpretazione dei sogni 1899* (2002), Torino, Bollati Boringhieri, ISBN 9788833904733.

Tre saggi sulla teoria sessuale e altri scritti 1900-1905 (1989), Torino, Bollati Boringhieri, ISBN 9788833904740.

Il motto di spirito e altri scritti 1905-1908 (2001), Torino, Bollati Boringhieri, ISBN 9788833904757.

Casi clinici e altri scritti 1909-1912 (2003), Torino, Bollati Boringhieri, ISBN 9788833904764.

Totem e tabù e altri scritti 1912-1914 (2000), Torino, Bollati Boringhieri, ISBN 9788833904771.

L'Io e l'Es e altri scritti 1917-1923 (2000), Torino, Bollati Boringhieri, (rist. 2006), ISBN 9788833904795.

Inibizione, sintomo e angoscia e altri scritti: 1924-1929 (2000), Torino, Bollati Boringhieri, ISBN 9788833904801.

L'uomo Mosé e la religione monoteistica e altri scritti 1930-1938 (2003), Torino, Bollati Boringhieri, ISBN 9788833904818.

Indici e bibliografie (2003), Torino, Bollati Boringhieri, ISBN 9788833904825.

Obras de K. Abraham

Le differenze psicosessuali fra isteria e dementia praecox. In *Opere*, vol. 1, Torino, Boringhieri, 1975. Sogno e mito: uno studio di psicologia dei popoli. In *Opere*, vol. 2, Torino, Boringhieri, 1975.

Giovanni Segantini: un saggio psicoanalitico. In *Opere*, vol. 2, Torino, Boringhieri, 1975.

Note per l'indagine ed il trattamento psicoanalitici della follia maniaco-depressiva e di stati affini. In *Opere*, vol. 1, Torino, Boringhieri, 1975.

Conseguenze psichiche dell'osservazione del rapporto sessuale dei genitori in una bambina di nove anni. In

Opere, vol. 1, Torino, Boringhieri, 1975.

Una forma particolare di resistenza nevrotica al metodo psicoanalitico. In *Opere*, vol. 2. Torino, Boringhieri, 1975.

Tentativo di una storia evolutiva della libido sulla base della psicoanalisi dei disturbi psichici. In *Opere*, vol. 1, Torino, Boringhieri, 1975.

Opere, voll. 1 e 2. Torino, Boringhieri.

Obras de O. Fenichel

Ego Disturbances and their Treatment. *Int. J. Psycho-Anal.*, 6.

Problemi di tecnica psicoanalitica. Torino, Boringhieri, 1974.

Trattato di psicoanalisi delle nevrosi e delle psicosi. Roma, Astrolabio, 1951.

Obras de S. Ferenczi

Introiezione e transfert. In *Fondamenti di psicoanalisi*, vol. 1, Rimini, Guaraldi, 1973.

Fasi evolutive del senso di realtà. In *Fondamenti di psicoanalisi*, vol. 1, Rimini, Guaraldi, 1973. La tecnica psicoanalitica. In *Opere*, vol. 2, Milano, Cortina, 1990.

Thalassa. Psicoanalisi delle origini della vita sessuale. Roma, Astrolabio, 1965. Controindicazioni della tecnica attiva. In *Opere*, vol. 3, Milano, Cortina, 1992. *Diario clinico.* Milano, Cortina, 1988.

Riflessioni sul trauma. In *Opere*, vol. 4, Milano, Cortina, 2002.

Prospettive di sviluppo della psicoanalisi. Sull'interdipendenza fra teoria e pratica. Milano, Cortina, 1992.

Obras de outros autores

Bauman Z. (2003), *Modernità liquida.* Bari, Laterza.

Bergson H. (2007), *L'evolution creatrice e il problema religioso.* Internazionale ed. Bertalanffy L. Von (1971), *Teoria generale dei sistemi.* Torino, Isedi.

Bion W.R. (1972), *Apprendere dall'esperienza.* Roma, Armando editore. Bion W.R. (1973), *Gli elementi della psicoanalisi.* Roma, Armando editore.

Boadella D. (1987), *Biosintesi. L'integrazione terapeutica di azione, sentimento e pensiero.* Roma, Astrolabio Ubaldini.

Boadella D., Liss J. (1986), *La psicoterapia del corpo.* Roma, Astrolabio Ubaldini. Bowlby J. (1983), *Attaccamento e perdita.* Torino, Bollati Boringhieri.

Bowlby J. (1982), *Costruzione e rottura dei legami affettivi.* Milano, Raffaello Cortina. Bowlby J. (1989), *Una base sicura.* Milano, Raffaello Cortina.

Boyesen G. (1985), *Entre psyché et soma, introduction à la psychologie biodynamique*, Paris, Payot. Carnot L. (1984), *Sulle macchine in generale*. Napoli, Cuen.

Craia V. (1999), *Le nevrosi caratteriali universali*. Roma, Armando editore. Damasio A. (2010), *Il Sé viene alla mente*. Adelphi Milano.

Darwin C. (2009), *L'origine delle specie*. Milano, BUR.

De Marchi L. (1970), *Wilhelm Reich. Biografia di un'idea*. Milano, Sugar Ed.

De Risio S. (2004), *Derive del narcisismo. Psicoanalisi, psicosi, esistenza*. Roma, Franco Angeli. Eco U. (1984), *Trattato di semiotica generale*. Torino, Bompiani.

Fairbairn W. R. D. (1952), *Studi psicoanalitici sulla personalità*. Torino, Bollati Boringhieri, 1970. Ferraro G. (2010), *La scuola dei sentimenti*. Napoli, Filema.

Ferraro G. (2010), *Filosofia fuori le mura*. Napoli, Filema.

Ferri G.: *Il corpo sa*. Roma, Alpes ed. 2017.

Ferri G.: *Il tempo nel corpo*. Roma, Alpes ed. 2020.

Guasch G. (2007), *Quand le corps parle. Pour une autre psychanalyse*. Sully. Gabbard G. (1992), *Psichiatria psicodinamica*. Milano, Raffaello Cortina.

Galimberti U. (1999), *Psiche e techne. L'uomo nell'età della tecnica*. Milano, Feltrinelli.

Gallese V. (2006), La molteplicità condivisa. Dai neuroni mirror all'intersoggettività. In: *Autismo. L'Umanità nascosta* (a cura di S. Mistura). Torino, Einaudi, pp.207-270.

Gilliéron E. (1993), *Manuale di psicoterapia analitica breve*. Roma, Ed. Universitarie Romane.

Janiri L. (2008), La relazione terapeutica in psicoanalisi; in *La relazione che cura*, a cura di Petrini P. e Zucconi A. Roma, Alpes.

Kernberg O. (1978), *Sindromi marginali e narcisismo patologico*. Torino, Bollati Boringhieri. Kernberg O. (1987), *Disturbi gravi di personalità*. Torino, Bollati Boringhieri.

Kernberg O., *Psicoterapia psicodinamica dei pazienti borderline*. Roma, Edizioni Univ. Romane.

Kernberg Otto F., Seller Michael A., Koenigsberg Harold W., cur. Gilliéron E., Baldassarre M. (1997), *Psicoterapia psicodinamica dei pazienti borderline*. Roma, Edizioni Univ. Romane.

Kernberg O. (2006), *Narcisismo, aggressività e autodistruttività nella relazione psico-terapeutica*. Milano, Raffaello Cortina.

Klein M. (1998), *La psicoanalisi dei bambini*. Milano, Psycho.

Kohut H. (1986), *Potere, coraggio e narcissimo*. Roma, Astrolabio.

Kohut H. (1980), *La guarigione e il Sé*. Torino, Bollati Boringhieri.

Kohut H. (1977), *Narcisismo e analisi del Sé*. Torino, Bollati Boringhieri.

Kohut H. (1984), *La cura psicoanalitica*. Torino, Bollati Boringhieri.

Kuhn R. (1969), *La struttura delle rivoluzioni scientifiche*. Torino, Einaudi.

Lacan J. (1979), *Il seminario. Libro XI. I quattro concetti fondamentali della psicoanalisi*. Torino, Einaudi

Liss J, Stupiggia M. (1997), *La terapia Biosistemica; un approccio originale al trattamento psico-corporeo della sofferenza emotiva*, Roma, Franco Angeli.

Lowen A. (1978), *Il linguaggio del corpo*. Milano, Feltrinelli. Lowen A. (2004), *Bio-energetica*. Milano, Feltrinelli.

Malagoli Togliatti M., Telfner U. (a cura di) (2002), *Dall'individuo al sistema. Manuale di Psicopatologia relazionale*. Torino, Bollati Boringhieri.

Maturana H.R., Varela F.J. (1985), *Autopoiesi e cognizione. La realizzazione del vivente*. Venezia, Marsilio. Mc Guire M., Troisi A. (2003), *Psichiatria darwiniana*. Roma, Fioriti.

Melo C. (2003), *La transferencia na clinica Reichiana*. Sao Paulo, edit. Casa do Psicologoa. Migone P., (2004), *L'approccio rogersiano e la psicoanalisi*, Script riflessioni.

Minkowski E. (1998), *La schizofrenia*. Torino, Einaudi.

Morin E. (1994), *Il metodo. Ordine disordine e organizzazione*. Milano,Feltrinelli. Morin E. (2003), *La identitad humana. El método*, V, Edit. Catedra.

Navarro F. (1991), *Caratterologia postreichiana*. Palermo, Nuova Ipsa.

Navarro F. (1988), *La Somatopsicodinamica*. Il discobolo.

Perls F. S. (1995), *L'io, la fame e l'aggressività*. Milano, Franco Angeli. Prigogine I. (1997), *La fine delle certezze*. Torino, Bollati Boringhieri. Prigogine I. (1993), *Le leggi del caos*. Milano, Feltrinelli.

Prigogine I. Stengers I. (1981), *La nuova alleanza*. Torino, Einaudi. Prigogine I., Nicolis G. (1982), *Le strutture dissipative*. Firenze, Sansoni.

Racamier P. C., Nacht S. (1976), *Psicoterapia Psicoanalitica delle Psicosi*. Roma, Newton Compton. Reda G.C. (1982), *Trattato di psichiatria*. Firenze, Uses Edizioni Scientifiche.

Resnik S. (2001), *Persona e psicosi. Il linguaggio del corpo*. Torino, Einaudi.

Rizzolati G., Vozza L. (2007), *Nella mente degli altri. Neuroni a specchio e comportamento sociale*. Bologna, Zanichelli.

Rosenfeld H.A. (2000), *Stati psicotici. Un approccio psicoanalitico*, Roma, Armando editore. Ruggieri V. (2000), *Semeiotica di processi psicofisiologici e psicosomatici*. Roma, Il Pensiero scientifico. Russo L. (1998), *L'indifferenza dell'anima*. Roma, Borla.

Selvini Palazzoli M., Cirillo S., Selvini M., Sorrentino A.M. (1988), *I giochi psicotici della famiglia*. Milano, Raffaello Cortina.

Semi A. A. (1989), *Trattato di psicoanalisi*. Milano, Raffaello Cortina.

Serrano Hortelano Xavier (2011), *Profundizando en el divàn reichiano. La vegetoterapia en la psicoterapia ca- racteroanàlitica*. Biblioteca Nueva.

Stolorow RD. An intersubjective view of self psychology. *Psychoanal. Dial.* 5:393-399.

Stolorow, R. D., Atwood, G. E., (1992), *I contesti dell'essere: le basi intersoggettive della vita psichica*. Torino, Bollati Boringhieri, 1995.

Sullivan H.S. (1982), *Teoria interpersonale della psichiatria*. Milano, Feltrinelli. Varela F. (2000), *El Fenómeno de la Vida*. Santiago de Chile, Editorial Dolmen.

Watzlawick, P., Beavin, J.H., Jackson, D.D. (1967), *Pragmatica della comunicazione umana*. Roma, Astrolabio. Widlocher (1985), *La depressione*. Bari, Laterza.

Winnicot d.W. (1990), *Dal luogo alle origini*. Milano, Raffaello Cortina.

REFERÊNCIAS

Abraham, K. (1975). *Opere, voll. 1 e 2.* Boringhieri, Torino.

Ajuriaguerra, J. (1979). *Manuale di psichiatria del bambino.* Masson, Milano.

Ancona, L. (1979). Cloni o simboli in psichiatria? *Archivio di Neurologia e Psichiatria 2.*

Andreoli, V. (1980). *La terza via della psichiatria.* Mondadori, Milano.

Andreoli, V. (1991). *Un secolo di follia.* Rizzoli, Milano.

Baker, E.F. (1973). *L'uomo nella trappola.* Astrolabio, Roma.

Ballerini, A., & Pazzagli, A. (1989). *La malattia depressiva. Teorie della depressione.* Idelson, Napoli.

Baltes, P.B., & Reese, H.W. (1984). *L'arco della vita come prospettiva in psicologia evolutiva.* Trad. it da *Developmental Psychology: An Advanced textbook.* Hillsdale, Herlbaum.N.J.

Barthes, R. (2003). *La câmera chiara.* Enaudi, Torino.

Basaglia, F. (1966) *L'ideologia del corpo come espressività nevrotica.* Atti XXX congresso SIP. Pisa.

Bauman, Z. (2003). *Modernita liquida.* Laterza, Bari.

Benedetti, G. (1990). Modelli interpretativi e conoscitivi della personalità in psicoanalisi. In *Personalità e psicopatologia.* ETS, Pisa.

Bergson, H. (2007). *L'evolution creatricee il problema religioso.* Internazionale Ed., Lecce.

Bertalanffy, L. von. (1971). *Teoria generale dei sistemi.* Isedi, Torino.

Bieber, I. (1960). *A concept of psychopathology, in Current Approaches to Psychoanalysis,* P. Hoch and J. Zubin, Eds., Grune and Stratton, New York.

Bini, L., & Bazzi, T. (1971). *Trattato di psichiatria.* Vallardi, Milano.

Binswanger, L. (1977). *Melancolia e Mania.* Boringhieri, Torino.

Boadella, D. B. (1987). *Le integrazione terapêutica di azione, sentimento e pensiero.* Astrolabio, Ubaldini.

Borgna, E. (1979). Per uma psichiatria fenonmelogica. In Galimberti, U. *Psichiatria e Fenomenologia*. Feltrinelli, Milano.

Callieri, B., Castellani, A., & De Vincentiis, G. (1971). *Lineamenti di una psicopatologia fenomenologica*. Il Pensiero Scientifico Editore, Roma.

Callieri, B. (1990). Il paziente borderline sulla linea di confine tra il mondo isterico e mondo narcisista. In *Personalità e Psicopatologia*. ETS, Pisa.

Capra, F. (1982). *Il TAO della fisica*. Adelphi, Milano.

Capra, F. (1984). *Il punto di svolta*. Feltrinelli, Milano.

Capra, F. (2001). *La rete della vita*. BUR, Milano.

Capra, F. (2002). *La scienza della vita*. Rizzoli, Milano.

Cargnello, D. (1977). *Alterita' e alienita'.* Feltrinelli, Milano.

Carnot, S. (1960) *Reflexions on the Motive of Power of Fire*. Dover Publication, New York.

Castelfranchi, C. (1987). *Psichiatria: medicina o scienza conoscitiva?* Atti del convegno nazionale "Dalla psichiatria alla salute mentale".

Ciani, N. (1977). *Appunti di psicopatologia generale.*Il Pensiero Scientifico Editore, Roma.

Cullen, W. (1772) *Synopsis Nosologiae Methodicae.* **Publisher:** A. Kincaid & W. Creech, Edinburgh, 1772. Universidade de Lausanne, digitalizado em 02-jul-2008.

Dadoun, R. (1976).*Cento fiori per Wilhelm Reich*. Marsilio, Firenze.

Darwin, C. (2009) *L'origine delle specie*. BUR, Milano.

De Finetti, B. (1984). *Vero, falso, oppure probabile*. Prometeo, 2,8.

De Giacomo P., Resnik, S., & Pierri, G. (1980) *Psicologia Medica e Psichiatria clinica e dinamica*. Piccin, Padova.

Eco, U. (1980). *Il nome della rosa*. Bompiani, Milano.

Garzanti (1981). *Enciclopedia Garzanti di Filosofia*. (1981) Garzanti, Milano.

Ey, H., Bernard, P., & Brisset, C.H. (1978). *Manuel de Psychiatrie*. Masson, Milano.

Ferri, G., & Cimini, G. (1992) *Psicopatologia e Carattere*. Anicia, Roma

Ferri, G., Cimini, G. (1999). Analytical setting: time, relation and complexity, *Annals of the New York Academy of Sciences*, Vol. 879, pp.154-157.

Ferri, G. (2016) *Una persona, una storia, tre linguaggi. The body in relationship. Self--other-society*. Body Psychotherapy Publications. Edited by Courtenay Young, UK.

Foucault, M. (1976). *Storia della follia nell'età classica*. Milano, BUR, Milano.

Freud S. (1938). *Compendio di psicoanalisi. O.S.F.*, v. 11. pag. 615, In O.S.F.Bollati-Boringhieri, Turim, 1989

Friedman, A. M., Kaplan, H., & Sadock, B.J. (1980). *Comprehensive textbook of Psychiatry*. Meissner W.W., Mack J.E., Semrad E.V.Ch.8: Thoeries of personality and psychopathology. 1st: Freudian School. William & Wilkins, Baltimore.

Galeno. Sulle cause delle malattie. In: Grant, M. *La dieta de Galeno: l'alimentazione degli antichi romani*. Trad. Alessio Rosoldi. Roma: Edizioni Mediterranee, 2005, p.57-71.

Galimberti, U. (1979). *Psichiatria e fenomenologia*. Feltrinelli, Milano.

Giberti, F. (1968). *Diagnostica delle sindromi psiconevrotiche*. Minerva Medica, Torino.

Giberti, F. (1986). Ansia e psicopatologia. In: *Ansia e strumenti di difesa*. A cura di C. Benvenuti. Minerva Medica, Torino.

Glover, E. (1955). *The technique of psycho-analysis*. Bailliere, Tindall and Cox. London.

Gozzetti, G. (2008). *La tristezza vitale. Fenomenologia e psicopatologia della melanconia*. Fioriti Editore, Roma.

Greenacre, F. (1941). *The predisposition to anxiety*. Psychoanal. Quart. 10, 66, 1941

Griesinger, W. (1882). *Mental Pathology and Therapeutics*. William Wood & Company, New York.

Guthrie, D. (1967). *Storia della medicina*. Milano, Feltrinelli, Milano.

Heidegger, M. (1953) *Essere e Tempo*. Bocca Ed. Milano

Hemsley, D.R. (1977). *What have cognitive deficits to do with schizophrenic?* British Jour. Psych.; 130: 167-173, 1977

Hilman, J. (1972). *Linguaggio della psicologia e linguaggio dell'anima*. Rivista de Psicologia Analitica, n. 2, 1972

Jackson, D.J. (1964). *Eziologia della schizofrenia*. Feltrinelli, Milano.

Janniruberto, A., Zulli, P., & Catizone, F.A. (1982). *Motricità e vita psichica del feto.* *Argomenti di Ostetricia e Ginecologia*, CIC, Roma.

Jaspers, K. (1950). *Psicologia delle visioni del mondo.* Astrolabio, Roma, 1950

Jaspers, K. (1964). *Psicopatologia generale.* Il pensiero Scientifico Editore, Roma.

Jervis, G. (1976). *Il mito dell'antipsichiatria.* Quaderni piacentini, 60-61, 1976

Jung, C.G. (1978). *Ricordi, sogni, riflessioni.* Milano, Rizzoli, Milano.

Khun, T. (1969). *Lastrutturs delle rivoluzioni scientifiche.* Einaudi, Torino.

Klerman, G., Weissman, M.M., Rounsaville, B.J., & Chevron, E.S. (1990). *Psicoterapia interpersonale della depressione.* Boringhieri, Torino.

Koestler, A. (1978). *Janus.* Hutchinson, London.

Kraepelin, E. (1984) *Introduction à la psychiatrie clinique. Navarin* Editeur, *Paris.*

LaBar, K.S., & LeDoux, J.E. (2007).*Neuroscienze: Basi biologiche delle emozioni.* Enciclopedia della scienza e della tecnica. Trecani Ed., Roma.

Laing, R.D. (1961). *Self and Others.* Tavistock Publications, London.

Lakatos, I. (1984). La falsificazione e la metodologia dei programmi di ricerca scientifici. In Lakatos I., Musgrave A. *Critica e crescita della conoscenza.* Feltrinelli, Milano.

Laplanche, J., & Pontalis, J.-B. (1973). *Enciclopedia della psicoanalisi.* Laterza, Bari.

Lowen, A. (1978). *Il linguaggio del corpo.* Feltrinelli, Milano.

MacLean, P.D. (1981). Una mente formata da tre menti. In *Cervello e comportamento,* a cura di A. Oliverio. Newton Compton, Roma.

MacLean, P.D. (1984). *Evoluzione del cervello e comportamento umano.* Einaudi, Torino.

MacLean, P.D. (1986). L'evoluzione del cervello. in *Riza Psicosomatica* 59-60, 1986.

Mancia, M. (2007). *Psicoanalisi e Neuroscienze.* Springer Verlag, New York.

Mancuso, S., & Lanzone A. (1985). Psicobiologia della gravidanza. In *Fattori emozionali in gravidanza, parto, puerperio, dolore pelvico in ginecologia.* Monduzzi, Bologna.

Manuale diagnostico e statistico dei disturbi mentali (DSM III e III-R, IV, IV TR). (1983-2001). Masson, Milano.

Marquez, G. G. (1986). *L'amore ai tempi del colera.* Mondadori, Milano.

Maturana, H., & Varela, F. (1987). *L'albero della conoscenza*, Garzanti, Milano.

Migone, P. (2004). *L'approccio rogersiano e la psicoanalisi*, Script reflessioni.

Minkowiski, E. (1971). *Laschizofrenia*. Feltrinelli, Milano.

Moreno, M. (1968). *Lo sviluppo del rapporto medico-paziente come fondamento dell'azione psicoterapeutica*. Atti XXX Congresso SIP, Milano, 1968.

Morin, E. (2003). *La identitad humana. El método*, V, Edit. Catedra.

Muscatello, C.F. (1977). *Argomenti di psichiatria*. Esculapio, Bologna.

Muscatello, C.F. (1979). *La sindrome schizofrenica*. Esculapio, Bologna.

Nagera, H. (1973). *I concetti fondamentali della psicoanalisi*. Boringhieri, Torino

Niederland, W.G. (1974). Schereber case:*psychoanalytic profileof a paranoid perdonality.*New York Psychoanalytic Institute. New York.

Paci, E. (1954) *Tempo e relazione*. Taylor, Torino.

Pera, M. Le (1983) *Scienze Alternative*. Scienza 2000, 10, 1983.

Porot, A. (1970). *Dizionario di Psichiatria*. Ed. SAIE, Torino.

Prigogine, I. (1997). *La fine delle certezze*. Bollati Boringhieri, Torino.

Racamier, P.C., & Nacht, S. (1976). *Psicoterapia Psicanalitica delle Psicosi*. Newton Compton. Roma.

Raknes, O. (1967). *Wilhelm Reich e l'Orgonomia*. Astrolabio, Roma.

Reda, M.A., & Costa, G. (1989). *L'ontogenesi psicobiologica nella vita prenatale*. Psichiatria e medicina, 3., 1989

Reich, W. (1932), *Der masochistiche Charakter*. Internationale Zeitschrift *für* Psychoanalise, vol. 18, 1932

Reich, W. (1933). *Analisi del carattere. Trad. Belfiore,F. & Wolf,A*. SugarCo, Milano, 1973

Reich, W. (1927). *La funzione dell'Orgasmo*. Il Saggiatore, Milano, 2010

Rossi-Monti, M. (1984). *La conoscenza totale. Paranoia. Scienza e pseudoscienza*. Il Saggiatore, Milano.

Rossini, R. (1971). *Trattato di Psichiatria*. Cappelli, Brescia.

Russell, B. (1972). *Misricismoe logica e altri saggi.*Longanesi Ed. Milano.

Rycroft, C. (1970). *Dizionario critico di psicoanalisi.* Astrolabio, Roma.

Saraceni, B., & Sternai, E. (1986). *Diagnosi psichiatrica: revisione della letteratura e considerazioni.* In *Lettera II.* Ist. M. Negri, Ottobre.

Sarteschi, P., & Maggini, C. (1982). *Psichiatria.* La Goliardica ed., Parma.

Sarteschi, P. (1986). *Classificazione delle malattie mentali.* Federazione Medica, XXIX, 3, 1986

Sartre, J.P. (1970). *L'Existentialisme est un Humanisme,* Les Éditions Nagel, Paris.

Sartre, J.P. (1943). *L'Essere e il Nulla.* Collana La Cultura, vol. 77, traduzione di Giuseppe Del Bo. Il Saggiatore, Milano, 1964

Schneider, K. (1959). *Clinical Psychopathology.* Grune & Stratton Publishers. Indiana University, 2009.

Schröedinger, E. (1995). *Che cos'è la vita?* Adelphi, Milano.

Siciliani, O. (1979). *Fondamenti critici di psicopatologia generale.* Il pensiero Scientifico Editore, Roma.

Shakespeare, W. (1601). *Hamlet,* Act I, Scene V, pp 159-167.

Shapiro, D. (1969). *Stili nevrotici.* Astrolabio, Roma.

Smeraldi, E., & Bellodi, L. (1987). *A proposito dell'ansia. In: I disturbi d'ansia, clinica e terapia.* EDI, Milano.

Sprenger, J., & Kremer, H. (2009). *The Hammer of Witches: A Complete Translation of the Malleus Maleficarum,* trans. by Christopher S. Mackay (2009). Cambridge University Press, Cambridge.

Strauss, J.S., Rakfeldt, J., Harding, C.M., & Lieberman, P. (1989). *Psychological and social aspects of negative symptoms.* British Jour. Psych., 155 (Suppl.7): 128-132, 1989.

Tedeschi, G.F. (1975). *Elementi di Psichiatria Psicodinamica.* Il Pensiero Scientifico Editore, Roma.

Tiezzi, E. (1996). *Fermare il tempo.* Cortina Editore, Milano.

Turci, P.E., & Roveroni, P. (1985). *Anarchismo epistemologico e psicopatologia.* Riv. Sper.Fren. CIX 760- 781, 1985

Valzelli, L. (1976). *L'uomo e il rettile*. C.G. Ed Med. Scient, Torino.

Weitbrecht, H.J. (1970). *Compendio di Psichiatria*. Piccin, Padova.

Wundt, W. (1889). *System der Philosophie*. Engelmann, Leipzig.

Zilboorg, G. (1963). *Storia della Psichiatria*. Feltrinelli, Milano.